ミャンマー新投資法・改正会社法

最新実務を踏まえて

西村あさひ法律事務所

湯川雄介・原田充浩・伴 真範 編著

Myanmar Investment Law and
Myanmar Companies Law
Latest Practices

有斐閣

はしがき

　本書は，ミャンマー投資を行うに際しての二大基礎法とも呼べる新投資法と改正会社法につき，主として日本においてミャンマー投資を検討または実行している企業担当者向けに網羅的に解説することを企図している。

　本書の特色として，両法についてその条文の大半をカバーすべく詳細な記述を心がけたという点を挙げることができる。これは，法律情報の入手が必ずしも容易ではないミャンマー法について，可能な限り本書のみにて読者の調査が完結することに寄与できればとの思いからである。本書を座右において頂き，六法・コンメンタール的に活用頂ければ望外の幸せである。

　本書の執筆にあたっては，入手可能な執筆時点における最新のミャンマー政府当局が公表している英訳に依拠しているが，英訳自体の正確性の問題等に起因した過不足，運用と法文の乖離もあり得る中，改正会社法の施行を目前にしたいま，まずは急ぎ知識を広めたいという観点から早期の刊行を優先することにした。今後の運用の発展とともに，将来的に改訂を加えていくつもりであるが，忌憚のないご意見等をいただければ幸甚である。

　本書の執筆には当事務所においてミャンマー業務に従事している9名の弁護士・ミャンマー弁護士及び4名のパラリーガルが関与している。2013年に単身ミャンマーの地に降り立って以来，ミャンマー駐在6年目を迎えたいま，かくも多くのメンバーがミャンマー業務に関与するに至ったことは感慨深い。また，投資法部分における税務に関する箇所（第1編第8章）については，KPMGミャンマーの所長として長年数多くのミャンマー案件に関与されてこられ，ミャンマー税務の第一人者である公認会計士の藤井康秀氏より貴重なご意見を頂戴した。もとより，本書の内容については編著者にすべての責任があり，執筆者らの所属する法律事務所の見解を表明するものではないが，協力頂いた関係各位全員にここに御礼を申し上げる。

　最後に，有斐閣書籍編集部の山宮康弘氏と渡邉和哲氏の辛抱強いご支援に深く感謝申し上げる。

2018年3月

編著者を代表して

西村あさひ法律事務所　ヤンゴン事務所代表

弁護士　湯 川 雄 介

i

目　次

序編　投資規制の変容　　1

  Ⅰ　従前の枠組み ･･････････････････････････････････････ 1
    1. 旧制度の概要（1）　　**2.** 旧制度の評価（2）
  Ⅱ　新　制　度 ･･ 4
    1. 新制度の枠組み（4）　　**2.** 新制度の評価（5）
  Ⅲ　新旧両制度の比較 ･･････････････････････････････････ 6

第1編　投　資　法　　11

第1章　は じ め に ─────────── 12
  Ⅰ　投資法制定の経緯 ･･････････････････････････････････ 12
  Ⅱ　新投資法及び関連規則 ････････････････････････････ 13
  Ⅲ　新投資法の目的 ･･････････････････････････････････････ 15
  Ⅳ　新投資法の適用範囲 ････････････････････････････････ 15

第2章　投資の意義及び規制 ───── 16
  Ⅰ　総　　論 ･･ 16
    1. 投資の意義（16）　　**2.** 禁止される投資（17）
  Ⅱ　投資の規制 ･･ 18
    1. 総論（18）　　**2.** 投資促進セクター（21）　　**3.** 制限される投
    資（21）　　**4.** MIC 投資許可の取得を要する事業（35）　　**5.** 連邦
    議会による承認（38）

第3章　ミャンマー投資委員会 ──── 39
  Ⅰ　総論──地方への授権 ････････････････････････････ 39
  Ⅱ　ミャンマー投資委員会（MIC） ････････････････････ 40
    1. MIC の組成（40）　　**2.** MIC の開催（40）
  Ⅲ　MIC の内部組織 ･･････････････････････････････････ 41

目　次

　　　　　1. プロポーザルアセスメントチーム（PAT）（41）　　**2.** ワンストッ
　　　　プサービス（41）　　**3.** インベスターアシスタンスコミッティー
　　　　（IAC）（41）　　**4.** 投資モニタリング局（IMD）（42）
　　Ⅳ 州・管区委員会 ･･･ 42
　　　　　1. 組織（42）　　**2.** 権限（42）

第4章　各 種 手 続 ───────────────── 44
　　Ⅰ 総　　論 ･･･ 44
　　　　　1. 新投資法上の手続の全体像（44）　　**2.** 各手続に共通する事項（46）
　　　　　3. 費用（47）
　　Ⅱ 投資スクリーニング ･･･ 48
　　　　　1. 対象事項（48）　　**2.** 手続（49）　　**3.** 効果（49）
　　Ⅲ MIC 投資許可（Permit）･･････････････････････････････････････ 49
　　　　　1. MIC 投資許可申請を要する事項（49）　　**2.** 申請人（50）
　　　　　3. 手続（50）　　**4.** 審査基準（52）
　　Ⅳ エンドースメント ･･･ 53
　　　　　1. 申請人（53）　　**2.** 手続（53）　　**3.** 審査基準（54）

第5章　不動産の長期利用 ───────────── 56
　　Ⅰ 背景となる事情 ･･･ 56
　　Ⅱ 土地利用権（第12章）･･････････････････････････････････････ 57
　　　　　1. 概要（57）　　**2.** 期間（57）　　**3.** 土地利用権が不要な場合（58）
　　Ⅲ 土地利用申請手続 ･･･ 59
　　　　　1. 申請人（59）　　**2.** 手続（59）　　**3.** 審査基準（60）
　　Ⅳ 土地利用権取得の効果等 ･･･････････････････････････････････ 61

第6章　労務に関する事項 ───────────── 63
　　Ⅰ 外国投資法からの変更点──雇用義務の一部撤廃 ･･･････ 63
　　Ⅱ 新投資法上の規律 ･･･････････････････････････････････････ 63
　　　　　1. 外国人の取扱い（63）　　**2.** ミャンマー国民の取扱い（64）

第7章　資金の送金 ───────────────── 66
　　Ⅰ 新投資法上のポイント ･･････････････････････････････････････ 66
　　Ⅱ 新投資法上の規律 ･･ 66
　　　　　1. 外国投資家が送金可能な資金（66）　　**2.** 借り入れ（67）
　　　　　3. 送金手続（68）　　**4.** 連邦政府による規制（68）

iii

第8章 税務恩典 ———————————————————— 70

I 新投資法上の規律の概要 ······························· 70

II 法人税の免除 ····································· 71

  1. ゾーン毎の免除年数（71）　**2.** 投資促進分野（72）

III 関税その他の内国税の減免 ······················· 72

  1. 投資建設期間及び投資準備期間に必要となる物品に係る関税等の減免（77条(a)）（73）　**2.** 輸出用製品の原材料等に係る関税等の減免（77条(b)）（75）　**3.** 輸出用製品の原材料に係る関税等の還付（77条(c)）（76）　**4.** 投資事業の拡大に係る関税等の減免（77条(d)）（76）　**5.** 再投資に係る法人税の減免（78条(a)）（77）　**6.** 減価償却費の控除（78条(b)）（77）　**7.** 研究開発費の控除（78条(c)）（78）

IV 税務恩典に係る手続 ····························· 78

  1. 申請人（79）　**2.** 手続（79）　**3.** 審査基準（80）　**4.** 書類の保存義務（81）

V その他租税に関する規律 ······················· 81

  1. 投資の中途終了の場合の効果（81）　**2.** その他（82）

第9章 投資家の保護及びその義務 ———————————— 83

I 投資家の取扱い（第11章）····························· 83

II 投資の保証（第14章）······························· 84

III 投資家の義務（第16章・第17章）···················· 85

  1. 法令等の遵守（85）　**2.** 不動産関連（86）　**3.** 環境関連（87）　**4.** 会計関連（87）　**5.** 労務関連（88）　**6.** 各種通知・報告義務（88）　**7.** 政府との契約（91）　**8.** 保険の付保（91）

第10章 その他 ———————————————————— 92

I 紛争解決（第19章）································· 92

  1. 投資家と政府機関との紛争（92）　**2.** 投資家間の紛争（93）

II 行政罰（第20章）································· 94

  1. 規則等の違反（94）　**2.** 虚偽の情報提供又は情報の隠蔽（95）　**3.** 法令違反等（95）

III 例　外 ····································· 95

  1. 一般的な例外（第21章）（95）　**2.** 安全保障にかかる例外（第22章）（96）

目　次

Ⅳ　その他一般条項（第23章）……………………………96

1. 他の法令との関係等（96）　**2.** MIC 及びそのメンバーの判断
等（98）　**3.** 計画・財務省の権限等（98）　**4.** その他（99）

第2編　会　社　法　101

第1章　は じ め に ———————————— 102
Ⅰ　会社法改正の経緯 ……………………………………… 102
Ⅱ　会社法の解釈上の留意点 ……………………………… 103
Ⅲ　投資・企業管理局（DICA）…………………………… 103

第2章　企業形態の種類 ———————————— 105
Ⅰ　各種企業形態 …………………………………………… 105
1. 会社形態（105）　**2.** 会社に適用される共通事項（110）
3. 支店（113）
Ⅱ　会社形態の変更 ………………………………………… 119
1. 会社形態の変更の方法（119）　**2.** 会社形態変更の法的効果（120）

第3章　設立・設置手続等 ———————————— 121
Ⅰ　会社の設立・支店の設置 ……………………………… 121
1. 会社について（121）　**2.** 支店について（123）
Ⅱ　登　記　等 ……………………………………………… 125
1. 会社について（125）　**2.** 支店について（126）
Ⅲ　定　　款 ………………………………………………… 131
1. 定款の意義（131）　**2.** 定款の法的効力（131）　**3.** 定款の
内容（132）　**4.** 定款の形式（134）　**5.** 定款の変更（135）
6. 定款の写しの送付（136）
Ⅳ　商　　号 ………………………………………………… 137
1. 会社の商号（137）　**2.** 支店の名称（140）

第4章　会社による取引 ———————————— 142
Ⅰ　会社による取引 ………………………………………… 142
1. 会社の行為の効力（142）　**2.** 契約の調印（142）　**3.** 会社

v

との取引（143）

    Ⅱ　設　立　準　備 ……………………………………………… 146

       1. 設立準備に関する費用（146）　**2.** 設立前契約（146）

第5章　株式・資本金 ———————————————— 150

    Ⅰ　株　式　等 …………………………………………………… 150

       1. 株式資本（150）　**2.** 社債（157）　**3.** ワラント（159）

    Ⅱ　株主名簿及び株券 ……………………………………… 160

       1. 登録可能権利証書（160）　**2.** メンバーの登記及びメンバー名

    簿（161）　**3.** 年次報告書，メンバー名簿及びサマリーの届出（166）

       4. 株式等の登録及び証書に関する規定違反の効果（168）

    Ⅲ　株式等の譲渡 …………………………………………… 168

       1. 株式その他証券譲渡のための要件（168）　**2.** 株式その他証券

    の譲渡の制限（170）　**3.** 譲渡の届出（170）　**4.** 代理人による

    譲渡（171）

    Ⅳ　配　　　当 …………………………………………………… 171

       1. 配当の実施（171）　**2.** 利益の資本組入れ（173）

    Ⅴ　資本金に影響のある取引 ……………………………… 173

       1. 資本金の変更（173）　**2.** 資本金の減少（175）　**3.** 自己株

    式の買戻し（178）　**4.** 株主権の変更（182）　**5.** 財政的支援（184）

       6. 自己株式取得の禁止（187）　**7.** 継続的努力（188）

第6章　機関・業務運営 ———————————————— 189

    Ⅰ　登録事務所 …………………………………………………… 189

       1. 登録事務所に関する義務（189）　**2.** 居住取締役の住所による

    代替（190）　**3.** 登録事務所等における会社の名称の提示義務（190）

    Ⅱ　株　主　総　会 ……………………………………………… 191

       1. 総会の種類（191）　**2.** 総会の招集及び開催（193）　**3.** 総

    会の書面決議（199）

    Ⅲ　取　締　役 …………………………………………………… 200

       1. 取締役の資格（200）　**2.** 取締役の指名・退任・解任（201）

       3. 取締役の権限（203）　**4.** 取締役等の義務（204）　**5.** 取締

    役等の登録（209）

    Ⅳ　取　締　役　会 ……………………………………………… 211

1. 取締役会の権限（211）　**2.** 取締役会の招集及び開催（211）
3. 利益相反の場合の議決権の制限等（212）　**4.** 取締役会の書面決議（212）

Ⅴ　監　査　人 ·· 214
1. 監査人の資格要件及び選任（214）　**2.** 監査人の権限及び職務（216）　**3.** 政府保有会社の特則（218）

Ⅵ　秘　書　役 ·· 219
1. 秘書役の指名（219）　**2.** 秘書役の資格要件（219）　**3.** 資格要件不充足と行為の有効性（220）　**4.** 秘書役の登録義務（220）

Ⅶ　役員等の責任 ·· 220
1. 取締役，役員及び監査人の責任の免除に関する規定の無効（220）
2. 補償（221）　**3.** 保険（222）　**4.** 利益相反取引（222）
5. 取締役の報酬及び取締役又は関係者に対する利益（224）
6. 取締役の報酬，取締役又は関連当事者への利益の提供に関する株主による承認（226）　**7.** 経営判断の原則（227）　**8.** 株主の権利及び救済方法：抑圧の場合におけるメンバーその他による訴え（228）　**9.** 株主の権利及び救済方法：代表訴訟（230）

第7章　公開会社による株式の募集に関する事項 ──── 236
Ⅰ　目論見書に関する規制 ·· 236
1. 総論（236）　**2.** 目論見書の様式・記載事項等（237）
3. 目論見書提出の効果等（239）　**4.** 目論見書記載事項にかかる責任等（239）
Ⅱ　株式等の割当て ·· 240
1. 割当てに関する制限（240）　**2.** 事業開始に関する制限（240）
Ⅲ　手数料及び割引の支払にかかる権限等 ·························· 241
Ⅳ　海外コーポレーションによる株式の募集 ····················· 242
1. 株式の売却及び売却の勧誘に関する制限（242）　**2.** 目論見書の記載要件（243）　**3.** 株式の訪問販売に関する制限（244）

第8章　会社により設定される担保権 ─────── 245
Ⅰ　担保法制に関する変更点 ·· 245
Ⅱ　ミャンマーにおける担保の種類 ····································· 246
1. はじめに（246）　**2.** 譲渡抵当及びチャージの内容（247）

vii

Ⅲ　譲渡抵当及びチャージの設定等 ‥‥‥‥‥‥‥‥‥‥‥‥‥‥ 249

1. 譲渡抵当及びチャージの登記（249）　　**2.** 登記簿の記載事項等
（251）　　**3.** 担保登記の訂正等（251）　　**4.** 譲渡抵当又はチャージに関する弁済の登記（252）　　**5.** 会社による譲渡抵当及びチャージにかかる記録簿の作成義務等（252）　　**6.** 社債及び財産保全管理人選任時の特則について（253）

第9章　会計報告及び監査 ────────── 256

Ⅰ　会計報告・監査 ‥‥‥‥‥‥‥‥‥‥‥‥‥‥‥‥‥‥‥‥‥‥ 256

1. 会計報告に関する会社法と他の法律との適用関係（256）

2. 小会社の特則（256）　　**3.** 財務諸表（257）

Ⅱ　当局による調査 ‥‥‥‥‥‥‥‥‥‥‥‥‥‥‥‥‥‥‥‥‥‥ 262

1. 登記官による調査（262）　　**2.** 検査官による調査（264）

第10章　組織再編等 ──────────── 268

Ⅰ　仲裁を選択する権限 ‥‥‥‥‥‥‥‥‥‥‥‥‥‥‥‥‥‥‥‥ 268

Ⅱ　債権者及びメンバーとの和解をする権限 ‥‥‥‥‥‥‥‥‥‥ 268

1. 債権者・メンバー等会議（268）　　**2.** 和解・和議及び命令の効力（269）　　**3.** 裁判又は法的手続の停止（269）　　**4.** 控訴（269）

Ⅲ　和解及び和議の円滑化（いわゆるスキーム・オブ・アレンジメント）‥‥‥‥‥‥‥‥‥‥‥‥‥‥‥‥‥‥‥‥‥‥‥‥ 270

1. 組織再編に関する裁判所の認可・命令（270）　　**2.** 和解・和議及び命令の効力（271）　　**3.** 登記官への届出（271）

Ⅳ　買収会社による反対株主からの株式買取 ‥‥‥‥‥‥‥‥‥ 271

1. 買収会社による反対株主からの株式買取（271）　　**2.** 買収会社による譲渡価格の支払等（272）

第11章　清算・解散 ──────────── 273

Ⅰ　清算・解散の種類 ‥‥‥‥‥‥‥‥‥‥‥‥‥‥‥‥‥‥‥‥‥ 273

Ⅱ　メンバーによる任意清算手続の主な流れ ‥‥‥‥‥‥‥‥‥ 274

Ⅲ　清　算　出　資 ‥‥‥‥‥‥‥‥‥‥‥‥‥‥‥‥‥‥‥‥‥‥ 279

1. メンバーの清算出資者としての責任（279）　　**2.** 無限責任を負う取締役の責任（279）　　**3.** その他清算出資義務（280）

Ⅳ　清　算　人 ‥‥‥‥‥‥‥‥‥‥‥‥‥‥‥‥‥‥‥‥‥‥‥‥ 281

1. 清算人の選任及び報酬（281）　　**2.** 清算人の欠員（282）

　　　　　　　　　　　　　　　　　　　　　　　　　目　　次

　　　3. 裁判所による清算人の選任（282）　　**4.** 清算人の権限及び責任
　　（282）　　**5.** 清算人による清算会社の事業・財産の譲渡等（284）
　Ⅴ　会社財産の処分 ……………………………………………… 285
　Ⅵ　取決めの効力 …………………………………………………… 286
　　　　1. 債権者を拘束する取決め（286）　　**2.** 債権者又は清算出資者に
　　　よる抗議申立て（286）
　Ⅶ　裁判所による問題の決定等 ………………………………… 286
　Ⅷ　清　算　費　用 …………………………………………………… 287
　Ⅸ　裁判所による強制清算手続を求める権利等 ………… 287
　Ⅹ　そ　の　他 ………………………………………………………… 287
　　　　1. 清算会社の株式の譲渡（287）　　**2.** 清算会社に対する偶発債務
　　　等に関する金額の証明（288）　　**3.** 清算会社における取締役等の責
　　　任等（288）　　**4.** 裁判所の指令による債権者集会又は清算出資者会
　　　議の招集（291）　　**5.** 会社関連書類の証拠力（291）　　**6.** 債権者
　　　又は清算出資者による閲覧謄写（292）

第12章　登　　　記 ————————————————— 293
　Ⅰ　登　記　官 ……………………………………………………… 293
　　　　1. 登記官としてのDICA（293）　　**2.** 登記官の権限（293）
　Ⅱ　登　記　所 ……………………………………………………… 294
　Ⅲ　登　記　手　続 …………………………………………………… 294
　　　　1. 登記・記録の維持等（294）　　**2.** 登記の補正又は訂正（297）
　　　　3. 登記官の検査権限（299）　　**4.** 登記官の判断に対する上訴（301）
　　　　5. 費用（301）　　**6.** 登記官への提出義務の不履行（301）
　　　　7. 休眠会社の登記抹消（303）

第13章　違　反　行　為 ————————————————— 307
　Ⅰ　法的手続の開始 ……………………………………………… 307
　　　　1. 管轄（307）　　**2.** 罰金・手続費用（307）　　**3.** 違反行為等の
　　　免責（307）　　**4.** 訴えの提起等（308）　　**5.** 罰金警告（309）
　　　　6. 訴追支援（312）
　Ⅱ　確認判決・命令 ……………………………………………… 313
　　　　1. 義務違反に関する確認判決（313）　　**2.** 罰金命令（314）
　　　　3. 賠償命令（315）　　**4.** 禁止命令（315）　　**5.** 差止命令（317）

　　　　　　　　　　　　　　　　　　　　　　　　　　　　　ix

6. 裁判所の権限の非制限（319）

Ⅲ　法的手続における帳簿の使用及び帳簿の様式 ············· 320

　1. 帳簿の証拠能力（320）　　**2.** 帳簿の様式及び証拠価値（320）

Ⅳ　文書の送達及び認証 ······································· 322

　1. 会社に対する文書の送達（322）　　**2.** 登記官に対する文書の送
達（322）　　**3.** 文書の認証（322）

Ⅴ　違反及び防御 ··· 323

　1. 違反行為（各論）（323）　　**2.** 違反行為（総論）（325）

　3. 抗弁及び免責（327）

第14章　雑　　則 ―――――――――――――――――――――――――― 330

Ⅰ　規　則　等 ··· 330

　1. 規則等の制定権限（330）　　**2.** 専門家の裁判所，審判所，委員
会（330）

Ⅱ　移行期間等 ··· 331

　1. 旧法の廃止（331）　　**2.** 旧法の廃止の例外（332）

第2編　付録

Ⅰ　改正会社法の定義 ··· 337

Ⅱ　特別決議事項，少数株主権等 ······························· 347

Ⅲ　備置書類，商号等の表示義務 ······························· 351

　事 項 索 引（355）

執筆者一覧

湯川　雄介（ゆかわ　ゆうすけ）　パートナー（ヤンゴン事務所代表）
2000 年東京弁護士会登録

原田　充浩（はらだ　みつひろ）　パートナー
2000 年第一東京弁護士会，2007 年ニューヨーク州弁護士登録

伴　真範（ばん　まさのり）　カウンセル
2005 年第一東京弁護士会（2013 年大阪弁護士会に登録替え），2012 年ニューヨーク州
弁護士登録

神保　寛子（じんぼ　ひろこ）　カウンセル
2006 年第一東京弁護士会，2013 年ニューヨーク州弁護士登録

今泉　勇（いまいずみ　いさむ）　アソシエイト
2006 年第一東京弁護士会，2013 年ニューヨーク州弁護士登録

桜田　雄紀（さくらだ　ゆうき）　アソシエイト（シンガポール事務所）
2007 年第一東京弁護士会，2015 年シンガポール外国法弁護士，2016 年ニューヨーク州
弁護士登録

鈴木　健文（すずき　たけふみ）　アソシエイト
2009 年第二東京弁護士会，2016 年カリフォルニア州弁護士登録

片桐　秀樹（かたぎり　ひでき）　アソシエイト
2014 年第二東京弁護士会登録

Kyi Chan Nyein（チー・チャン・ニェイン）　フォーリンアトーニー（ヤンゴン事
　務所）
2013 年ミャンマー連邦共和国上級弁護士再登録

| 序編 | 投資規制の変容 |

新投資法[1] 及び改正会社法[2] の制定によりミャンマーにおける投資規制は大きく変容した。新投資法及び改正会社法の詳細の解説に先立ち，本編では，新しくなったミャンマーにおける投資規制の大枠を従前の投資規制との比較をしつつ，主として外資に対する投資規制の観点から[3] 概説する。

Ⅰ　従前の枠組み

　従前は旧会社法[4] が株式会社をはじめとする会社に関する基本的な規律を定め，外国投資法[5] が外国投資に関する規制及び各種の恩典付与の根拠とされていた（以下，これらの法に基づく外国投資規制にかかる制度を「旧制度」という。）。

1.　旧制度の概要

(1)　外国会社の概念

　旧会社法上の外国会社（foreign company）は1株でも外資企業や外国人に株式が保有されている会社と定義されていた。そのため，外国企業がわずかでも出資した会社は外国会社に該当することとされた。

---

1)　Myanmar Investment Law, 2016. 本編において以下同じ。
2)　本編において，改正会社法とは，投資・企業管理局（Directorate of Investment and Company Administration）のウェブページ（http://www.dica.gov.mm/）で公表された "Myanmar Companies Law（Unofficial Translation）" の会社法の改正案をいう。本編において以下同じ。
3)　ミャンマー国民投資家に適用される Myanmar Citizens Investment Law, 2013 に基づく各種規律が存在するが，本編では割愛している。
4)　Myanmar Companies Act, 1914. 本書を通じて以下同じ。
5)　Foreign Investment Law, 2012. 本書を通じて以下同じ。

1

序編　投資規制の変容

(2)　外 資 規 制

　外国投資法及び関連規則・告示（以下本編において「外国投資規則等」という。）により，一定の事業について外国会社による遂行が禁止される場合又は内資との合弁強制その他特定の条件を遵守することが課せられる場合が規定されていた（この様に，ある事業への参入が禁止又は条件付けされる業種を，本編において，以下「禁止・制限業種」という。）。

(3)　土地の利用規制

　外国人及び外国人保有会社（foreigner owned company）に関しては，不動産移転制限法[6]により，1年を超える不動産のリースが規制されているところ，実務の運用上は，旧会社法の外国会社の定義を踏まえて，1株でも外資が保有している会社については，不動産移転制限法上の外国人保有会社として取り扱われていた。

　かかる原則的取扱いに対する例外として，外国投資法上の投資許可を取得した場合には長期の不動産利用が可能であるとされていた[7]。

(4)　税 務 恩 典

　外国投資法に基づく投資許可を受けたものは一定期間の法人税の免除をはじめとして各種の税務上の恩典を受けることができるとされていた。

2.　旧制度の評価

　旧制度においては主として以下のような課題が存した[8]。

---

6)　Transfer of Immoveable Property Restriction Law, 1987. 本編において以下同じ。
7)　もう一つの例外として経済特区法に基づき経済特区における投資許可を取得した場合が挙げられるが，特定の経済特区における場面に適用が限定されるため，本編においては経済特区に関する言及については割愛している。

2

　　　　　　　　　　　　　　　　　　　　　　　Ⅰ　従前の枠組み

(1)　外国会社の定義

　およそ外国人・外国会社が1株でも出資をしてしまうと外国会社に該当してしまうため，出資の多寡にかかわらず，等しく不動産利用規制を含む外資規制の適用を受けることとなり，外資による出資形態の柔軟性を著しく狭めていた。

(2)　外資規制の不明確さ

　上述のように，旧制度下における外資規制は外国投資規則等が中心となってこれを担っていたが，実際にはこれらによって明示的に禁止・制限されていない場合でも，ミャンマー政府の政策に基づき事実上実施が禁止又は制限される事業が存するなど，外国投資規則等の網羅性が十分ではなく，いわゆるネガティブリストとしての機能が非常に弱かった。また，外国投資規則等の記載内容自体も必ずしも明確とは言いがたかった。

　そのため，ミャンマーに対する投資を検討している外資企業はそもそも企図している事業がミャンマーで遂行できるか否かにつき，法令等明文の根拠のみに依拠して判断することが困難であり，当該事業を所轄する政府当局に対して個別の照会を要する等の事態が生じていた。

(3)　不動産の長期利用のための手続の煩雑さ

　外国会社による不動産の賃借制限は土地のみならず建物にも及んでいるため，およそ不動産を賃借する外国企業は原則として1年の賃貸借契約しか締結できず，長期の賃借を希望する場合にはミャンマー投資委員会（MIC）による投資許可（以下「MIC投資許可」という。）を取得する必要があった。

　しかしながら，MIC投資許可を取得するためには長期にわたる詳細な事

---

8)　下記以外にも実務上少なからぬ課題があったが，その一つに外国投資法の適用対象がMICの投資許可を受ける会社に限定されるのか否かという論点が存する。実務上は外国投資法及び関連する規則・告示等は少なくとも外資を規制する内容に係るものについては当該投資許可を受けるか否かにかかわらず広く適用されると解されるのが一般的であったと思われる。この点，新投資法においては外国投資，ミャンマー国民による投資を区別せず，すべからく投資に適用される旨が明確化されたことから，上記の論点は解消されたといえよう。

3

序編　投資規制の変容

業計画を提出のうえ，数か月から半年に及ぶ審査を受けねばならず，また，必ずしも全ての投資事業について投資許可が発行されるものではないため，特にサービス業を中心に多くの外資系企業は1年毎に賃貸借契約を締結することが必要とされる等不安定な地位に置かれていた。

Ⅱ　新　制　度

新投資法及び改正会社法下における外資規制（以下「新制度」という。）の概要は以下の通りである。

1.　新制度の枠組み

(1)　外国会社の概念

改正会社法においてはその資本金の35％超を外資が保有する会社が外国会社と定義される（詳細については，**第2編第2章Ⅰ1.**(3)参照）。

(2)　外資規制

新投資法及び関連する諸告示において外国投資家（新投資法の定義上，外国会社が含みうる。）による投資を禁止・制限する禁止・制限業種が定められている。この点は，外国投資法におけるものと類似の枠組みであるが，その内容が大幅に具体化されている。

(3)　MIC投資許可の位置づけの変更

新投資法の下では，MIC投資許可の取得を要するのは，外資・内資を問わず，ミャンマーにとって重要な意義を有する一定の要件を満たす投資に限定されることとなった。かつ，不動産の長期利用及び税務恩典の取得にはMIC投資許可ではなくエンドースメント（詳細については，**第1編第4章**参照）という別個の手続を経ることも可能とされ，これらの恩典取得とMIC投資許可が切り離された。

4

Ⅱ　新　制　度

⑷　不動産の長期利用

　新投資法下においては，前述の通り，長期の不動産利用を行う為に外国投資法上必要とされていた MIC 投資許可が常に必要とされるものではなくなり，より負担の小さいエンドースメント及び土地利用申請手続を経ることにより不動産の長期リースを受けることができるようになった（詳細については，**第1編第5章**参照）。

　また，旧制度下では，旧会社法上の外国会社の定義を借用して，不動産の利用制限が課せられていたが，改正会社法下では，同法上の外国会社の定義は不動産の利用制限に利用されず，実質的に不動産の利用制限が緩和される可能性がある（詳細については，**第2編第2章Ⅰ 1.**⑶ポイント〔外国会社と外資規制〕参照）。

⑸　税　務　恩　典

　不動産の長期利用と同様，新投資法下においては，より負担が軽いと思われるエンドースメント手続及び税務恩典申請手続が整備され，MIC 投資許可を経ずとも税務恩典を受けることができるようになった（詳細については，**第1編第8章**参照）。

　また，適用対象となる事業が MIC による告示により詳細に規定され，明確化がなされたほか，法人税の免税については地域毎にその年数を異にすることとされた。

2.　新制度の評価

　新制度の下では，旧制度上課題とされていた諸点について大幅な改善がされている。

⑴　外国会社の定義の変更及び他の法律への影響

　会社法上の外国会社の定義の変更により，35％までの出資であれば原則として外資規制の対象にはならないこととなる。また，改正会社法下における

5

序編　投資規制の変容

運用次第ではあるものの，同法上の外国会社の定義は不動産規制に影響を与えず，不動産移転制限法上の規定に従い，外国資本が50％未満の会社であれば，不動産の長期利用に関する制限が課せられない可能性がある。

　そのため，マイノリティ出資を通じて外資規制業種を遂行し，不動産の長期利用も可能となった。改正会社法それ自体は旧会社法同様特定の業種の規制を行わない規制ニュートラルな法律であるが，外国会社に係る定義の変更により，結果的に旧会社法下では外国会社が行う余地がなかった事業に参画することが可能になったこと，不動産についても柔軟な活用の余地が生じることとなったのは極めて大きな変更であると評価しうる。

(2)　外資規制の明確化

　新制度の下では，禁止・制限業種を定めたMICの告示が大幅に詳細なものとなり，外資規制については大幅に明確化されたと評価しうる[9][10]。

(3)　不動産の長期利用の簡便化

　上述の通り，新制度下では，内国会社ステータスを維持して不動産を長期利用するという選択肢が新たに生じたほか，MIC投資許可を経なくとも不動産の長期利用が可能となった。このことにより，一定の外資企業が複数年の不動産賃貸借契約を比較的負担の少ない手続を経ることで締結することが可能となり，不動産の安定的利用が可能となる法的枠組みが構築された。

Ⅲ　新旧両制度の比較

　以上，新旧両制度の概要を比較してきたが，両制度の下における外国会社・ミャンマー会社該当性とその分類に基づく各種規制の適用の有無という観点

---

9)　しかしながら，制限事業告示（MIC発行のNotification No. 15/2017）では金融業及び輸出入にかかる事業については個別に所轄当局の規制が妥当する旨明示しているほか，同告示において個別の省の承認を必要とする業種についてはその承認を得るための要件が明示されていない点には留意を要する。

10)　また，制限事業告示において連邦各省の承諾を得ることを要する事業が列挙されているものの，全ての省が網羅されているわけではない点にも留意を要するものと思われる。

6

からは以下の通り整理が可能である。

		旧制度		新制度	
		外国会社	内国会社	外国会社	内国会社
会社法	外国会社の定義	1株でも外資	それ以外	外資35％超	外資35％以内
外国投資法・投資法	外資規制	適用あり	適用なし	適用あり	適用なし
	不動産の長期利用	MIC投資許可要	制約なし	MIC投資許可又はエンドースメント＋土地利用承認（外資50％以上）	制約なし（外資50％未満）
	税務恩典	MIC投資許可要	MIC投資許可要	MIC投資許可又はエンドースメント＋税務恩典	MIC投資許可又はエンドースメント＋税務恩典

　上記の様に，ミャンマーの外資規制は，①会社法における「外国会社」の範囲と，②投資法制に基づく外資規制（及び不動産利用に関する外資規制）という2つのベクトルから成っているが，今般の会社法改正及び新投資法の制定により，その両ベクトルにおいて大きな変化が生じたのである。

　すなわち，まず，会社法に関しては，旧制度の下においては外資が1株でも保有すればミャンマー会社法上の外国会社となったため，投資額のいかんにかかわらずおよそ外国からの投資であるというだけで，内国会社とは異なる取扱いを受けてしまい，出資規模に応じて柔軟に進出戦略を考えるという選択肢は事実上存在しないなど，投資の選択肢が極めて限定的であった。これに対し，新制度の下においては外資が一定の比率の出資を行っていてもミャンマー会社法上の内国会社たりえ，その結果，外資規制の適用も受けず，土地の利用についても特段の制約を受けないという状況が作出されることとなった。また，議論があるところではあるものの，外国会社（外資35％超）に対して規制が課せられる外資規制一般の枠組みから不動産利用規制が分離され，不動産利用規制は，外国人保有会社（外資50％以上）に対して課せられることとなる可能性もある。

　次に，投資法においては，土地の長期利用のための手続がMIC投資許可の取得と切り離されたことによって，土地の長期利用とMIC投資許可が分

序編　投資規制の変容

離されるとともに，MIC 投資許可を必要とする事業が内資・外資を問わず一定の事業に限定されたことにより MIC 投資許可と外資規制も関連性を有しないこととなった。これら一連の変更により，より多様な進出の選択肢が生じることとなった。

　以上の構造を前提に，改正会社法及び新投資法における投資判断の一つのフレームワークを図示すると次のようになる。

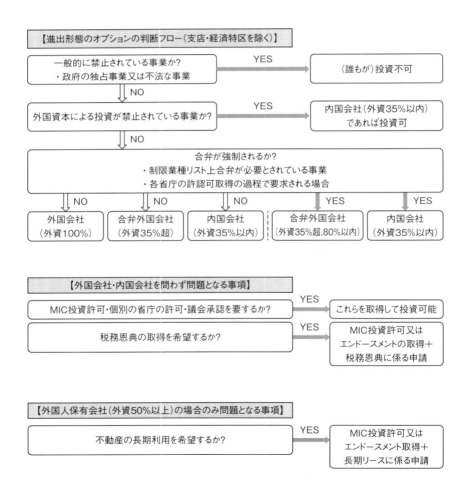

8

Ⅲ　新旧両制度の比較

　以上のとおり，旧制度と新制度とでは会社法上の外国会社概念の変更と投
資法のフレームワークの変更とが相まって，進出オプションの検討方法に大
幅な変容が生じているため，ミャンマー進出を検討するにあたっては，新制
度の具体的内容を十分に把握する必要がある。

第1編 投資法

第1章	は じ め に

本章では新投資法の制定の経緯のほか，関連する告示等新投資法の基本的構造について説明する。

Ⅰ　投資法制定の経緯

　ミャンマーにおいては，投資に関連する法律として 2012 年に制定された外国投資法（Foreign Investment Law, 2012. 以下，「外国投資法」という。）及び 2013 年に制定されたミャンマー国民投資法（Myanmar Citizens Investment Law, 2013. 以下，「ミャンマー国民投資法」という。）が存在したが，2016 年 10 月 18 日，この両法を統合する形で，ミャンマー投資法（Myanmar Investment Law, 2016. 以下，「新投資法」という。）が成立した。

　同法はミャンマー国民と外国投資家の平等取扱いのほか，投資に関する規制の枠組みを改善するとともに，特定の産業セクターへの投資の柔軟性確保及び国内の開発途上地域への投資を誘引することを企図しているとされる[1]。

　外国投資法は，2011 年に発足したテイン・セイン政権の下で進んでいた自由化の流れの中で，外国投資の誘致のための起爆剤として当時多くの期待を集めていたが，その導入後，主に以下の点において課題があるとされていた。

① 外国投資法の適用範囲がミャンマー投資委員会（Myanmar Investment Commission. 以下，「MIC」という。）の投資許可を受けた企業に限定されるのか，それ以外の外国投資に広く適用されるのかが構造上明らかではない。

② MIC の投資許可を受けるためには申請書類を提出してから数か月から半年程度を要するため，投資実行までに時間がかかる。

③ MIC による投資許可申請の審査手続の過程において，法律上定めがない要

---

1)　ミャンマー投資規則（Myanmar Investment Rules）の策定にあたり MIC が行った意見募集にかかるブリーフィングペーパー（Myanmar Investment Rules: Briefing Paper and Request for Submissions, 2016）の記載による。

求をされることがあり，手続の予見可能性に問題がある。

④ 外国投資の制限に関する諸規定の内容が必ずしも明確ではなく，また，当該規定に記載がないが，ミャンマー政府の政策・運用上実質的には規制されている事業分野[2]が存在するなど，外資規制が網羅的に把握できない。

かかる諸課題については，ミャンマー政府側も十分に認識しているように見受けられ，新投資法に基づく細則の制定に際して従うべき原則として，以下の諸点があげられている[3]。

・平易化：規則は平易に記載され，容易に遵守できるものであること
・能率化された手続：申請及び評価手続は可能な限り合理的なものであること
・予見可能性：投資家は投資許可にかかる判断が公表されているルール及びポリシーと整合性のあるものになることを信頼できること
・コンプライアンス：ミャンマーにとって最大の利益をもたらすために，MIC及び投資・企業管理局（Directorate of Investment and Company Administration. 以下，「DICA」という。）が規則が遵守されていることを確実にするためのツールを保有すること
・透明性：新投資法及びその規則の意味及び運用が，全てのステークホルダーにとって明確であること

これらの経緯に鑑み，新投資法は今後のミャンマーに対する外国投資を促進するものとなることが大いに期待されている。

Ⅱ　新投資法及び関連規則

新投資法それ自体は全部で 23 章及び 101 か条で構成されており，その章立ては以下のとおりである。

---

2)　典型的なのは，いわゆる貿易業（輸入及び販売業）であり，外国投資家による禁止・制限事業にかかる通達等において特に言及はされていないものの，原則としては禁止されているというのが一般的な理解である。

3)　前掲注 1) Myanmar Investment Rules: Briefing Paper and Request for Submissions より。

第1編 投資法 第1章 はじめに

章	項目	章	項目
1	名称及び定義	13	スタッフ及びワーカーの雇用
2	目的	14	投資の保証
3	法の適用範囲	15	資金の移転
4	MIC の組成	16	投資家の責任
5	MIC からの退任，解任及び欠員の補充	17	保険
6	MIC の職務と権限	18	租税の減免
7	会議の招集	19	紛争解決
8	プロポーザルの提出	20	行政罰
9	エンドースメント申請の提出	21	適用除外
10	投資事業の種別の定め	22	安全保障にかかる適用除外
11	投資家の処遇	23	その他
12	土地利用権		

　上記のとおり，新投資法それ自体は比較的簡素な法律であるため，詳細については計画・財務省の告示（notification）及び MIC 告示により定められており，その概要は以下のとおりである。

告示等	規制内容
投資規則 （計画・財務省告示 2017 年 35 号。以下，「投資規則」という。）	MIC 投資許可を必要とする事業の具体的基準を定めるほか，各種手続の詳細等全般にわたり規定
制限事業リスト （MIC 告示 2017 年 15 号。以下，「制限事業リスト」という。）	各種制限事業に関する一覧
ゾーニング告示 （MIC 告示 2017 年 10 号。以下，「ゾーニング告示」という。）	法人税の免除にかかるゾーニング区分の詳細一覧
投資促進セクター告示 （MIC 告示 2017 年 13 号。以下，「投資促進セクター告示」という。）	連邦政府が投資を促進し，税の減免恩典の対象となり得る投資セクターを定めるもの
州・管区委員会がエンドースメントを発する投資活動にかかる投資額の定め （MIC 告示 2017 年 11 号）	州・管区委員会がエンドースメントを交付する投資にかかる金額基準（500 万米ドル又は 60 億チャット）を定めるもの

Ⅲ 新投資法の目的

新投資法の目的は以下のとおりとされている（3条）。

(a) ミャンマー連邦及びその国民の利益に資し，自然環境及び社会環境に危害を与えない責任ある投資事業を発展させること
(b) 本法に従い投資家及びその投資を保護すること
(c) 人々の雇用機会を創出すること
(d) 人材を育成すること
(e) 高度の製造，サービス及び商業セクターを発展させること
(f) 技術並びに農業，畜産及び工業セクターを発展させること
(g) 連邦全体にわたり，インフラを含む多様な専門領域（professional fields）を発展させること
(h) 国民が国際社会とともに働けるようにすること
(i) 国際的な水準に合致する事業及び投資を発展させること

Ⅳ 新投資法の適用範囲

　新投資法は，新投資法の効力発生日における連邦内における既存の又は新規のあらゆる投資に適用があるとされる。但し，既に存在する投資に関する紛争又は許可済みの投資であって新投資法の効力発生日前にその事業遂行を停止しているものには適用がない（4条）。

　また，新投資法は第21章（適用除外）及び第22章（安全保障にかかる適用除外）に基づくものを除く，政府部門及び政府関係組織により適用又は維持されているあらゆる投資に関連する措置に適用される（5条）。

ポイント

〔経済特区法との関係〕

　新投資法は経済特区法（Special Economic Zone Law, 2014）に基づく投資及びかかる投資に関する投資家には適用がない旨が明確にされており（投資規則234条），ティラワ経済特区をはじめとする経済特区における投資については，経済特区法及び各経済特区の諸規則並びにその運用を確認することが必要となる。

第2章 投資の意義及び規制

本章では新投資法の対象となる投資の意義及び投資の禁止・制限等ミャンマー国民投資家・外国投資家に対して適用される投資に関する各種の規制について説明する。

Ⅰ 総　　論

1. 投資の意義

　新投資法上，投資（Investment）とは，同法に従い，投資家が保有又は支配する全ての資産を意味し，40条に定める投資を含むと定義されている（2条(q)）[1]。

　40条において，投資は以下のものを含むとされる。

(a) 企業（Enterprise）
(b) 動産，不動産及び財産に関連する権利，現金，プレッジ，モーゲージ及びリーエン，機械，備品（equipment），スペアパーツ及び関連するツール
(c) 会社の持分（share），株式及び社債，約束手形
(d) 技術ノウハウ，特許，工業デザイン及び商標を含むあらゆる法に基づく知的財産権
(e) 契約に基づく金銭請求権及び金銭的価値を有する履行請求権
(f) 収益分配契約又はターンキーを含む契約に基づく建設，マネジメント，製造にかかる権利

---

1) 　なお，その他の投資関連の定義語として直接投資（Direct Investment）と外国投資（Foreign Investment）が存在し，前者は「本法に従い投資家により連邦内に投資された資産につき，投資家が支配，影響又は管理（manage）する権利を有する投資を意味する。」とされ（2条(r)），後者は「外国投資家により連邦内に行われたあらゆる直接投資を意味する。」とされている（同条(s)）。なお，「外国投資家」とは，「連邦内に投資する者でありミャンマー国民ではないものを意味」し，「ミャンマー会社法に従い設立された外国会社，支店及びその他の企業，並びに，他の国の法に従い設立された企業を含む」ものとされる（同条(o)）。

16

I 総　論

(g)　天然資源の探索，探鉱及び抽出にかかる権利を含む関連する法又は契約により付与される譲渡可能な権利

2. 投資促進セクター

　投資を促進するセクターについては，MIC が告示により定めることとされている（43 条，投資規則 26 条）。

　具体的なセクターについては，投資促進セクター告示により定められており，20 の大分類（以下参照）・191 の業種と，相当広汎にわたっている。

	大分類	業種数
(A)	農業及びその関連サービス（タバコ及びバージニアタバコの耕作及び生産を除く。）	30
(B)	植林及び森林保護，並びに森林に関するその他の事業	4
(C)	家畜の生産，水産物の繁殖及び生産，並びにそれらの関連サービス	10
(D)	製造業（タバコ，リカー，ビール，及びその他の健康を害する製品の製造を除く。）	92
(E)	工業地帯の設置（工業地帯の設置に関して，ディベロッパーは，工業地帯の適切な比率になるよう，道路及び広場，水供給，電気，病院又は医院，管理事務所，消防署，機械設備，駐車地域，産業危険廃棄物管理地域，及び工業地域を，工業地帯の基準に従って建設しなければならない。）	1
(F)	新都市地域の設置（新都市地域の設置に関して，ディベロッパーは，都市地域の適切な比率になるよう，道路及び広場，水供給，電気，病院又は医院，管理事務所，消防署，学校，市場，通信地域，及び駐車地域を，都市地域の基準に従って建設しなければならない。）	1
(G)	都市開発活動	5
(H)	道路，橋及び線路の建設	4
(I)	海港，河港，及びドライポートの建設	1
(J)	空港の管理，運営及び整備	1
(K)	航空機の整備	1
(L)	物流及び運輸サービス	12
(M)	発電，送電及び電気供給	1
(N)	再生可能エネルギーの生産	2
(O)	通信事業	3

第1編 投 資 法 第2章 投資の意義及び規制

(P)	教育サービス	7
(Q)	健康サービス	4
(R)	情報通信サービス	2
(S)	ホテル及び観光	3
(T)	科学研究開発事業	7

Ⅱ 投資の規制

1. 総 論

　新投資法の下での投資規制は，①外国投資家・ミャンマー国民投資家[2]双方に適用があるものと，②外国投資家のみに適用があるものとに区別でき，概要は以下のとおりである。

①外国投資家・ミャンマー国民投資家双方に適用があるもの	・禁止される投資（法41条） ・連邦政府のみが遂行可能な投資事業（法42条(a)） ・関連する省の承認を得た場合に認められる投資事業（法42条(d)）
②外国投資家にのみ適用があるもの	・外国投資家に禁止されているもの（法42条(b)） ・ミャンマー国民又はミャンマー国民が保有する企業との合弁でのみ認められるもの（法42条(c)）

　上記のうち，法42条に基づき制限される投資事業については，制限事業リストが具体的に列挙している。その具体的内容については後述するが（**3.** 参照），以下の点に留意を要する。

① 　銀行，保険及び金融業に関しては，関連する省庁及び機関の計画に従って行うこととされており（制限事業リスト末尾注記(2)），従って制限事業リストにその記載はないものの，これらの事業については個別にミャンマー中

---

2) ミャンマー連邦内の国民（国民，準国民又は帰化国民を意味し，これらにより組織された企業を含む。）を意味し，ミャンマー会社，支店及びミャンマー会社法に従い設立及び登記された他の企業を含む。

18

央銀行等が定める規制に従う必要がある。

②　輸出入を伴う投資については，商業省の政策に従ってなされるものとされており（制限事業リスト末尾注記(3)），従って輸出入業者登録，物品を輸入して販売する事業の実施の可否については個別に商業省の定める告示その他の規制に従う必要がある。

③　MIC は，制限事業リストを網羅的なものとし，いわゆる「隠れた規制（hidden restriction)」がなくなるよう，その作成にあたっては関係各省との間で入念な協議を行った模様であり，その結果，外国投資法下における同様のリスト（MIC 告示 2016 年 26 号）よりも大幅に詳細な内容になっている。そのため，制限事業リストは，そこに記載のない事業については外国投資家がこれを自由に遂行できることが期待されていた。しかしながら，その後の運用の実態によると，制限事業リストに記載がないものの業種毎の所轄官庁の方針により外資規制がされている事業分野が複数存在することが判明しており，現時点においては必ずしも外資規制を網羅的にカバーしているとはいえない状態にある（そのため，本書においては「ネガティブリスト」という表現はあえて用いていない。)。ミャンマー政府当局もかかる状態については認識しており，近日中により網羅性・透明性を高めた形で制限事業リストのアップデートが行われる予定である。

ポイント

〔制限事業リスト等における産業分類コードの採用〕

　新投資法のもとで制定された制限事業リスト及び投資促進セクター告示においては，該当する事業が記述式で列挙されているほか，ISIC（国際標準産業分類)，CPC（中央生産物分類）のような国際的な分類コードが付されている。従前は，制限されている事業の告示上の表記及びそれに関するミャンマー当局側の理解が必ずしも明確ではない等の理由により，規制の範囲が曖昧である点が課題となっていた。

　今般の分類コードの採用により，制限事業の内容を国際的な裏付けのある概念を示して明確化することが可能となったことは極めて大きな意義を有するものと思われ，現場での活用が大いに期待されるが，記述されている事業と分類コードが必ずしも正確に対応していない場合があることに留意を要する（例えば，ある事業（X）が制限の対象となっている事業（Y）に該当しないという主張をする場合，「X は産業分類上 n1 とされており，Y は産業分類上 n2 とされているので，異なる分類だから制限の対象となっていない」等の議論をすることが考えられる。)。

第1編 投 資 法 第2章 投資の意義及び規制

ポイント

〔いわゆる Trading 事業（商業）規制と制限事業リストとの関係〕

いわゆる Trading 事業と称される事業については，連邦政府（商業省）の政策により一般的には外資には認められておらず，商業省が個別の告示[3]により例外的に一定の合弁事業に限りこれを認めるという扱いが従前よりなされているところである。

Trading という概念については実は明確な定義が存在してはおらず，輸入行為を指すのか，ミャンマー国内での製品の販売行為を指すのか，それら双方の組み合わせた概念であるのかについても従前必ずしも明確に意識して議論等がなされてはいなかったように見受けられる。

この点，新投資法上，投資活動に必要な輸入につき MIC の承認を必要としない規定が存在したり[4]，制限事業リストのドラフト段階においては卸売事業について明確な記載が存在しなかったことから，輸入を伴う販売活動についても解禁になったのではないかという期待もあったようである。他方，制限事業リストの最終版発行前の商業省筋によると，小売及び卸売については，今後100％外資も含めた解放を進めていく方針ではあるが，それを認めるかどうかについては商業省が（制限事業リストとは別に）別途定める基準によるとの見解も示されていた。かかる見解及びその後の商業省の動きを見ると，商業省は新投資法制定の前後を問わず上述の個別緩和という扱いを一貫して採用しているものと思われる。

そして，制限事業リストの最終版においては，小売業及び卸売業については商業省の承認を要することとされ，また，上述のとおり輸出入を伴う投資については商業省の政策に従ってなされることとされたが，これは商業省の政策の後退ではなく，一貫した政策が確認されたものと解するのが妥当であろう。結果的に，商業省マターであることが制限事業リストに明記されたことは，制限事業リストの網羅性を推認させる方向に働く事情になるため，この点は高く評価することが可能である。今後は，外資企業の投資促進の観点から，商業省において個別の告示の発行等により商業規制が緩和されることが期待され小売業及び卸売業についても一定の条件のもと外資解放を認めて告示が遠からず発出されることが予定されている模様である。

---

[3] 内資との合弁による自動車の輸入販売事業に関する 2017 年 16 号，外資100％による肥料，趣旨，殺虫剤，医療機器及び建設資材の輸入販売事業に関する 2017 年 36 号，内資との合弁による農業用機器の輸入販売事業に関する 2017 年 55 号等が存する。

20

Ⅱ　投資の規制

2. 禁止される投資

　以下の投資が禁止される投資として定められている（41条）ほか，MIC
は随時禁止されている投資を告示で定めることができる（投資規則 12 条）。
また他の法律を制限することなく，当該告示に定めのない投資は投資法上禁
止されているものとは認められないとされる（投資規則 13 条）。

- (a) 連邦内に危険性又は毒性を有する廃棄物を持ち込みうる又は生ぜしめうる
  投資事業[5]
- (b) 海外において未だ試験中であるか又はその使用，移植及び栽培につき承
  認が得られていない技術，医薬品，フロラ（植物相），ファウナ（動物相）
  及び物品を持ち込みうる投資事業。但し，研究開発目的で行われる投資を
  除く
- (c) 連邦内の民族集団の伝統文化及び慣習に影響を与えうる投資事業
- (d) 公衆に影響を与えうる投資事業
- (e) 自然環境及びエコシステムに重大な損害を与えうる投資事業
- (f) 適用ある法の下で禁止されている物品の製造又は役務の提供にかかる投資
  事業

3. 制限される投資

　新投資法は，禁止はされないが一定の制限がなされる投資として以下の 4
つの類型を定めている（42条）。そして，これらの類型に該当する具体的な

---

4) 「本法に基づき投資を行う投資家は，他の適用ある法を遵守し，MIC から特段の承認を受ける
   ことなく，当該投資に関連する装置，商品又は材料を輸入することができる（投資規則 230 条）。
   　当該輸入を行うために適用ある法に基づき何らかのライセンスその他の承認が必要な場合，関
   連する政府当局はその申請を処理し，関連する法的要件を満たすときには当該ライセンスを付与
   しなければならない。」（投資規則 139 条）。
5) 　投資法 41 条(a)の定める危険・毒性のある廃棄物とは，適用ある法律に基づき連邦内での輸出入，
   貯蔵，取引，製造若しくはその他の生産が禁じられている全ての物質を意味する。かかる物質の
   生産又は利用に関連する投資は，連邦の法律上明記されている例外又は適用除外の場合を除いて
   禁止される（投資規則 15 条）。

21

第1編 投 資 法 第2章 投資の意義及び規制

投資の内容については，MIC が告示により定め（43条），かかる告示は連邦
政府の承認を得た上で MIC が随時改定できることとされている（44条，投
資規則17条）[6]。

そして，他のあらゆる法律の制限にかかわらず，かかる告示に含まれてい
ない投資活動は新投資法に基づき制限されている投資であるとは認められな
いものとされる（投資規則19条）。

これら制限される投資事業を遂行する投資家（当該投資事業につきプロポー
ザル又はエンドースメント申請を提出する者を含まない。）は，事業開始から3
か月以内に，MIC 等に対して当該事業につき通知しなければならない（投資
規則23条〜25条）。

(1) 連邦政府のみが遂行可能な投資事業

連邦政府のみが遂行可能な投資事業（42条(a)）として制限事業リストに列
挙されている投資活動は以下のとおりである。

なお，政府部門及び政府組織はかかる事業について投資家と契約を締結す
ることにより，当該契約の範囲において当該投資家が当該投資活動を行うこ
とを認めることができるとされている（投資規則20条）。

番号	投資活動の種類	産業コード
1	随時政府による通達において規定される安全保障及び国防に関連する品物の製造事業	ISIC 2520
2	国防に関する武器及び弾薬の製造，並びに関連するサービス事業	ISIC 2520, CPC447
3	国家の切手の発行事業，並びに国家を代理する郵便事業者によってのみ遂行され得る郵便ポストの設置，並びにメールボックスの設置及び賃借事業	ISIC 1811, 1812 CPC 326
4	航空交通管制事業（Air Traffic Services）	別途の定めが存する
5	水先案内事業（Pilotage Services）	CPC 6752

---

6) なお，かかる告示の改定にあたっては，連邦政府により締結されている国際的な取引及び投資
に関する合意に適合すべく，MIC は，民間部門，政府部門及び政府組織と協議を行うことがで
きるとされている（45条）。

22

6	炭素排出の削減に関連する事業を除く，天然の森林及び森林区域の管理及び保全事業	CPC 7221, 72212
7	ウラン及びトリウムの放射性物質の実現可能性に関する調査並び生産事業	ISIC 0721/07210
8	電力システムの管理事業	CPC 8631
9	電気作業（electrical works）の調査事業	CPC 8631

(2) 外国投資家には禁止されている投資事業

外国投資家に禁止されている投資事業（42条(b)）についても，制限事業リストにおいて列挙されている。

なお，当該事業はミャンマー国民投資家会社はこれを行うことができるとされている（投資規則21条)[7]。

制限事業リストに列挙されている外国投資家に禁止されている投資活動は以下のとおりである。

番号	投資活動の種類	産業コード
1	ミャンマー語を含む，民族の言語による定期刊行物の発刊及び頒布事業	ISIC 5813, CPC 3241, 8911, 8912
2	淡水漁業及び関連するサービス事業	ISIC 0312, CPC 0421, 8615
3	動物の輸出入のための検疫場の設立事業（動物の検査及び許認可の証書の発行は畜産・獣医局が行うものとする。)	CPC 8352, 8359, 8612
4	ペットケアサービス事業	CPC 8351, 86129
5	森林地帯及び，政府の管轄地域の自然植林地帯により採取した林産物の生産事業	ISIC 0220, 0230
6	鉱業法に基づく，中小規模の鉱物の試掘，実地踏査，実現可能性に関する調査，及び生産事業	ISIC 0510, 0520, 0710, 0721, 0729, 0990
7	中小規模での鉱物の精製事業	ISIC 2410
8	浅い地層に埋まる石油の採掘及び生産事業	ISIC 0610

---

7) 投資規則の条項案のコメントにおいては，会社法上ミャンマー会社たりうる要件として認められている一定の範囲の出資を受けている場合であっても，外国投資家に禁止されている投資事業を行うことができる旨明記されており，会社法と投資法の適用関係の明確化が図られていた。

第1編　投　資　法　　第2章　投資の意義及び規制

9	外国人のビザのシール及び滞在許可証の印刷に関する事業	ISIC 5819, CPC 89122, 91210
10	翡翠及び宝石の原石の試掘，実地踏査及び生産事業	ISIC 0990, 3211
11	旅行ガイド事業	CPC 8555
12	小型スーパーマーケット及びコンビニエンスストア（床面積は1万平方フィート（100フィート×100フィート）又は929平方メートル以下とする。）	CPC 62

(3)　ミャンマー国民又はミャンマー国民保有企業との合弁のみで認められる（外国）投資事業

　ミャンマー国民又はミャンマー国民が保有する企業との合弁のみで認められる投資事業（42条(c)．以下，「合弁強制事業」という。）についても，制限事業リストで列挙されている。

　この点，関連する告示に明示される例外を除き，ミャンマー国民投資家（又はそのグループ）による合弁企業への最低「直接」保有比率は20%である旨が定められている点に留意を有する（投資規則22条[8]）。

　制限事業リストに列挙されている合弁強制事業は以下のとおりである。

番号	業種	注	産業コード
1	漁港及び魚の卸売市場の建設事業	漁業局の法令，手続，命令，指針，規則及び規制に従い実施されること。	ISIC 5210
2	漁業に関連する調査事業	漁業局の法令，手続，命令，指針，規則及び規制に従い実施されること。	CPC 8114
3	動物病院事業	畜産・獣医局の法令，手続，指針及び規則に従い実施されること。	CPC 8351, 8352, 8359

---

8)　この点，規則案における同条のコメントによると，合弁会社における外国投資家の最大持分を考えるに当たっては，「直接」保有比率のみが考慮の対象となり，合弁会社への出資主体であるミャンマー会社に対する外国投資家の保有持分については考慮されない旨が明記されていた。

4	農地での農耕，並びに収穫物の国内販売及び輸出事業	-	ISIC 011, 0111, 0112, 4631, 46312, 4759, 47593
5	プラスチック製品の製造及び国内での供給販売事業	-	ISIC 1511, 1512, 1520, 46312, 4759, 47593
6	国内の天然資源に基づき，生産される化学製品の製造及び国内での供給販売事業	-	ISIC 2011, 202, 46312, 4759, 47593
7	可燃性の固体，液体，気体燃料及びエアゾール（アセチレン，ガソリン，プロパン，ヘアスプレー，香水，消臭剤及び殺虫剤）の製造及び国内での供給販売事業	-	ISIC 201, 202, 46312, 4759, 47593
8	酸化剤（酸素及び過酸化水素）並びに圧縮ガス（アセトン，アルゴン，水素，窒素及びアセチレン）の生産及び国内での供給販売事業	-	ISIC 201, 202, 46312, 4759, 47593
9	腐食性薬品（硫酸及び硝酸）の生産及び国内での販売事業	-	ISIC 201, 2012, 46312, 4759, 47593
10	工業用化学ガス（ガス，液状，固体状のものを含む。）製造及び国内での供給販売事業	-	ISIC 201, 202, 46312, 4759, 47593
11	ビスケット，ウェハース，全種類の麺類，ミスア及びバーミセリ等を含む穀物産品の製造，並びに国内での供給販売事業	-	ISIC 1074, 46312, 4759, 47593
12	甘味，ココア及びチョコレート製品を含む全種類の菓子類の製造及び国内での供給販売事業	-	ISIC 1073, 46312, 4759, 47593
13	牛乳及び乳製品を除く食品の加工，製造，缶詰め及び国内での供給販売事業	-	ISIC 1075, 46312, 4759, 47593
14	麦芽及び麦汁による非炭酸製品の製造及び国内での供給販売事業	-	ISIC 1103, 46312, 4759, 47593
15	蒸留酒，アルコール，アルコール飲料及びノンアルコール飲料の製造，蒸留，混合，精留，ボトル詰め事業及び国内での供給販売事業	-	ISIC 1101, 1102, 46312, 4759, 47593

第1編　投　資　法　　第2章　投資の意義及び規制

16	全種類の純氷の製造及び国内での供給販売事業	-	ISIC 1079, 46312, 4759, 47593
17	浄水事業	-	ISIC 1105
18	全種類の石鹸の製造及び国内での供給販売事業	-	ISIC 2023, 20231, 46312, 4759, 47593
19	全種類の化粧品の製造及び国内での卸販売事業	-	ISIC 2023, 20232, 46312, 4759, 47593
20	居住用アパートメント及びコンドミニアムの開発，販売及び賃貸事業	-	ISIC 4100, 41001, 6810, CPC 5411, 7211
21	国内観光事業	-	CPC 8554
22	海外の病院への患者の斡旋事業	-	CPC 93121

⑷　関連する省の承認を得た場合に認められる投資事業

　関連する省の承認を得た場合に認められる投資事業（42条⑷）についても制限事業リストで列挙されており，具体的には以下のとおりである。

番号		業種	条件	産業コード
1.　内務省の許可を取得の上，遂行する事業				
	1	麻酔薬及び麻酔性の化学製品を使用した薬品の製造及び販売事業	-	ISIC 2100
2.　情報省の許可を取得の上，遂行する事業				
	1	活字メディア及び放送メディアの共同事業	-	ISIC 6010, 6020, CPC 8912, 846, 9616
	2	外国語での定期刊行新聞の発刊	-	ISIC 1811, 5813, CPC 3241, 8911, 8912
	3	FMラジオ番組の放送事業	-	ISIC 6010, CPC 8461, 8462
	4	DTHテレビ放送事業	-	ISIC 6020, CPC 846
	5	DVB-T2テレビ放送事業	-	ISIC 6020, CPC 846
	6	ケーブルテレビ放送事業	-	ISIC 6020, CPC 846

3.	農業・畜産業・灌漑省の許可を取得の上，遂行する事業			
	1	漁業資源及び魚種に関連する投資事業	-	ISIC 03
	2	海洋漁業	-	ISIC 0311
	3	動物用の抗生物質製剤の製造及び販売事業	畜産・獣医局の法令，手続，指針及び規則に従い実施されること。	ISIC 2100
	4	動物用の薬の製造及び販売事業	畜産・獣医局の法令，手続，指針及び規則に従い実施されること。	ISIC 2100
	5	商業用家畜の牧畜及び販売事業	畜産・獣医局の法令，手続，指針及び規則に従い実施されること。	ISIC 014, 0141, 0142, 0143, 0144, 0145, 0146
	6	飼育場及び孵化場事業（鶏，鴨，鶉）	畜産・獣医局の法令，手続，指針及び規則に従い実施されること。	ISIC 0146
	7	遺伝子研究，遺伝子保存，並びに遺伝子生産及び販売事業	畜産・獣医局の法令，手続，指針及び規則に従い実施されること。	ISIC 014, 0162 (01620), 7500
	8	動物種（繁殖動物，冷凍精子及び動物の胚）の輸入，繁殖及び販売事業	畜産・獣医局の法令，手続，指針及び規則に従い実施されること。	ISIC 014, 0162
	9	動物飼料及び畜産物の安全性に関する臨床検査サービス事業	畜産・獣医局の法令，手続，指針及び規則に従い実施されること。	CPC 8112 (81121), 8351, 83520
	10	動物の疾患の診断のための臨検査サービス事業	畜産・獣医局の法令，手続，指針及び規則に従い実施されること。	CPC 8351, 83520

第1編 投　資　法　　第2章　投資の意義及び規制

11	動物の健康に関連する調査及び研究に関するサービス事業	畜産・獣医局の法令，手続，指針及び規則に従い実施されること。	CPC 8351, 8352
12	種子の輸入，製造，国内での供給及び販売，並びに再輸出		ISIC 0164, 46312, 4759, 47593
13	新植物種の輸入，製造及び販売事業	-	ISIC 0130, 46312, 4759, 47593
14	農業用殺虫剤，肥料，ホルモン及び除草剤等の製造，保管，販売並びに輸出事業		ISIC 2021, 2012, 4612, 4759, 47593
15	種子用の目的で生産された種籾の生産及び輸出事業		ISIC 0164
16	農業のための臨床試験事業	-	CPC 0161
17	農業及び農業製品に関連する調査事業	-	CPC 8114
18	季節野菜の生産事業		ISIC 01, 011
4. 運輸・通信省の許可を取得の上，遂行する事業			
1	自動車登録の検査事業	-	CPC 6799
2	自動車運転訓練学校事業	-	CPC 6799
3	新たな鉄道，駅及び鉄道運行に関係する建物の建設事業		ISIC 421, 4210, 410, 4100
4	電車の運行事業	-	CPC 6739
5	機関車，客車，貨車，予備部品の製造及び整備，並びに線路の整備	-	ISIC 3020, 3315
6	電車の運行用の電力の生産事業	-	ISIC 3510, 35101
7	電車の運行に関係するドライ・ポート事業		ISIC 4220, 42909, CPC 53112
8	郵便サービス事業	-	CPC 681
9	通信サービス事業	-	ISIC 612, 613, 619
10	衛星通信機器の製造及び供給販売事業		ISIC 2639, 46312, 4759（47593）
11	レーダー通信機器及び関連する機器の製造及び供給販売事業		ISIC 2639, 46312, 4759（47593）
12	ラジオ通信機器の製造及び供給販売事業	-	ISIC 2639, 46312, 4759（47593）

28

II 投資の規制

13	携帯電話及び固定電話機の製造及び国内での供給販売事業	-	ISIC 2639, 46312, 4759（47593）
14	民間航空機訓練事業（Civil Aviation Training Services）	-	定義 / 範囲参照
15	航空機の修理及び維持事業(Aircraft Repair and Maintenance Services）	-	定義 / 範囲参照
16	空港ホテル事業（Airport Hotel Services）	-	定義 / 範囲参照
17	空港地上事業（Ground Handling Services）	-	定義 / 範囲参照
18	空輸サービスの販売及び空輸マーケット調査事業	-	定義 / 範囲参照
19	コンピューター予約システム(CRS)を利用した航空券の販売事業	-	定義 / 範囲参照
20	乗務員なしの航空機のリース事業	-	CPC 73116
21	乗務員付きの航空機のリース事業	-	CPC 66031
22	航空貨物の転送事業（Air Freight Forwarding Services）	-	定義 / 範囲参照
23	航空機の副次的な検査，修理及び維持事業（Aircraft Line Maintenance Services）	-	定義 / 範囲参照
24	航空機の到着，休憩，出発の際に所定の場所における地上補助事業（Ramp Handling Services）	-	定義 / 範囲参照
25	航空旅客の発着の際に空港におけるサービス事業（Passenger Handling Services）	-	定義 / 範囲参照
26	旅客の荷物に対する地上補助事業（Baggage Handling Services）	-	定義 / 範囲参照
27	航空貨物の取扱い事業（Cargo Handling Services）	-	定義 / 範囲参照
28	航空機燃料の給油事業（Refueling Services）	-	定義 / 範囲参照
29	空港安全管理に関するサービス事業（Airport Security Services）	-	定義 / 範囲参照
30	空港の建設，維持，管理，経営及び運営事業	-	CPC 53122, 53213, 54122, 54619

第1編　投　資　法　　第2章　投資の意義及び規制

31	国内航空輸送事業（Domestic Air Transport Services）	-	定義／範囲参照
32	国際航空輸送事業（International Air Transport Services）	-	定義／範囲参照
33	航空機に関連する製品のレンタル事業	-	ISIC 7730, CPC 7312
34	航海訓練学校の設立及び運営事業	-	CPC 92919
35	船舶及び水上建築物の製造及び修理を可能とする造船所事業	-	ISIC 3011, CPC 6751
36	沿岸及び内水旅客輸送サービス事業	-	CPC 6423, 6412
37	沿岸及び内水貨物輸送サービス事業	-	CPC 6521, 6522
38	海上輸送の補助事業	-	CPC 652
39	国際旅客輸送事業（沿岸輸送を含まない。）	-	CPC 6423
40	国際貨物輸送事業（沿岸輸送を含まない。）	-	CPC 6521
41	船員なしの船舶のリースサービス事業	-	CPC 73115
42	船員付きの船舶のリースサービス事業	-	CPC 6602
43	船舶の牽引及び航行サービス事業	-	CPC 65219, 65229
44	船舶解体サービス事業	-	CPC 94312
45	船舶仲立サービス事業（Ship Brokerage Service）	-	CPC 67910, ISIC 5229
46	船舶基準及び標準の検査事業	-	CPC 67990
47	河川区域，川岸区域及び海岸区域において通路，造船所，浮き船渠，乾船渠，耐水性の船渠（ドッキングのための前浜に位置する幅の狭い船渠）及び桟橋の建設並びに放水路の建設事業	-	ISIC 4290
48	川岸及び海岸地域におけるコンテナヤード，倉庫及び港湾関連施設の建設	-	ISIC 4100
49	河川における港湾の建設事業	-	ISIC 4290

	50	水路の維持及び開発事業	-	CPC 54232
	51	港湾区域の拡大	-	ISIC 4290
	52	港湾及び水路のサービス事業	-	CPC 5222
	53	沈没船の引き揚げ事業	-	CPC 6753
	54	海運業（Shipping agency service）	-	CPC 5229
	55	深海港及び国際的な多目的港	-	ISIC 4290
5.	天然資源環境保全省の許可を取得の上，遂行する事業			
	1	政府により管理される森林及び土地での木の伐採生産事業	-	ICIS 0220
	2	植林地（チーク，硬材，ゴムの木，竹，籐等）の創出	-	ISIC 02101, 02102
	3	植林を伴う木材系産業及び関連事業	-	ISIC 02101, 02102, 16
	4	森林地帯又は自然地でのエコツーリズム事業	-	ISIC 791, CPC 855
	5	商業目的での，遺伝子組換え有機物及び遺伝子組換え生物の輸入後の再生産及び供給販売事業	-	ISIC 0164
	6	貴重且つ希少な木材種の生産，保全，並びに組織培養の森林分野に関する先端技術研究事業及び経済活動事業	-	ISIC 7210
	7	森林分野における先端技術，研究及び人材の開発事業	-	ISIC 024, 7210, CPC 8140
	8	商業目的で，外国から野生動植物を輸入し，繁殖及び生産し，国内外への輸出・販売事業	-	ISIC 01, 01499
	9	外国資本投資による，鉱物の大規模生産のための予備調査，実地踏査及び実現可能性に関する調査事業並びに生産事業	-	ISIC 0710, 0729, 0899, 0990
	10	国内資本投資による，鉱物の生産のための予備調査，実地踏査及び実現可能性に関する調査事業並びに大・中・小規模の生産事業	-	ISIC 0710, 0729, 0899, 0990

第1編　投　資　法　　第2章　投資の意義及び規制

	11	外国資本投資による，宝石の加工及び宝飾品の製造事業，宝石で製造された商品の販売事業	-	ISIC 3211
	12	国内資本投資による，宝石の採掘事業，宝石の加工及び宝飾品の製造事業，宝石で製造された商品の販売事業	-	ISIC 0899, 3211, 3212
	13	真珠の養殖及び生産事業	-	ISIC 09118, 3211
	14	オゾン層に影響を与える物質に関する事業	-	ISIC 25
	15	大規模パルプ製造業	-	ISIC 1701
6. 電力・エネルギー省の許可を取得の上，遂行する事業				
	1	大規模電力の生産事業（電力法に従って，30MWを超える電力を生産可能な電力関連の事業等）	-	ISIC 3510, 35101
	2	電力システムに関連しうる全ての電気関連事業	-	ISIC 35102
	3	多様な海洋プラットフォームの建設，設備に必要とされる機械，部品，予備部品の輸入，製造，建設並びに組立事業	-	ISIC 2511
	4	石油，天然ガス及び石油製品の輸入，輸送，貯蔵，供給及び販売事業並びにそれらの関連事業を行うために必要とされる貯蔵タンク，荷積，積荷港，パイプライン，関連機器，建物の建設・設置並びにそれらの運営事業	-	ISIC 2512
	5	様々な種類の石油精製所の建設，投資として石油精製所の修繕及び性能の向上，及びそれらの実施事業	-	ISIC 41002
	6	石油及び天然ガスの地質学的，地球物理学的及び地球化学的方法による調査，定義及び関連事業に必要な機器，装置，周辺機器の輸入，製造，建設及び組立事業	-	ISIC 0910, 0991, 7120

	7	石油及び天然ガスの採掘，生産，検査及び関連事業に必要な機器，装置及び周辺機器の輸入，製造，建設及び組立事業	-	ISIC 0910
	8	石油及び天然ガスの輸送及びパイプライン網の構築のために必要な機器，装置及び周辺機器の輸入，製造，建設及び組立事業	-	ISIC 0910
7. 産業省の許可を取得の上，遂行する事業				
	1	ワクチンの製造	-	ISIC 2100
8. 商業省の許可を取得の上，遂行する事業				
	1	小売業	-	CPC 62
	2	卸売業	-	CPC 61
9. 保健・スポーツ省の許可を取得の上，遂行する事業				
	1	私立病院事業	-	ISIC 8620
	2	私立の一般的な健康管理事業	-	ISIC 8620, CPC 93121
	3	私立のモバイルヘルス事業	-	CPC 93121
	4	私立の老人ホーム事業	-	ISIC 8710 (87102), CPC 93210, 93221
	5	私立の伝統的な病院事業	-	ISIC 8620 (86201)
	6	私立の伝統的な診療所事業	-	ISIC 8620 (86201)
	7	私的な伝統的な薬品及び製薬事業	-	ISIC 2100 (21001, 21002)
	8	伝統的な薬品の製造事業	-	ISIC 2100 (21001, 21002)
	9	伝統的な医薬品の原材料（漢方）の取引事業	-	ISIC 4620 (46202), 4642 (4621), 4772
	10	伝統的なハーブの栽培及び製造事業	-	ISIC 0128
	11	伝統的な医薬品の研究及び実験事業	-	CPC 81130

第1編 投 資 法 第2章 投資の意義及び規制

12	ワクチン及び診断テストキットの製造に関する研究事業	医学研究局（Department of Medical Research）及びワクチン研究局（Vaccine Research Division）と協同すること。	ISIC 2100, CPC 81130

10. 建設省の許可を取得の上，遂行する事業

1	建設省が管理する全道路，当該道路に沿って新たに建設される道路，必要に応じ当該道路の上に建設されるバイパス道，及びこれらの道路に接続される道路の建設事業	道路区域は建設省により管理される。道路区域に関連して行われる事業は，事前に建設省の許可を得なければならない。	ISIC 4210
2	高架高速道路，トンネル，内環状線，外環状線，インターチェンジ，地下道，高架道路，半地下道及び水中トンネルの建設事業	-	ISIC 4210（42103, 42104, 42105, 42101, 42102）
3	180 フィート以上の橋の建設事業	-	ISIC 4210（42102, 42103）
4	橋の関連材料である PC 鋼撚線，PC 鋼棒，錨，プレートガーダー，鋼鉄トラス，鉄コンクリート及び強化コンクリート等の製造及び国内での供給事業	-	ISIC 2395, 24100
5	100 エーカー以上の都市開発事業	-	ISIC 4100, 421, 422, CPC 532（53290）
6	工業団地（Industrial Zone）に関連する，5 万平方メートル以上の床面積を有する居住用アパートメント及び国民が手頃で購入可能な団地の建設及び販売事業	-	ISIC 4100, 6810
7	ネピドー，ヤンゴン及びマンダレー以外の地方域又は州の首都において，4 エーカー以上の区域における都市の再開発事業	-	ISIC 4100, 421, 422, 4290, CPC532（53290）
8	新都市の開発事業	-	ISIC 410, 421, 422, CPC 5411, 8321

Ⅱ　投資の規制

4.　MIC 投資許可の取得を要する事業

　以下の事業を行う場合には投資家は MIC に対してプロポーザルを提出し，その投資許可を取得しなければならない（36条）。

(a)　連邦の戦略上必須の投資事業
(b)　多額の資本を要する投資プロジェクト
(c)　環境及びローカルコミュニティにとって大きな影響を与える可能性があるプロジェクト
(d)　政府保有の土地及び建物を利用する投資事業
(e)　MIC に対するプロポーザルの提出を要すると連邦政府によって指定された投資事業[9]

　新投資法の規定そのものからは，投資許可の取得が必要な投資か否かの基準が明確ではない。例えば，いかなる事業が「連邦の戦略上必須」であるか，「多額の資本」とは具体的にはいかなる額であるのか等の問題である。

　そこで，上記の基準について，投資規則は，以下のとおり具体的な定めを設けている。なお，投資当初においてこれらの要件に該当しないため MIC 投資許可の取得を要しない投資家がその投資の変更によって要件を充足するに至った場合には，係る変更が生じる前にプロポーザルを提出し，MIC 投資許可を取得しなければならない（投資規則 9 条）。

(1)　戦略性要件

　以下のいずれかに該当する場合にはミャンマー連邦にとって戦略的な投資であるとされる（投資規則 3 条）。

(a)　テクノロジー（情報，通信，医療，バイオ又は類似の技術），エネルギー，イ

---

9)　新投資法の本格運用が開始された 2017 年 4 月時点においてはこの要件に基づく特段の規制は設けられていないが，投資規則によると，MIC 投資許可・連邦議会の承認を要する投資に関する定め，最低投資金を含む MIC 投資許可の審査又は付与に係る他の基準に関する定めを MIC が設けることを妨げないこととされている。

35

第1編　投　資　法　　第2章　投資の意義及び規制

ンフラ，都市開発，天然資源の採掘又はメディアセクターに係るものであり，想定投資額が 2000 万米ドルを超えるもの

(b)　コンセッションの付与，契約又は当局による類似の認可によるもので，想定投資額が 2000 万米ドルを超えるもの

(c)　国境地域又は紛争影響地域においてなされるもの（且つ，ミャンマー投資家については，投資額が 100 万米ドルを超えるもの）

(d)　国境をまたいで行われるもの（且つ，ミャンマー投資家については，投資額が 100 万米ドルを超えるもの）

(e)　州又は管区をまたいで行われるもの

(f)　1000 エーカーを超える土地にかかる農業への投資

(g)　100 エーカーを超える土地にかかる農業以外の事業への投資

(2)　多額資本要件

想定投資額が 1 億米ドルを超える場合には，法 36 条(b)の多額の資本を要する投資であるとされる（投資規則 4 条）。

(3)　環境・社会影響要件

以下のいずれかに該当する場合には環境及びローカルコミュニティにとって大きな影響があるものとみなされる（投資規則 5 条）。

(a)　EIA タイププロジェクト[10] として分類され又はされる可能性があるもの

(b)　環境保護法を含む有効な法令に基づき，保護区域，森林保全区域又は主要な多様生物区域と指定又は提案された場所又はエコシステムをサポートする旨選択・指定された区域並びに文化・自然遺産，文化的記念碑，及び手つかずの自然環境と提案又は指定において行われる投資

(c)　以下の土地を使用又は占有する権利を含む場合

(i)　有償の土地収用，強制取得手続又はそれらに先立つ連邦の法に基づく合意によりすでに取得され又は取得される可能性があり，且つ，かか

---

10)　投資規則によると，環境保護法（Environmental Conservation Law），その規則及び環境影響評価手続（Environmental Impact Assessment Procedures）に定める手続のみ定義されているが，これらに基づき EIA タイプの環境影響評価を要する手続と解されるものと思われる。

る土地に永住している少なくとも 100 名の個人の移転を生ずるか若しくは 100 エーカーを超える面積かのいずれかに該当するもの

(ⅱ) 100 エーカーを超える区域であり，土地利用及び天然資源へのアクセスをする法的権利を有する者に対し，かかる土地利用及び天然資源へのアクセスにつき不随意な制限を課する可能性があるもの

(ⅲ) 100 エーカーを超える区域であり，提案された投資と対立しうる方法で当該土地を占有又は使用する権利を有する者による既存の善意による権利主張又は紛争の対象となっているもの

(ⅳ) 当該土地を占有している少なくとも 100 名の個人の当該土地の占有を継続する権利に悪影響を与えうるもの

(4) 政府保有不動産利用要件

政府が処分権を有する土地又は建物への投資は，法 36 条(d)の政府保有の土地及び建物を利用した投資であるとされる（投資規則 6 条）。

但し，これには，政府の権限の下で行われるグラント，オルタレーション又はその他法定の管理手続により生ずる土地利用権は含まないとされる（同条但書）[11]。

また，以下の一定の場合には法 36 条(d)に基づく MIC 投資許可申請を行う必要はないこととされる（投資規則 7 条，8 条）。

(a) 当該土地又は建物を 5 年以下の期間にて賃借又は利用許諾を受ける場合

(b) ミャンマー連邦内の以下の者から当該国有土地又は建物の転借を受ける場合（この場合，政府とのリース契約その他の契約において許諾された態様により当該土地及び建物を利用することを要する。）

　(ⅰ) （本法を含む）ミャンマー連邦の法に従い，政府から国有土地又は建物を利用する権利をすでに取得しており，

　(ⅱ) 政府から付与された権利に従い，当該国有土地又は建物を転貸又は再利用許諾する権限を有する場合

---

11) 本但書の意義は必ずしも条文上明確ではないが，ミャンマーにおいては原則として土地は全て国有とされ（ミャンマー連邦共和国憲法 37 条(a)），私人が土地に対して有する権利はグラント等と称される長期土地利用権を指すため，これらの権利を有する私人の不動産を利用した投資が本要件に該当しないことを明確にする趣旨ではないかと推察される。

第1編　投　資　法　　第2章　投資の意義及び規制

　なお，投資規則3条，4条及び5条における金銭の額及び土地の面積は，当該投資における合計を意味し，当該投資に関連する投資家及びその関連事業体の事業によるものも含めて全体の数とする（投資規則10条）。

5. 連邦議会による承認

　MIC は，安全保障，経済環境，環境並びに連邦及びその国民の国民的利益に重大な影響を与えうる投資事業については，投資許可の発行を準備するに際して連邦政府を通じて連邦議会にその承認を求めなければならないこととされている（46条）。

　この点，投資規則においても連邦議会の承認を得る必要がある事項に関する具体的な基準は示されていない。そのため，実務上は後述する（**第4章Ⅱ**）事前スクリーニング制度等を適宜活用すること等により確認を経ることになると思われる。

ポイント

〔制限事業に係る通知義務〕

　制限事業（具体的にはミャンマー国民との合弁を要する事業，所轄当局の承認を必要とする事業）を行う場合であっても，MIC 投資許可を必要とする要件を満たさない場合には，MIC 投資許可の取得は特に必要とせずに事業活動を行うことが可能であり，この点は外国投資法・新投資法を通じて同様である。

　もっとも，新投資法においては，制限事業を行う場合には，投資実行の開始3か月以内に MIC 事務局又は州・管区投資事務局に当該投資について通知を行う必要があることとされ（投資規則23条，24条），従前は存在しなかった通知義務が新たに課されている点に留意を要する（なお，当該義務は会社法上の小会社には適用されない（投資規則25条））。

38

第3章 ミャンマー投資委員会

本章ではミャンマー投資委員会（MIC）及びその内部組織，並びに新たに設置され一定の投資に関連して許認可付与の主体となる州・管区委員会について概説する。[1]

Ⅰ　総論——地方への授権

　新投資法においては，MIC 投資許可，エンドースメント，土地利用権，税務恩典の付与等について，原則として MIC がこれらにかかる権限を有するとしつつ，一定のものについては，今般新たに定められた州・管区委員会が MIC にかわって認可権限を有することとしている[2]。

　2017 年 5 月末現在においては，500 万米ドル又は 60 億ミャンマーチャットまでの投資に係るエンドースメントの発行手続については州・管区委員会がこれを行うこととされている（MIC 告示 2017 年 11 号）。

　但し，投資額にかかわらず，以下の投資に関する MIC 投資許可・エンドースメント申請については MIC によってのみ審査されるとされている（投資規則 156 条）。

　(a)　2 以上の州又は管区に対する投資

　(b)　法 42 条(d)により関連する省の許可を要するとされた投資

---

1)　第 5 章は委員の退任（14 条・15 条），解任（16 条）及びこれらに伴う委員の補充等（17 条～19 条），事務局長の職務（20 条），利害関係を有する委員の報告義務（21 条・22 条）について定めているが，これらの詳細についての説明は本文記載の趣旨に照らして割愛している。

2)　MIC が土地利用申請の審査権限を少なくともディレクターの地位にある担当官に移管することができる旨の規定もあり（投資規則 158 条(b)），今後，担当官の業務の習熟を通じてよりシンプルな審査がなされることが期待される。

第1編　投　資　法　　第3章　ミャンマー投資委員会

Ⅱ　ミャンマー投資委員会（MIC）

1．MIC の組成

　MIC は，委員長，副委員長，その他の委員及び事務局長により構成され，事務局長は DICA の長，それ以外の委員はいずれも連邦政府により選任される（6条）。

　MIC の人数は，事務局長を含めて9人以上の奇数の数とされる（7条）。また，事務局長を除く委員の任期は連邦政府の任期[3]と同一とされ（9条），委員は2期を超えて続けて就任することはできない（10条）。

2．MIC の開催

　MIC は，定例の会議を最低月に1回開催し，それ以外に必要に応じて適宜会議を開催することとされている（29条）。

　定足数は MIC の委員長又は副委員長を含む委員の過半数の出席により満たされ（31条），会議に出席している委員の過半数の同意により決定を行うことができる（32条）。また，職務的専門性を要する事項に関しては，会議に専門家を招待することができるとともに（33条），投資家及び投資家をサポートする者が会議において説明を行い議論に参加するために会議に参加することを許可しなければならない（34条）。

---

3)　「連邦政府の任期」の意味するところについては必ずしも明らかではないが，政権が交代した場合には事務局長を除く委員全員の任期が終了し，総入れ替えが行われるという趣旨であるものと推察される。この点，新投資法導入前の事例であるが，2016年の政権交代時にも MIC の委員全員が交替した（なお，新投資法上は政権交代後2か月以内に MIC を再組成しなければならないという規定が存するが（11条），上記2016年の交代時には約3か月を要し，その入れ替え期間中外国投資法に基づく投資審査が進まないという事態が生じたことに照らすと，今後政権交代が生じるタイミングで同様の停滞が生じる可能性は否定できない。）。

40

Ⅲ　MIC の内部組織

1．プロポーザルアセスメントチーム（PAT）

　MIC による MIC 投資許可の審査を支援するためにプロポーザルアセスメントチームが告示により組成されるものとされ（投資規則 149 条），事務局長又は DICA の副局長（Deputy Director General）が PAT チームのリーダーを務めることとされている（投資規則 150 条）。

2．ワンストップサービス

　ワンストップサービスは，投資規則に定める様々な省庁内の部局の担当官によって提供されるものとされ（投資規則 163 条），投資家が個別の省庁に一々照会を行わなくとも，MIC 内にあるワンストップサービスにかかる事務所を訪問すれば足りることとして投資家の便宜を図ることを目的としている[4]。

3．インベスターアシスタンスコミッティー（IAC）

　インベスターアシスタンスコミッティー（IAC）は，主として投資家の苦情処理対応を目的としている組織である。政府部局・組織の判断，MIC 投資許可，ライセンス，登録，許認可等の拒絶等に対する苦情を受理するほか，関連するステークホルダー間の和解の仲介，苦情・紛争解決手続の支援，関連する政府部局・組織との協議等をその役割としている（投資規則第 17 章）。

---

4)　政府高官によると，ワンストップサービス事務所内の担当官以外に，各省庁に MIC からの問い合わせに対応するためのカウンターパートの担当官が指定されており，スムースな内部照会を行うことを企図しているとのことである。

第1編　投　資　法　　第3章　ミャンマー投資委員会

4. 投資モニタリング局（IMD）

　投資モニタリング局（IMD）は，文字どおり投資が法令及び受けた許認可に適合しているかのモニタリングをその役割としており（投資規則176条），MIC 投資許可，エンドースメント，土地利用権，税務恩典の修正，追加等の受理，投資家からの報告書・地域コミュニティーからの苦情の受理，投資家の法令適合性等の検査，投資家に関する情報の収集等について責任を有している（投資規則175条）。

　また，投資家が法令等に違背しているとして行政罰を科すべきかどうかについて MIC に意見を述べ（投資規則178条），投資家等に対して情報の提供を求める権限を有している（投資規則184条等）。

Ⅳ　州・管区委員会

1. 組　　織

　MIC は，連邦政府の承認のもと，奇数の員数より構成され，7 名を上限とする州・管区委員会を組成することとされている。当該州又は管区の首相が委員長，州・管区委員会事務局の長が州・管区事務局長となり，それ以外の委員は州・管区委員長が，州・管区の省その他の当局から適切な人物を選任する（投資規則151条）。

2. 権　　限

　州・管区委員会の権限は，MIC が告示により定めた基準を満たす投資に関する以下の事項とされる（投資規則155条）。

(a)　プロポーザルをプロポーザル審査手続に従って審査し，MIC 投資許可の発

42

行について当該プロポーザルが承認されるべきか否かを MIC に推挙すること

(b) エンドースメント申請をエンドースメント審査手続に従って審査し，当該エンドースメントを発行すること

(c) MIC 投資許可又はエンドースメントを承認した後，法及び規則に従って投資をモニタリングすること

ポイント

〔州・管区委員会の権限の範囲〕

　投資規則の条文上は州・管区委員会が土地利用申請及び税務恩典の審査をできる旨は明記されていない。しかしながら，別の規定において MIC は州・管区委員会に対し土地利用申請に係る審査権限を移管できるとしたり（投資規則118条(a)，投資規則 158 条(a)等），州・管区委員会が税務恩典の審査をすることが前提となっていると推認される規定（投資規則 85 条，87 条等）が存在することなどに鑑みると，州・管区委員会は土地利用権及び税務恩典の審査を行ういうることも投資規則上は想定されているものと思われる。他方，前述の MIC 告示（2017 年 11 号）は，エンドースメントのみについて言及しており，各種規定相互間の関係が必ずしも明確ではない。

　また，州・管区委員会により許可されうる投資について，州・管区委員会とは別に，MIC に対してエンドースメントの申請をすることができるとされている（投資規則 157 条）が，具体的にどのように審査が進むのか，州・管区委員会に申請することなく MIC に対してのみ申請が可能かについては明らかではない。

　これらの不明確さに鑑みると，投資に係る各種手続の申請をどの機関に行うかについては，事前に慎重な確認をすることが望ましいものと思われる。

　なお，ヤンゴン管区の場合，同管区投資委員会は第 1 回が 2017 年 8 月に開催されたことを皮切りに，概ね月 2 回開催されている。2017 年 12 月 20 日に開催された第 9 回委員会までに承認されたエンドースメントは全部で 24 件であり，投資国は 7 か国である。

第4章 各種手続

本章では新投資法における各種手続について説明する。但し，税務恩典申請及び土地利用申請については，一体的な説明の観点からそれぞれ別個の章にて説明する。

Ⅰ 総 論

1. 新投資法上の手続の全体像

　外国投資法においては，MIC における手続は，基本的には MIC 投資許可に係る手続のみであったが，新投資法及び投資規則は複数の異なる手続を設けており，その概要は以下のとおりである。なお，税務恩典申請及び土地利用申請についてはその実体的内容とまとめて説明すべく，本章には含めていない。

手続の種類	概要
投資スクリーニング	投資が新投資法上のどのようなカテゴリーに該当するのか等に関する事前確認手続
MIC 投資許可申請	MIC 投資許可の取得手続
エンドースメント申請	MIC 投資許可を取得し（てい）ない場合に税務恩典及び土地利用権を得るために必要となる手続
税務恩典申請	税務上の恩典を得るために必要となる手続
土地利用申請	外国会社が土地の長期利用の許諾を受けるために必要となる手続

　MIC 投資許可を得る必要がある場合で，且つ，税務恩典及び／又は土地利用権を得ることを希望する場面も当然想定されるが，その様な場合には，MIC 投資許可を取得した後に税務恩典及び／又は土地利用申請をすることも可能であるし，MIC 投資許可の申請と同時に税務恩典及び／又は土地利

44

用申請をすることも可能である（投資規則 46 条，82 条）。

　また，MIC 投資許可を得る必要がない投資においては，税務恩典又は土地利用申請をエンドースメント申請と同時に行うことも可能であるし，エンドースメントを取得後に申請することも可能な構造となっている（投資規則 80 条，82 条等）。

　MIC は，付与された MIC 投資許可，エンドースメント，税務恩典又は土地利用権につき，投資家との合意によりこれらを変更し，条件を追加し又は条件を撤回することができる（投資規則 136 条）。これらについては投資家による書面の通知により，所定の申請料の支払とともに申請されなければならない（投資規則 137 条）。

　あらゆる MIC 投資許可，エンドースメント，税務恩典及び土地利用権につき，それらに記載があるか否かにかかわらず，以下の事項が条件となる。

(a)　当該申請につき投資家から MIC に提出された情報が正確であること
(b)　投資家及びその他の関連する申請人が申請とともに提出された表明事項及び計画を遵守すること（但し，合理的に当該遵守が不要とされる場合を除く。）
(c)　MIC 投資許可，エンドースメント，税務恩典及び土地利用権が全ての適用ある法律を遵守し続けること

> **ポイント**
>
> 〔エンドースメントの位置づけ〕
>
> 　新投資法上，土地利用権又は税務恩典を得ることを希望する投資家はエンドースメント申請をすることとされており（37 条），あたかもエンドースメント手続「それ自体」が土地利用権又は税務恩典を取得する手続のように思われている。他方，投資規則によると，エンドースメント手続は土地利用申請及び税務恩典申請とは別個の手続と整理されており，いわば二重構造的になっている。
>
> 　このような整理がなされるに至った経緯は必ずしも明確ではないが，新投資法・投資規則のいずれにおいても，土地利用権と税務恩典を得る以外の目的でエンドースメント申請を行うことは想定されていないように見受けられ，また，その実益もないものと思われる。これら各手続についてそれぞれ独自にタイムラインが定められていることから，特にエンドースメント申請と土地利用申請・

第1編 投資法 第4章 各種手続

> 税務恩典申請を同時に行った場合に，それぞれの審査手続が同時並行で行われ
> ない場合には，各手続毎の日数を合算した日数を要し，手続に時間がかかるこ
> とが懸念される。

2. 各手続に共通する事項

(1) 書 類 等

全ての提出物は，以下の要件を満たす必要があるものとされる（投資規則
36条）。

(a) 書面によること
(b) ミャンマー語又は英語・ミャンマー語双方によること
(c) プロポーザルの場合には提案される投資についてそのサマリーを含むこと
(d) 申請人の署名がなされていること
(e) 適用ある場合には所定の書式により完成されていること
(f) MIC が特定する情報を含んでいること
(g) 全ての事項について真正且つ完全な情報を含んでおり，不正な開示がされ
ていないこと
(h) MIC 事務局又は関連する州・管区委員会事務局に提出されること
(i) 所定の提出に係る手数料とともに提出されること

ポイント

〔サマリーの開示〕

MIC 投資許可の申請に際して要求されるサマリーは，その受理後10営業日
以内に公衆に開示されることとされている（投資規則45条）。

かかる開示に関しては，規則案の段階では，投資家が商業上の守秘事項又は
投資に関するセンシティブ情報について非公表を要求した場合には MIC はこ
れを考慮することができるとの記述があったものが削除されている。規則案に
係る公聴会の席上においては，投資の透明性を高める観点から強く開示を求め
る意見も認められ，その様な意見を踏まえての変更と思われるが，投資の守秘
性確保の観点からサマリーの記載をどのように工夫するか，個別に非開示要求

> が可能かどうか等，実務上留意が必要な点であろう。

　また，上記(c)所定のサマリーは，以下の情報を含むものとされる（投資規則 38 条）。

(a)　投資家及び投資につき重要な直接又は間接的な持分を有するその他の者
(b)　主たる投資の場所
(c)　投資がなされるセクター及び事業
(d)　提案投資額
(e)　投資実行の計画（想定されるタイムテーブルを含む。）
(f)　当該投資に基づく採用する従業員の人数及び輸出による収入
(g)　その他 MIC が随時定めるその他の情報

(2)　設立前の提出者

　（投資の事業主体となる）企業たる投資家が法的に設立していない場合には，当該投資家の設立に責任を有する者が当該投資家として申請を行うことができる（但し，投資家の設立はアプルーバルの発行の条件とされる）（投資規則 39 条）。

3. 費　　用

番号	申請内容	手数料 （単位：MMK)	小会社向け 手数料 （単位：MMK)
1	投資審査の申請	15,000	5,000
2	投資額の合計が 100 万米ドル未満である場合のプロポーザル	100,000	50,000
3	投資額の合計が 100 万米ドル以上 2000 万米ドル以下である場合のプロポーザル	200,000	100,000
4	投資額の合計が 2000 万米ドル超 1 億米ドル以下である場合のプロポーザル	300,000	300,000
5	投資額の合計が 1 億米ドル超である場合のプロポーザル	500,000	500,000
6	エンドースメントの申請	50,000	-

第1編　投　資　法　　第4章　各種手続

7	投資額の合計が1000万米ドル未満である場合の税務恩典の申請	100,000	50,000
8	投資額の合計が1000万米ドル以上である場合の税務恩典の申請	200,000	100,000
9	土地利用権の申請	100,000	50,000
10	投資額の合計が100万米ドル未満である場合の株式又は事業譲渡の申請	50,000	25,000
11	投資額の合計が100万米ドル以上である場合の株式又は事業譲渡の申請	100,000	50,000
12	投資額の合計が2000万米ドル以上である場合の株式又は事業譲渡の申請	200,000	100,000
13	投資額の合計が1億米ドル以上である場合の株式又は事業譲渡の申請	300,000	150,000
14	ミャンマー投資法48条(b)に基づく決定理由の説明の要求	80,000	40,000
15	MIC投資許可の修正	100,000	50,000
16	エンドースメントの修正	50,000	25,000
17	税務恩典の修正	100,000	50,000
18	土地利用権の修正	100,000	50,000
19	外国人従業員及び経営専門家のための労働許可の申請	5,000	2,500

Ⅱ　投資スクリーニング

1. 対 象 事 項

　投資家は，その投資に関して，以下の事項に関して拘束力を有しないガイダンスを求めるべく，MICに対して投資スクリーニング申請を行うことができる（投資規則28条）。

(a)　当該事業が法36条に基づくMIC投資許可のプロポーザルの提出を要するものか

Ⅲ　MIC 投資許可（Permit）

(b) 当該事業が，法 46 条に基づき連邦議会に対してその承認を求めるべく提出される可能性があるか

(c) 法 42 条及び関連する告示に基づき制限される投資活動か

(d) 投資促進セクターに含まれる投資活動か

(e) 法 41 条に基づき禁止される投資活動か

2. 手　　続

投資家は，所定の費用を支払い，投資の内容を開示した上で投資スクリーニングの申請を行う（投資規則 29 条，30 条）。

MIC は，原則として最大で 10 営業日以内に投資スクリーニングの審査を行い，当該期間内に拘束力のないガイダンスを発しなければならない（投資規則 31 条・32 条）。

3. 効　　果

投資スクリーニングの結果発せられるガイダンスは，あくまでも前述のとおり投資事業の新投資法上の分類について示されるものであり，MIC 投資許可等の承認が得られるかについての蓋然性を表明するものではない点には留意を要する（投資規則 33 条）。

Ⅲ　MIC 投資許可（Permit）

1. MIC 投資許可申請を要する事項

法 36 条に基づき MIC 投資許可を申請しなければならない者は MIC 投資許可取得後でなければ投資を行うことができないが，既に MIC 投資許可を有する他の投資家又は事業主体が当該投資を行う場合には，原則として

49

第1編　投　資　法　　第4章　各種手続

MIC 投資許可を得ることを要しない（投資規則 41 条・42 条）[1]。

2. 申　請　人

　MIC 投資許可に係るプロポーザルの申請人は以下のいずれかの者である（投資規則 43 条）。

(a)　投資を希望する者
(b)　投資を希望する者の権限ある代表者
(c)　投資を希望する者の事業に関与する子会社

　　但し，以下のいずれかに該当する場合には関連するミャンマー連邦政府の省を通じて提出されなければならない（投資規則 44 条）。

(a)　政府機関又は政府組織が投資家の重要な持分を保有している場合
(b)　政府機関又は政府組織により当該投資の基礎をなすコンセッションを投資家に付与し又は付与することを企図している場合
(c)　その他法令により政府機関又は政府組織によることが要求され又は権限を与えられている場合

3. 手　　続

(1)　全体の流れ

　MIC 事務局は，プロポーザルの受理後その適格性と完全性について確認をし，これらを満たす場合にはこれを受理した後に，PAT による実質審査を経て MIC による審査に供されることとなる（投資規則 47 条）。かかる流れは外国投資法における手続と同様である。
　なお，投資家は，MIC に対して，プロポーザルに関連する情報提供を審

---

1)　既になされている投資に対して変更が加えられ，原投資と別のものと考えられる当該変更が投資家による MIC 投資許可申請を要するものと考えられる場合には，当該変更を加えるに先立ち MIC 投資許可を得る必要があるとされており（投資規則 237 条），かかる場合には当該追加投資についても MIC 投資許可の申請が必要となる。

査プロセスを通じて（プロポーザルの提出前を含む。）求められうる（投資規則 57 条）。この場合，原則として 20 営業日以内に当該要求された情報を MIC に提出しなければならず（投資規則 58 条），当該期間内に提出できない場合には MIC はプロポーザルを拒絶できる（投資規則 59 条）。

プロポーザルが失効した場合，なお投資を行うことを希望する投資家はプロポーザルを再提出し，再度申請料を支払わなければならない（投資規則 60 条）。

(2) 受 理 審 査

プロポーザルの受理後，それが不適切だと認められる場合には 15 営業日以内に MIC はこれを拒絶できる。拒絶された場合には，その 5 営業日以内に MIC は，投資家に対してその旨の通知を拒絶理由の説明とともにすることとされ，拒絶されない場合には受理されたものとみなされる（投資規則 48 条）。

MIC は，プロポーザルの受理後 10 営業日以内に当該プロポーザルのサマリーを公表することができる（投資規則 45 条）。

(3) 実質審査──MIC 投資許可の発行

プロポーザルが受理された場合には，MIC は 60 日以内に審査を行い，承認する場合には 10 営業日以内に投資家又はその子会社に対して MIC 投資許可を発行する（投資規則 49 条・50 条）[2]。

MIC は，投資家又はその権限ある代表者に対して，当該投資を検討している PAT 又は MIC の会議への参加を求めることができるとされている（投資規則 56 条）。

---

[2]　かかる期間については MIC より追加情報を要求された場合，法 46 条に基づき連邦議会の承認を求める場合には複数回中断されうる（投資規則 52 条・53 条）。また，プロポーザルの複雑さ・新規性等の理由によりその審査の延長がミャンマー連邦の利益になると判断された場合には複数回延長されうる（投資規則 55 条）。

第1編 投 資 法 第4章 各種手続

4. 審査基準

MIC がプロポーザルを審査するに際しては，投資法の目的，原則，権利
及び義務に照らし，ミャンマー連邦にとって有益かどうかを検討しなければ
ならない（投資規則64条本文）。また，投資家及び／又はプロポーザルが所
定の基準[3]を満たすかどうかを検討することとされている。

(a) 投資家がミャンマー連邦の法に従って行動し，投資がミャンマー連邦の法
に従ってなされること

(b) 投資が MIC 投資許可を要するものであること

(c) プロポーザルが適法なものであること

(d) 投資家が当該投資を環境及び社会への潜在的悪影響を限定する責任あるサ
ステイナブルな態様で遂行することについてのコミットメント[4]を示した
こと

(e) 投資の経営に関与する投資家，持株会社又は関連会社が当該投資に関連す
る事業経験及び判断能力を有すること

(f) 投資家，関連会社及び持株会社が当該投資に係る財務的コミットメントを
示したこと

(g) 投資家，関連会社及び持株会社が good character 及びビジネスレピュテー
ションを有すること[5]

(h) 投資が国家の発展，安全，経済的・社会的・文化的政策と適合的であるこ
と（連邦政府又は当該投資の影響を受ける州・管区政府が表明した発展，安全，
経済的・社会的・文化的目標を勘案する）

---

3) 投資規則によると，当該基準は non-mandatory criteria と mandatory criteria とに区別されて
おり，MIC については前者についてはその実質的適合性を，後者については単に適合性を判断
するものとされている（投資規則65条）。しかしながら，non-mandatory criteria とされている
事項（投資規則64条(a)〜(c)）はいずれも当然に適合していて然るべき事項と思われ，このよう
な区別をする必要性が必ずしも判然としないため，本書ではあえて両者を区別していない。

4) 当該コミットメントは，環境保全行動，環境保全ポリシー及び人権への適合，天然資源及び廃
棄物処理実務への効果的な技術の適用を含むものとされる。

5) 本基準の判断にあたっては，MIC は，投資に関与している投資家又はその関連会社がミャン
マー連邦の法又はその他の法域の法（環境，労働，税，贈収賄規制・汚職防止又は人権に関する
法を含む。）に違反したかどうかを考慮することができる（投資規則66条）。

52

Ⅳ　エンドースメント

1. 申　請　人

　投資が法36条に基づくMIC投資許可を要しないものである場合，以下の
いずれかの者はMIC事務局又は関連する州・管区委員会事務局にエンドー
スメントの申請を行うことができる（投資規則67条）。

　(a)　投資家
　(b)　投資家の権限ある代表者
　(c)　投資に関与する子会社

2. 手　　続

(1)　申　　請

　投資家は，所定の様式を用いてなす（法37条）エンドースメント申請と
同時に，関係する土地利用及び／又は税務恩典の申請を行うことができ，
MICが定めるエンドースメント申請料を支払わなければならない（投資規則
68条）。

　申請に際しては，当該投資に関連する全ての推薦，承認，ライセンス，許
可及び類似の許認可（authorization）を提出しなければならない（38条）。但し，
これらが投資の性質上エンドースメント申請の提出後に必要となる場合には
かかる許認可はエンドースメント申請の提出後に取得されなければならない
（投資規則69条）。

　MIC又は関連する州・管区委員会は申請が完全なものである場合にはこ
れを受理することができ，不完全なものである場合にはその修正後に再提出
することを認めることができる（39条）。

　なお，投資家はエンドースメント申請に関連する情報のMIC又は関連す
る州・管区委員会に対する提供を審査プロセスを通じて求められうる（投資

第1編 投 資 法 第4章 各種手続

規則74条)。この場合，原則として20営業日以内に当該要求された情報を
提出しなければ，エンドースメント申請は失効する（投資規則74条・75条）。

(2) 受 理 審 査

MIC事務局又は州・管区委員会事務局は，申請の受理後その適格性と完
全性について確認をし，これらを満たす場合にはエンドースメント申請は
MIC又は州・管区委員会に対してそのレビュー及び判断のために供される
こととなる（投資規則70条）。

エンドースメント申請の受理後，それが不完全，不適合その他の理由が認
められる場合には15営業日以内にMIC又は関連する州・管区委員会はこれ
を拒絶できる。拒絶された場合には，MIC又は関連する州・管区委員会は
投資家に対してその旨の通知を拒絶理由の説明とともに5営業日以内にする
こととされ，拒絶されない場合には受理されたものとみなされる（投資規則
71条）。

(3) 実質審査──エンドースメントの発行

エンドースメント申請が受理された場合には，MIC又は関連する州・管
区委員会は30日以内に審査を行い，承認する場合には10営業日以内に投資
家又はその子会社に対してエンドースメントを発行する（投資規則72条，73
条）。

3. 審 査 基 準

MIC又は関連する州・管区委員会がエンドースメント申請を審査するに
際しては，投資法の目的，原則，権利及び義務を考慮し，以下の基準を適用
しなければならない。

(a) 投資家がミャンマー連邦の法に従って行動し，投資がミャンマー連邦の法
に従ってなされること
(b) 投資が法37条に基づきエンドースメントを要するものであること

54

Ⅳ　エンドースメント

(c)　エンドースメント申請が適法なものであること

(d)　申請が法が定める投資に関するものであること

(e)　投資家が当該エンドースメント申請に係る土地利用権又は税務恩典の一方又は双方を受けうる適格を有すること

ポイント

〔エンドースメント手続の実態について〕

　本文に記載のとおり，新投資法の導入に際しては，土地の長期利用，税務恩典の付与がエンドースメントというより軽い手続で認められることが期待されており，政府当局も重い審査手続を要しない簡素な手続をすることを当初は企図していた模様である。

　しかし，実際にはエンドースメント申請に当たっては，MIC 投資許可手続と同様の詳細な事業活動に関する計画の提出が MIC より求められ，その審査手続も MIC 投資許可手続とほぼ同様であるなど，投資家が期待していたものとは異なる運用がなされている。これは，MIC がエンドースメントの場合であっても，慎重な審査を要するという方針に転換したことが理由であるとされる。

　また，エンドースメントを申請する事業内容については新投資法及び投資規則上特段の限定はされていないが，MIC としては外国投資法下における考え方と同様に，ある程度の規模感がある，あるいは技術をもたらすような投資においてエンドースメント手続が利用されることを想定しているとのことである。

　これらの点については今後の運用により改善されることが期待されるが，現時点においては，新投資法の導入時の投資家の期待とは必ずしも合致しない運用がなされている点については，留意を要する。

第5章 不動産の長期利用

本章では新投資法における不動産の長期利用及びそのために必要となる
土地利用申請手続について説明する。

Ⅰ 背景となる事情

　ミャンマーにおいては，憲法上全ての土地は国有とされており（憲法37
条(a)項），土地を利用する私人は，政府機関から利用許可を受けるか，利用
権を有する者[1] から賃貸契約を締結等することにより土地を利用することが
可能となる。

　しかしながら，外国人は，不動産移転制限法（Transfer of Immoveable
Property Restriction Law, 1987）により，不動産の譲受け等による取得（同法
4条）及び1年を超える不動産の賃借等を禁止されている（同法5条）[2]。そ
して，同法上，土地の取得又は長期賃借が禁止されているのは「外国人」
(Foreigner) 及び「外国人保有企業」(foreigner owned company) であるところ，
旧会社法下における実務上は，外国人が1株でも当該会社の株式を保有して
いる場合には「外国人保有会社」として取り扱う運用がされていたことから，
改正前会社法における「外国会社」は原則として1年を超える不動産のリー
スを受けることはできなかった（この点，後述する会社法の「外国会社」の定
義の変更との関係については**第2編第2章Ⅰ 1.(3)**ポイント〔外国会社の定義の変
更及びその解釈〕及び〔外国会社と外資規制〕参照。）。

　このような制限を受けてしまうと，製造業をはじめとして不動産の長期安
定的な利用が必要な事業については事実上投資がきわめて困難となってしま

---

1)　この点，現地の実務慣行上，土地に関する "ownership" という用語が用いられることが少なか
　らず存するが，前述のようにミャンマーにおいては土地は全て国有であることから，当該用語は
　日本法でいうところの所有権に直接該当する内容を有するものではなく，あくまでも利用権を指
　す点については十分に留意する必要がある。
2)　取得禁止違反については3年以上5年以下の禁固及び目的不動産の没収が（不動産移転制限法
　11条），賃借制限違反については賃貸期間全体の賃料の3倍を超えない罰金及び目的不動産の没
　収がなされる旨がそれぞれ規定されている（同法12条）。

56

う。そこで，外国投資法は不動産移転制限法の例外として，MIC 投資許可を取得した場合には最長 70 年までの不動産の賃借を受けることができることとし，この問題の解決を図っていた（外国投資法第 14 章）。

　もっとも，前述の通り外国投資法に基づき MIC 投資許可を受けるためには，煩瑣な準備及び長期の期間を要することから，特に大規模な投資活動を行うわけではないが，土地の長期安定利用の確保はしたいという投資家のニーズに従前は十分に応えることができていなかった。

Ⅱ　土地利用権（第 12 章）[3]

1. 概　　要

　上記のような状況を踏まえ，新投資法においては，MIC 投資許可を取得した場合又はエンドースメントを取得した投資家は，政府保有か民間保有かを問わず不動産（土地及び建物）の長期リースを受けることができることとされた（50 条(a)）。このように，エンドースメントのみの取得による不動産の長期賃借を認めることにより，不動産の長期賃借のみを目的として MIC 投資許可を取得することが不要となり，より簡便な手続で長期賃借が可能となった点は，改正法の大きな改善点の一つである。

　かかる不動産の長期リースを受ける権利は新投資法上は "Right to Use Land" と土地についてのみ及ぶかの如き名称が付されている。本書においては法律の表記を尊重して「土地利用権」と表記するが，土地及び建物双方に及ぶ点は留意が必要である。

2. 期　　間

　投資家は，MIC 投資許可又はエンドースメントを取得した場合には，そ

---

3) 連邦政府は，ミャンマー国民投資家による土地の賃借・利用について（外国投資家よりも）より有利な条件を付与することができるとする規定が存する（50 条(e)）。

第1編　投　資　法　　第5章　不動産の長期利用

れらの取得の日から起算して当初50年間（50条(b)），当初期間が満了した場合にはMICの承認を受けることでさらに二度にわたり10年ずつの延長を許され（50条(c)），合計20年，当初期間と併せて最長70年にわたり不動産の賃借を受けることができる。

　なお，ミャンマー連邦全体の発展のため，MICは，連邦政府を通じて提出し連邦議会の承認を得た上で，開発最途上・遠隔地に投資をする投資家に対し，新投資法に基づく不動産の賃借につき，より長い期間を認めることができるとされる（50条(f)）。

3. 土地利用権が不要な場合

(1)　ミャンマー会社等

　以下の者は法50条に係る土地利用権の取得を要しないとされる（投資規則134条）。

- (a)　ミャンマー国民投資家
- (b)　外国投資家との取引後（after dealing with）もミャンマー会社としての地位を保持する会社に対して投資を行う権利を法により付与された投資家

(2)　権限を有する他の投資家等からのサブリース

　投資家が，その投資の一部として用いるために，以下の他の投資家から土地又は建物のサブリースを受けることを企図する場合には，別途の土地利用権を得ることを要しない。

- (a)　既に土地又は建物の利用権を取得しており，
- (b)　土地利用権の条件を遵守し，且つ
- (c)　当該土地又は建物に権利を有する政府当局の許認可のもと土地又は建物をサブリースする権利を有する者

　かかる場合には，投資家はMICに対して所定の書式により通知することを要し，以後法50条所定の長期間にわたり当該土地又は建物を利用するこ

58

とができ，登記義務その他適用ある法に従わなければならない（投資規則
135条）。

Ⅲ　土地利用申請手続

　前述のとおり，土地利用権を得るためには MIC 投資許可又はエンドース
メントを取得していること又は取得申請を行っていることが前提となる。従
って，MIC 投資許可又はエンドースメント取得済みの投資家が土地の利用
を申請する場合には以下の手続のみによるが，未取得の場合には，前述の
MIC投資許可手続又はエンドースメント手続に加えて以下の手続が行われる。
　なお，MIC 投資許可申請手続及びエンドースメント申請手続の詳細につ
いては，第4章を参照されたい。以下においては，土地利用申請手続固有の
内容について概説する。

1. 申　請　人

　MIC 投資許可若しくはエンドースメントの発行を受けた又は MIC 投資許
可若しくはエンドースメントの申請手続中にある投資家は，土地利用申請を
行うことができる（投資規則116条）。

2. 手　　続

(1) 申　　請

　土地利用申請書には別途要求される情報の他以下の事項の記載を要する（投
資規則117条）。

(a) 当該土地又は建物のエリア，種別及び所在
(b) 当該土地又は建物の所有者に関する情報
(c) 投資を遂行するための土地の用途に係る変更を承認する州・管区政府又は
　　その他の政府部局・政府組織からの推薦状又は類似の書面又は許認可

第1編　投　資　法　　第5章　不動産の長期利用

　(d)　投資家の土地の利用提案が当該土地の地形又は高度について著しい変更を
　　　要するか
　(e)　提案に係る土地利用権の期間
　(f)　土地又は建物の賃貸借契約（ドラフト）

　なお，投資家は，MIC 又は関連する州・管区委員会に対して，土地利用
権に関連する情報の提供を審査プロセスを通じて求められうる（投資規則
121条）。この場合，原則として20営業日以内に当該要求された情報を提出
しなければ，土地利用申請は失効する（投資規則122条）。

(2)　受 理 審 査

　土地利用申請の受理後，それに不完全，不適合その他の理由が認められる
場合には15営業日以内に MIC 又は関連する州・管区委員会はこれを拒絶で
きる。拒絶された場合には，MIC 又は関連する州・管区委員会は投資家に
対してその旨の通知を拒絶理由の説明とともに5営業日以内にすることとさ
れ，拒絶されない場合には受理されたものとみなされる（投資規則119条）。

(3)　実質審査──土地利用権の発行

　土地利用申請が受理された場合には，MIC 又は関連する州・管区委員会
は30日以内に審査を行い，承認する場合には10営業日以内に投資家又はそ
の子会社に対して土地利用権を発行する（投資規則120条・123条）。

3.　審 査 基 準

　MIC が土地利用申請を審査するに際しては，投資法の目的，原則，権利
及び義務を考慮し，以下の基準を適用し，これに適合しているかを判断しな
ければならない（投資規則126条・127条）。

　(a)　投資家がミャンマー連邦の法に従って行動し，投資がミャンマー連邦の法
　　　に従ってなされること

60

ⓑ 土地利用申請が適法なものであること
ⓒ 当該投資家が MIC 投資許可又はエンドースメントを保有し又は付与されるであろうこと
ⓓ 現時点において又は用途変更の完了後に土地利用申請を行った土地が適用ある法若しくは類似の法定の手続に基づく投資の所定の目的のために利用可能であること
ⓔ 投資家の土地の利用提案が当該土地の地形又は高度について著しい変更を要する若しくは要する可能性がある場合，当該変更が合理的に軽減できないほどの環境への重大な悪影響を与えるか

Ⅳ 土地利用権取得の効果等

　前述のとおり，土地利用権を取得した外国投資家は，投資許可又はエンドースメントを受けた日から最長70年の不動産の賃借が可能となる（50条ⓑ⟨c⟩）。また，かかる賃借に際し，投資家は登録法（Registration Act）に従い証書登録事務所（Office of Registry of Deeds）に不動産賃貸借契約書を登録しなければならない（同条ⓓ）。

　土地利用権を取得した投資家は，土地利用権の利用を開始することができ，関連する当局はその効力を生ぜしめることを要する（投資規則 129 条）。土地利用権の対象が投資が企図する用いられ方をするために用途変更又は類似の法定の手続の完了を要する場合には，投資家は当該手続を遂行しなければならない（投資規則 130 条）。

　投資家が土地利用権を申請している土地が工業地域，ホテル地域又は商業地域といった指定がされている地域に所在する場合，MIC 又は州・管区委員会は，土地利用権を発行するために推薦又は許認可を取得することを要することなく，直接土地利用権を付与することができる（投資規則 31 条）。

　土地が指定地域に所在しない場合であって，その用途が提案された投資の主要な種別に合致しない場合は，関連する州・管区当局からの推薦が取得されなければならない。関連する州・管区当局が当該土地利用において提案された投資を遂行することが適当であると認める場合には，MIC は当該土地の用途にかかわらず土地利用権を付与することができる。かかる付与は，関

第1編　投　資　法　　第5章　不動産の長期利用

連する法の義務の適用を免れるものと見なされてはならない(投資規則132条)。

　　投資を遂行する土地の保有権（に係る証書等）を提出するに際し，投資家が保有又は賃借する土地が現在の保有者の名義でない場合，土地の保有者は当該土地の保有を証する信用力のある証拠及び書面を提出する権利を有する。MIC は，それらが真正であると合理的に認める場合にはこれを受理することができる。投資に用いられる土地がグラント（**第2章**注11)参照）申請手続中である場合には，その証拠の提出を要する（投資規則133条)。

第6章 労務に関する事項

本章では現地従業員の雇用及び外国人の就業等労務に関する新投資法上の取扱いについて説明する。

Ⅰ 外国投資法からの変更点──雇用義務の一部撤廃

外国投資法においては，MIC投資許可を受けた企業は，熟練技術を有するミャンマー人労働者を事業開始後当初2年は25%，次の2年は50%，さらにその次の2年は75%まで雇用しなければならないとされていた（外国投資法24条(a)）が，新投資法においてはかかる雇用義務は撤廃された。

なお，新投資法上，技術を要しない労働者についてはミャンマー国民のみを充てなければならないとされており（51条(c)），この規定それ自体は従前と同様であるが，新投資法の適用範囲が全ての投資とされたことに伴い，従前は外国投資法に基づくMIC投資許可を受けた場合に限られると解され得たこの規定がそれ以外の会社においても適用される点に留意を要する。

Ⅱ 新投資法上の規律

1. 外国人の取扱い

投資家は，ミャンマー連邦内における投資につき，適用ある法に基づき，その国籍を問わず，適切な者をシニアマネージャー，技術及び管理専門家並びにアドバイザーとして選任することができる（51条(a)）。投資家が法51条(a)に基づき外国人をシニアマネジメント，技術エキスパート又はコンサルタントに選任することを希望する場合には，当該外国人のパスポート，専門性に関する証明又は学位及びプロフィールをMIC事務局にその承認を受けるために提出しなければならない（投資規則206条）。

63

第1編 投 資 法 第6章 労務に関する事項

2017年10月19日にMICから「外国人専門家の選任について」（Appointment of foreign experts）と題するアナウンスメントが発出され，それによると，投資家が外国人を上級管理職，技術専門家又はコンサルタントとして選任する場合には，所定の書面とともに，当該外国人専門家の入国日より7営業日以内にMICに対して承認を求めなければならないとされた。新投資法の規定上は，MIC投資許可を得た場合かそれ以外の場合かで特段外国人専門家の取扱いに差異が設けられていないことから，当該アナウンスメントは広くあらゆる外資系企業における外国人駐在員の着任手続に実務上大きなインパクトがあるとして当地で話題になったが，その後，同年11月15日にMICより当該アナウンスメントを補足する説明が公表され，それによると上記アナウンスメントが適用されるのはMIC投資許可を得て事業を行なっている場合に限られる旨が明確にされ，本件についてはひとまず収束した。但し，MIC投資許可を得て投資事業を行なっている場合には，上記アナウンスメントに従った手続が必要となるため，なお留意を要するものと思われる。

2. ミャンマー国民の取扱い

投資家は，ミャンマー国民を管理職，技術及び管理専門家及びアドバイザーとして選任することができるようにすべく，キャパシティビルディングプログラムを設けなければならない（51条(b)）。

また，労働関連法令に従い労使間で雇用契約書を締結することにより，熟練したミャンマー国民及び外国人労働者，技術者及びスタッフを選任することとされる（同条(d)）。また，雇用契約書に労使の権利義務その他の雇用にかかる条件を定めることにより，最低賃金・給与，休暇，休日，残業代，損害賠償，労災補償，社会保障その他従業員に関する保険を含む，適用ある労働法令に含まれる権利を確保することとされる（同条(e)）。

また，適用ある法に従い，雇用者間，従業員間，雇用者と従業員間及び従業員と技術者・スタッフ間の紛争を解決する旨定められている（同条(f)）。

II　新投資法上の規律

ポイント

〔ミャンマーにおける雇用契約締結実務の実情〕

　新投資法における労務に関する上記の規定はミャンマーの労働法を遵守すべき旨を一般的に定めているにとどまるが，実際には労働者の雇用から1か月以内に雇用契約書を締結して労働当局に提出してその承認を得なければならない。

　当該雇用契約書については，原則として労働・入国管理・人口省が策定した様式による必要があるとされる（同省告示2017年第4号）。当該様式によると，労使間で合意した別途の内容の雇用契約書を作成することが可能であるようにも見受けられるが，実務を司る労働当局（タウンシップレイバーオフィスなどと呼ばれる）の担当官によっては様式通りの契約の締結を求める場合も想定されるため，自社の所轄当局に慎重な確認を要する。

　なお，ミャンマー労働法上は就業規則という概念はなく，その作成が義務づけられているものではないが，少なからぬ日系企業が社内ガイドライン的に近隣諸国で用いている就業規則をミャンマー法に適合するようにカスタマイズした上で活用している。

第7章 資金の送金

本章では資金の送金に関する新投資法上の規律について説明する。

Ⅰ 新投資法上のポイント

外国投資法においても資本の送金に関する規律は存在したものの，法律及び規則上送金可能な項目が限定的である等，使い勝手がよい構造になってはいなかった。また，条文の規定ぶりからMIC投資許可を受けた企業のみが海外送金が可能なようにも読める余地があったため，海外送金の権利を確保するためにMIC投資許可を受ける必要があるのではないかという懸念も外国投資家の間で存在したところである（実際上はMIC投資許可を受けていない企業でも送金が可能であった模様である。）。

この点，本編冒頭で説明したとおり，新投資法においてはおよそ全ての投資を網羅的に規律することとされているとともに，資金送金につきMICによる投資許可を受けた投資に限定する旨の規定がないため，およそ全ての企業が新投資法に従い送金ができることが明らかになった点が重要である。また，送金可能な項目についても新投資法においては相当程度網羅的に列挙されており，かかる観点からも改善がなされたと評価しうる。

Ⅱ 新投資法上の規律

1. 外国投資家が送金可能な資金

外国投資家は，新投資法に基づき行われた投資に関連する以下の資金を移転することができる（56条）。

(a) ミャンマー中央銀行の資本勘定に関するルールに従い資本金と定められた

II 新投資法上の規律

もの
(b) 利益, キャピタルゲイン, 配当, ロイヤルティ, 特許料, ライセンスフィー, 技術支援及びマネジメントフィー, 利益分配（shares）及び新投資法に基づく投資に関連するその他の経常収入
(c) 投資の一部又は全部の譲渡又は清算により生ずる収入
(d) ローン契約を含む契約に基づく支払
(e) 投資にかかる紛争の和解に基づく支払
(f) 投資又は収用に基づきなされる補償その他の支払
(g) ミャンマー連邦内で適法に雇用される駐在員の所得その他の報酬

また, 上記の他, 連邦政府は適用ある法に従い, ミャンマー連邦内の投資家及び投資のために利用される支出のための資本及び外国からの借り入れにかかる海外からの送金を認めなければならないとされている（63条）。

2. 借り入れ

借り入れにかかる送金は, 所定の規制に従い, 且つ, ミャンマー中央銀行の承認を得て行われなければならないとされている（57条）。

なお, ミャンマー国外からの借り入れ（いわゆるオフショアローン）については, ローン契約等の書面を提出した上でミャンマー中央銀行の事前の承認を得る必要があり, ミャンマー中央銀行はその承認に際しての基準を設けている。具体的には, 以下の諸要素が考慮されることとされている。

(a) 申請者（借主を意味する。以下同じ。）の株式資本の額が 50 万米ドル以上か
(b) 申請者が借り入れに対応する外貨建て収入を有しているか
(c) 申請者が国内事業に基づく所得により借入金の返済が可能であり, 外貨建て収入がなくとも為替リスクを緩和できるか
(d) 借主が MIC 投資許可においてコミットした株式資本の 80％を送金済みか
(e) デット・エクイティレシオが最大 3：1〜4：1 の範囲内か
(f) ローン契約その他の書面に記載の条件が完全且つ正確か
(g) ローン期間が中長期か及び弁済スケジュールがローン契約と整合的か

67

3. 送金手続

全ての資金送金は，所定の税法に従い当該送金額に関連する全ての納税義務が履行された場合にのみ認められる（59条）[1]。

適法な就労許可を有する外国人駐在員は，所得税法が定める納税義務に従った納税を完了した後に，連邦内で創設され適法な外国為替ディーラーライセンスを有する銀行を通じて，更なる控除がされることなく，外国送金を行うことができる（60条）。

56条の規定に基づき行われる外国投資家による送金であって，外国為替管理法（Foreign Exchange Management Law）において資本取引又は通常取引に分類されるものは，連邦内で創設され適法な外国為替ディーラーライセンスを有する銀行を通じて，自由に用いることができる通貨をもって行うことができる（61条）。

4. 連邦政府による規制

上述の通り，新投資法上基本的には概ね自由に送金ができる構造にはなっているが，以下の通り連邦政府による制限に関する規定が存する。

まず，以下の場合，連邦政府は資金の移転を阻止又は遅延することができる（62条）。

(a) 倒産又は債権者の権利の保護
(b) 犯罪又は刑法違反及び犯罪収益の回収
(c) 金融規制当局や法執行を支援するために必要な場合における移転にかかる財務上の報告又は記録の保管
(d) 司法上又は行政上の手続にかかる命令又は判決の遵守の確保
(e) 課税

---

1) 法56条(c)（投資の譲渡清算），(e)（紛争の和解），(f)（収用補償等にかかる送金であってミャンマー連邦内に未払税金その他偶発的・争いのある債務がある場合には当該送金に関連する情報とともにその承認をMICに対して求めなければならない（投資規則209条）。

Ⅱ　新投資法上の規律

(f)　社会保障，公職からの退職又は強制預金制度

(g)　従業員の退職にかかる権利

　上記に加え，深刻な収支バランス又は対外的な財政難の場合には，連邦政府は，外国為替管理法及びその他の国際的な義務に従って，投資にかかる支払又は送金につき，制約を設け又は維持することができる（64条）。

ポイント

〔海外送金に関する近時の実務〕

　ミャンマーは外貨準備高が潤沢とはいえず，ミャンマー金融当局は外貨の国外流出に非常に敏感な傾向があるため，海外送金の可否については随時取引先銀行等と確認をすることが望ましい。

　2018年1月時点においては，貿易取引の決済をはじめとするいわゆる経常取引に係る外貨建て海外送金については特段の問題は生じておらず，ミャンマー中央銀行の定めに従い取扱銀行により要求される書面の提出により送金が可能な模様である。

　但し，一定のもの（例えば配当送金等）については，個別にミャンマー中央銀行の承認の取得を要するとされる可能性があるため，タイミング等については事前に取扱銀行と協議の上確認することが望ましいものと思われる。

69

第8章 税務恩典

本章では新投資法上一定の条件を満たし，所定の手続を経た場合に付与される各種租税の減免恩典について説明する。

I 新投資法上の規律の概要

開発を要する事業分野への投資を許容することで国家を発展させることを目的とし，さらに様々な地域及び州の間で均衡した開発を行うため，MICは，投資家からの申請があった場合，これを精査し，単数又は複数の租税の減免措置をとることができる（74条）とされる。

この点，新投資法においては，外国投資法の下でMIC投資許可を取得しなければ租税の減免措置を受け得なかったのとは異なり，不動産の長期リースと同様，エンドースメントを受ける方法によっても租税の減免措置を受け得るとしたことにより，手続の簡素化が図られている。他方，租税の減免措置を受けることができる事業は原則として一定の投資促進事業に限定されており，また，後述するように法人税の免除については地域の発展度合いに応じてその免除年数が異なることとされた。開発途上地域の発展促進という新政権の政策に基づくものであるが，ヤンゴンのような最発展地域においては外国投資法の下では5年とされていた免除期間が一部3年とされるなど，外国投資法に比べて投資家にとっては後退と評価しうる面も存する。

投資規則27条は，「他の権限又は規則を制限することなく，MICは，いつでも，また，投資促進セクターにつき又は一般的に，ある投資が税務恩典を受けるために充足する必要がある最低投資基準を定めることができ，あらゆる投資につきその受けうる税務恩典の最大額を定めることができる。かかる最低投資基準は，投資総額内において要求される最低現金投資額を含みうる。」旨定めているが，現時点では税務恩典を受けるために必要となる最低投資金額の基準は定められていない。

Ⅱ　法人税の免除

1．ゾーン毎の免除年数

　MIC は，連邦政府の承認を得て，(1)開発途上地域（ゾーン 1），(2)中程度開発中地域（ゾーン 2）及び(3)開発済地域（ゾーン 3）の 3 つのゾーンに区分けした上で(1)ゾーン 1 では事業開始の年から連続した 7 年間，(2)ゾーン 2 では事業開始の年から連続した 5 年間，(3)ゾーン 3 では事業開始の年から連続した 3 年間，法人税の免除を享受することができる（75 条(a)）。かかる区分について，MIC は連邦政府の承認を得て，個々の地域の開発状況を考慮した上で，随時上記の地域区分を変更することができることとされる（75 条(b)）。

　この点，投資促進セクター告示は当該 3 つのゾーンについて各州・管区毎にタウンシップレベルまで具体化した上でその該当性を規定している。詳細については当該告示を参照されたいが，カヤー州，カイン州，チン州，ラカイン州についてはゾーン 1 のみ，ネピドーについてはゾーン 2 のみとされており，これらとマンダレー管区・ヤンゴン管区を除く州・管区はゾーン 1 及びゾーン 2 の双方に該当しうる。マンダレー管区は唯一 3 つのゾーン全部に該当し，また，ヤンゴン管区はゾーン 2 及びゾーン 3 の双方に該当しうる。

　留意すべきは，当該ゾーンへの投資に該当するためには，投資額の 65%超が当該ゾーンに対して投資されていなければならないという点である（投資規則 83 条）。複数のゾーンにわたる投資については，以下のとおり各ゾーンに該当するものとみなされると判断される（投資規則 96 条(b)）。

　ゾーン 1 及びゾーン 2 に投資額の 65%超が投資されている場合：ゾーン 2
　ゾーン 2 及びゾーン 3 に投資額の 65%超が投資されている場合：ゾーン 3
　ゾーン 1 及びゾーン 3 に投資額の 65%超が投資されている場合：ゾーン 3

　本規定に基づく法人税免除が付与された場合には，運営の 3 年後から 5 年後に，65%超の投資がされたゾーンにおける評価がなされ，当該ゾーンにおける実際の投資額が税務恩典を付与した際の評価と異なる場合には，MIC

第1編　投　資　法　　第8章　税務恩典

は実際に投資がなされたゾーンに基づき税務恩典を修正することができる。
かかる再評価（の効果）は遡及的なものであり，投資家がその権利を有すべ
き額よりも多額の免税を受けていたことが判明した場合には，当該額につい
て納税義務を負うものとみなし，次の年次申告時に支払わなければならず，
投資家がその権利を有すべき額よりも少額の免税を受けていたことが判明し
た場合でも修正は行われない（投資規則103条）。

2.　投資促進分野

　また，法人税の免除は，MICが投資促進分野に指定して告示した事業分
野に限られるものとされる（75条(c)）。この点，投資促進セクター告示は，
191にも及ぶ具体的な事業類型を示した上で，これらに該当し申請があった
場合には法人税免税恩典が付与されなければならないとしており，うち34
あまりが農林畜産業関連，92が製造業関連であるほか，都市開発，交通イ
ンフラ関連，エネルギー，通信，教育，健康，情報，ホテル・観光，各種
R&D等多岐にわたっており，相当程度の事業において法人税免税恩典が付
与されうることが想定される。この点，外国投資法の下では明確な根拠無く
して一部の事業については免税恩典が付与されないという運用がされていた
模様であるところ，このように明確化がされるとともにその範囲が広範にわ
たることは投資促進にとって大いに意味があるものと思われる。

Ⅲ　関税その他の内国税の減免

　MICは，上記の法人税の免税のほか，一定の場合に関税，その他の内国
税の減免措置を講ずることができるとされる（77条，78条）。

Ⅲ　関税その他の内国税の減免

1. 投資建設期間及び投資準備期間に必要となる物品に係る関税等の減免（77条(a)）

> 投資建設期間中又は投資期間中に実際に必要があって輸入された機械，備品，器具，機械部品，交換用部品及び現地で調達することのできない建材，並びに事業に使用される材料に対する関税，又はその他の内国税又は両方の減免

(1) 概　　要

　本規定に基づく減免の対象となる物品の輸入は投資建設期間又は投資準備期間中に行われなければならず，そうでなければ減免は無効となる（投資規則106条）。投資建設期間又は投資準備期間は，投資規則146条(d)の場合を除き，商業操業の開始日に終了する（投資規則107条）。

　本規定の対象となる物品が投資の建設又は遂行とは異なる目的のために用いられた場合には，税務恩典が得られなければ支払を要したであろう全ての適用ある関税を支払わなければならず，加えてMICは法85条に定める行政罰を科すことができる（投資規則108条）。

　また，投資家が自らのために物品を輸入する権限を与えた者がおり，投資家がその者による輸入につき本規定に基づく税務恩典を付与することを希望する場合，当該者の名前をMICに通知し，その承認を得なければならない（投資規則112条）。

　本規定に関連する投資建設期間・投資準備期間については第11章にその規定が存する。

(2) 投資建設期間と投資準備期間

① 始　　期

　投資建設期間又は投資準備期間は，当該投資に係る建設又は準備を始めるための関連する政府機関及び政府組織による許可の日から開始する。投資家

73

第1編　投　資　法　　第8章　税　務　恩　典

は，かかる許可の写しをその受領日から 10 営業日以内に MIC に提出しなければならない（投資規則 139 条）[1]。

②　期　　　間

　投資建設期間又は投資準備期間とは，提案された投資の実施，延長又は準備のために MIC により承認された期間を意味する（投資規則 2 条(y)）。

　投資建設期間又は投資準備期間は，石油，ガス及び鉱物に関しては，その探査，採取，アップグレード及び商業的規模での生産に要する期間として契約に記載され，MIC の許可を受けた期間を意味するとされる（投資規則 143 条）。

③　期間の延長

　投資家は，所定の投資建設期間又は投資準備期間内に建設又は準備行為が完了しない場合には，期間満了の少なくとも 30 日前に MIC に対して遅滞の理由を説明して当該期間の延長を求めることができる。MIC は，かかる要求があった場合には，当該延長にかかる合理的な事情の有無に関する必要な検査を行った上で延長を認めることができるが，当該延長される期間は原期間の 50% を超えてはならない（投資規則 141 条）。

　また，当該延長は自然災害，暴動，ストライキ，戦争その他の不可抗力の場合を除き，2 回を超えては認められない（投資規則 142 条）。

④　期間満了の効果

　投資家は投資建設期間又は投資準備期間（延長された場合は当該延長後の期間）内に建設プロセスを完了させ，建設の完了後 30 日以内に MIC にその旨の通知をし，その後製造又はサービス提供を開始しなければならない（投資規則 140 条）。

　投資家は当該期間の終了後 30 日以内に事業を開始し，MIC に通知しなければならない（投資規則 145 条）。また，事業の種別に応じて，事業開始日は以下のとおりでなければならないとされる（投資規則 146 条）。

---

1)　事業運営開始の日の決定は，MIC の承認に基づき法 77 条(a)及び(d)により付与されうる税務恩典のいかなる減少も生じさせるものではないものとされる（投資規則 146 条(d)）。

74

Ⅲ　関税その他の内国税の減免

事業開始日	条件
事業種別：輸出型製造業 船荷証券（B/L），航空運送状又は製造業に係る輸出にかかる，国際取引に用いられるこれらに類似する書類において特定された日	当該日は投資建設期間又は投資準備期間の完了から 180 日を超えてはならない
事業種別：国内向け製造業 製造業に係る国内販売により初めて生じた収入の日	当該日は投資建設期間又は投資準備期間の完了から 90 日を超えてはならない
事業種別：サービス業 サービス事業の開始の日	当該日は投資建設期間又は投資準備期間の完了から 90 日を超えてはならない
当該投資が投資建設期間又は投資準備期間内に収入を生じる場合には，申告対象となる収入の稼得日	-

　また投資建設期間又は投資準備期間（延長された期間を含む。）内に建設又は準備が完了しない場合には，MIC は発行された MIC 投資許可を取り消すことができ，MIC は当該取消しにより補償等の責任を負わない（投資規則144 条）。

2. 輸出用製品の原材料等に係る関税等の減免 （77 条(b)）

> 輸出関連の投資事業によって，輸出用製品の製造のために輸入された，原材料及び半製品に対する関税，又はその他の内国税又は両方の減免

　かかる減免は，当該投資により獲得が想定される収入の最低 80％が輸出による外貨である場合にのみ付与される（投資規則 97 条）。

　本規定に基づく恩典が付与され，評価期間中に実際に輸出から稼得した外貨の比率が，税務恩典申請に記載された想定よりも低い場合には，関税免除額は当該機関における輸入に基づく実際の輸出収入に応じた按分額に減じられ，投資家はその差額を支払わなければならない（投資規則 110 条）。

75

第1編 投 資 法 第8章 税 務 恩 典

3. 輸出用製品の原材料に係る関税等の還付（77条(c)）

> 輸出用製品の製造のために輸入された原材料又は半製品に対する関税，
> 又はその他の内国税又は両方の還付

　本規定に基づく還付額は，当該投資家によって支払われた総関税額につき，
当該投資により獲得される収入のうち輸出によって獲得された外貨の比率に
基づく按分額として MIC がこれを計算する。当該還付は，ある評価年度の
年末に当該評価年度において支払われた関税に対して適用することができる。
また，当該還付額は当該投資家の将来の関税額と相殺する方法によることが
できる（投資規則98条）。

4. 投資事業の拡大に係る関税等の減免（77条(d)）

> MIC の承認により投資規模が拡大され，許可されていた投資期間内
> に当初の投資事業が拡大された場合の，機械，備品，器具，機械部品，
> 交換用部品及び事業に使用される材料，並びに現地で調達することの
> できない建材で投資事業の建設又は準備期間中に実際に必要があって
> 輸入された物品に対する関税，その他の内国税又は両方の減免

　本規定に基づく投資の拡大は，当初提案された投資額の80％の投資が実
行された後にのみ，なされたものとみなされる（投資規則104条）。投資家は
当該拡大のための原材料等を減免日から2年以内に輸入しなければならず，
そうしない場合はかかる権利を失う（投資規則105条）。

　法77条(a)に係る物品の目的外利用の場合の規定（投資規則108条），投資
家に代わって物品の輸入をする者に関する規定（投資規則112条）は本規定
に基づく物品についても適用される。

III 関税その他の内国税の減免

5. 再投資に係る法人税の減免 （78条(a)）

> MIC 投資許可又はエンドースメントを得ている投資事業による利益が、
> 1年以内に当該投資事業又は類似する投資事業に再投資される場合の
> 法人税の減免

当該減免は、以下の条件が満たされた場合に付与されうる（投資規則99条(a)）。

(i) 当該再投資される利益が法78条(a)に基づく法人税減免が主張されている評価年度において当該投資家が受領した所得に基づくものであり、

(ii) 当該再投資が、法78条(a)に基づく法人税減免が主張されている評価年度の翌評価年度に行われ、

(iii) 法78条(a)に基づく法人税減免が主張されている評価年度に係る全ての法人税その他の税が適切に支払われていること。

かかる再投資に関し、固定資産のための営業費用（operating expenses）は考慮されない（投資規則99条(b)）。また、再投資が投資建設期間中又は投資準備期間中に再投資された場合には、かかる減免は認められない（同条(c)）。かかる減免を受けたにもかかわらず再投資をしなかった投資家には本規定に基づくさらなる減免は付与されない（同条(e)）。

6. 減価償却費の控除 （78条(b)）

> 投資事業に利用される機械、備品、建物又は固定資産に対して、法定
> の耐用年数より短い期間に適用される減価償却率に基づいた減価償却
> を事業開始の年から計算した上で、法人税の算定の際に減価償却費を
> 控除する権利

MIC は、ミャンマー連邦の関連する法令に基づき許容されている減価償

77

第1編　投　資　法　　第8章　税　務　恩　典

却率の 1.5 倍に相当する率又は随時告知されるその他の率によりその資産を
減価償却する権利を投資家に対して付与することができる（投資規則 100 条）。

　法 78 条(b)により定められた所定の償却年数よりも短い期間，当該減価償
却率の税務恩典が付与された場合には，かかる減価償却率は事業運営の開始
年から適用される（投資規則 111 条）。

7. 研究開発費の控除（78 条(c)）

> 連邦の経済発展に現に必要であり且つ連邦内で行われた投資活動に関
> 連する研究・開発費用を課税所得から控除する権利

　本規定に基づき，MIC は，当該研究開発活動が以下の条件を満たす場合
には，課税所得から最大 10％の研究開発費用を控除することを認めること
ができる（投資規則 101 条）。

(a)　許可された投資にのみ関係すること
(b)　ミャンマー連邦の経済発展に必須であること
(c)　ミャンマー連邦において適用ある会計基準により認識されること

Ⅳ　税務恩典に係る手続

　税務恩典を得るためには，MIC 投資許可又はエンドースメントの発行を
受け又は受けうることが必要である。税務恩典の申請のタイミングについて
は，MIC 投資許可に係るプロポーザル又はエンドースメントの申請ととも
に行うことができるとされ，法 77 条に基づく関税等の減免又は法 78 条に基
づく税務恩典は，MIC 投資許可又はエンドースメント申請を行った後でも
できることとされる（投資規則 82 条）[2]。

　法 75 条及び 78 条に基づく税務恩典を受ける前に，投資家は関連する申告

---

2)　かかる定めの反対解釈として法 75 条に基づく法人税免税恩典を得るためには投資許可又はエ
　ンドースメントの申請と同時に免税恩典の申請を要するかどうかについては，条文上必ずしも明
　確ではない。

78

年度に係る納税申告を行わなければならない（投資規則 113 条）。

　なお，MIC 投資許可申請手続及びエンドースメント申請手続の詳細については，第 4 章を参照されたい。以下においては，税務恩典手続固有の内容について概説する。

1. 申　請　人

　MIC 投資許可若しくはエンドースメントの発行を受けた又は MIC 投資許可若しくはエンドースメントの申請手続中にある投資家は，税務恩典申請を行うことができる（投資規則 80 条）。かかる投資家で追加資本投資を行うことを希望した場合には，免税恩典は当該追加投資についてのみ適用される（投資規則 81 条）。

2. 手　　続

(1) 申　　請

　税務恩典申請のうち，法 77 条(a)又は(d)に基づく関税等の減免を受ける場合には，以下の情報の提供を要する（投資規則 84 条）。

(a) 投資の建設及び実施のために輸入される，機械，備品，器具，機械部品，スペアパーツ及び建材のリスト（4 桁 HS コードレベルの詳細さであることを要する）：及び
(b) 減免を受けることを希望する輸入品の総額

　なお，投資家は税務恩典申請に関連する情報の MIC に対する提供を審査プロセスを通じて求められうる。この場合，原則として 20 営業日以内に当該要求された情報を提出しなければ，税務恩典申請は却下されうる（投資規則 86 条）。

(2) 受 理 審 査

　税務恩典申請の受理後，それが不完全，不適合その他の理由により承認す

第1編　投　資　法　　第8章　税　務　恩　典

ることが不適切と認められる場合には15営業日以内にMICは申請を拒絶できる。拒絶された場合には，MIC又は関連する州・管区委員会は投資家に対してその旨の通知を拒絶理由の説明とともに5営業日以内にすることとされ，拒絶されない場合には受理されたものとみなされる（投資規則85条）。

(3)　実質審査——税務恩典の発行

税務恩典申請が受理された場合には，MICは30日以内に審査を行い，承認する場合には10営業日以内に投資家又は当該投資に関与しているその子会社に対して税務恩典を発行する（投資規則87条，88条）。

税務恩典の発行については，ボンドの支払が条件とされ得，また，その一部又は全部が与えられ得るとされている点には留意を有する（投資規則89条）。

MICは税務恩典の一部又は全部を承認し又はしないことができ，その一部又は全部について条件を付すことができる（投資規則93条(a)）。

なお，法77条(a)及び(d)に基づく税務恩典が付与される場合には，当該税務恩典が適用される投資建設期間又は投資準備期間が通知される（投資規則93条(b)）。

MICは，投資家又は関係会社が他の法律に基づき税務恩典が与えられた過去の投資について過去3年以内にこれを中止し又は著しく減少させた場合，又は，適用ある税法に違反した場合には，税務恩典の付与を拒絶することができる（投資規則94条）。

3.　審　査　基　準

MICが税務恩典申請を審査するに際しては，新投資法の目的，原則，権利及び義務を考慮し，以下の基準を適用し，これに適合しているかを判断しなければならない（投資規則91条）。

(a)　投資家がミャンマー連邦の法に従って行動し，投資がミャンマー連邦の法に従ってなされること

(b)　税務恩典申請が適法なものであること

Ⅴ　その他租税に関する規律

(c)　法人税免税については全ての投資が投資促進セクターになされていること
(d)　追加出資又はさらなる投資に係る額が 30 万米ドルを超えること
(e)　当該投資家が MIC 投資許可又はエンドースメントを保有し又は申請中であること
(f)　法人税免税の場合には，当該投資が MIC が告示によりゾーン 1，ゾーン 2 又はゾーン 3 として指定された一つ以上の場所になされていること
(g)　新たな雇用機会を創出し技能労働力の発展に資すること
(h)　ミャンマー連邦に新たな又は改善された技術又はビジネススキルをもたらすこと
(i)　さらなる市場の競争，より大きな効率性・生産性又は改善されたインフラ若しくはサービスの提供を導くこと
(j)　ミャンマー連邦の輸出収入を増大すること

　上記のうち，(a)～(f)は必須の基準とされ，(g)～(j)についてそのいずれが当該投資に最も関連するかを検討し，それらの該当性を判断するとともに，当該税務恩典の付与が国の予算に与える影響を考慮することとされる（投資規則 92 条）。

4．書類の保存義務

　税務恩典を受けた投資家は，全ての計算書類，レシート，記録，帳簿その他の書面，コンピューター記録，その他の取引に係る電子記録等を，当該投資家が税務恩典を受けた申告年度後，7 年間又は他の適用ある法律が定める期間，保管・維持しなければならない（投資規則 147 条）。

Ⅴ　その他租税に関する規律

1．投資の中途終了の場合の効果

　投資家が許可された（投資）期間の満了前に投資を終了する場合には，海

81

第1編　投　資　法　　第8章　税　務　恩　典

外から輸入した全ての機械，備品，自動車及びその他全ての物品（articles）
であって，税の減免を受けたものを売却，再輸出又は処分しなければならな
い（68条）。

　但し，かかる義務は，減免が法77条(a)又は(b)に係るものであって，投資
の終了が以下のいずれかの事由に基づく場合には適用されない（投資規則
232条）。

(a)　当該投資の継続を企図する他の投資家に対する当該投資の譲渡又は移転
(b)　当該投資家の任意によらない清算

2. そ　の　他

　外国投資家は，連邦内に居住する国民に適用されるものと同率の法人税を
納めなければならない（79条）。

　上記の75条，77条及び78条に定める租税の減免の他，関連する租税法
令に従い，租税に関連する措置がとられることがあるとされる（80条）。

　また，75条，77条，78条及び80条に定める租税の減免は，経済特区内
の事業には適用されないこととされる（81条）。

　なお，新投資法に基づき税の減免をすでに享受した投資家または投資は，
同法に基づき再度それらを享受することはできない（投資規則235条）。

第9章 投資家の保護及びその義務

本章では投資家の取扱い，投資に関する保証のほか，投資家が遵守すべき各種の義務について説明する。

Ⅰ　投資家の取扱い（第11章）

　連邦政府は，投資家について以下の通り取り扱わねばならないとされる（47条）。

(a) 外国投資家及び外国投資家による直接投資につき，その拡大，経営，運営，売却若しくは直接投資その他の処分に関し，他の法律，規則及び告示により定めのある場合を除き，ミャンマー国民投資家よりも不利な取扱いをしてはならない。

(b) ある国の外国投資家及びその直接投資につき，創設，取得，拡大，経営，運営，売却若しくは直接投資その他の処分に関し，同様の状況における，他の国の投資家及びその直接投資より不利な取扱いをしてはならない。

(c) 上記(b)は，以下により生ずる取扱い，優遇又は特権等の利益を（その適用がない）投資家に付与することを義務づけるものと解してはならない。
　(i) 関税同盟，自由貿易地域，経済同盟及びこれらを創設する国際協定
　(ii) 国際協定，2国間・域内又は多国間協定，地域内の国家間の合意又は取決め，他の国々との協定若しくは合意又は取決め，並びに，その一部又は全部が課税に関連する取決めに含まれる投資家及びそれらの投資に対するより有利な取扱い

　また，連邦政府は以下の事項に関する公平及び平等な取扱いを保証することとされる（48条）。

(a) 投資家及びその直接投資に重大な影響を及ぼす全ての措置又は判断につき関連する情報を取得する権利

(b) 投資家及びその直接投資に関する事項（投資家及びその直接投資に関し連邦

第1編 投 資 法 第9章 投資家の保護及びその義務

政府から付与された許認可，MIC 投資許可及びエンドースメントに基づく条件の変更その他類似の措置を含む。）に関し，適切な手続（デュープロセス）を受ける権利及び不服申立てをする権利[1]

なお，新投資法は一定のミャンマー投資家につき外国投資家よりも有利に取り扱うことができるとしており（76条）[2]，上記の規定は当該有利な取扱いに影響を与えるものではないとされている（49条）。

Ⅱ 投資の保証（第14章）

投資の保証については第14章において，原則非国有化・非収用を規定しており，その具体的内容は以下の通りである。

まず，連邦政府は新投資法に基づき遂行されている全ての投資に関しこれを国有化しないことを保証している。また，以下の条件を満たす場合を除き，政府は投資の直接又は間接的な収用若しくは投資を終了せしめるいかなる措置も講じないことを保証している（52条）。

(a) 公共の利益のために必要である
(b) 非差別的な態様で行われる
(c) 適用ある法の適切な手続に従っている
(d) 公平且つ適正な補償が速やかに支払われる

上記(d)の公平及び適切な補償の額は収用時の市場価格と等しくなければならない。但し，補償額の決定は，民間投資家の利益とともに公共の利益の公

---

1) 法48条(b)に関連し，ある申請につき，投資規則に定める又はその他適用ある判断基準を誤って適用したことにより MIC が誤った判断をしたと投資家が合理的に信ずる場合には，投資家は，委員長又はその他の者に対して，そう信ずる根拠を示して，書面による説明を求めることができる。当該説明要求は MIC の判断から15営業日以内になされなければならず，委員長等は MIC の協力のもと当該要求をレビューし，当該事案を MIC の再考に付すか，MIC の判断を維持するかを，投資家に対して書面により通知する（投資規則233条）。
2) 第11条（投資家の取扱い）の規定に加え，政府は，ミャンマー国民である投資家あるいはミャンマー国民が所有する中小事業に対し，補助金の交付，資金提供，職能開発と訓練を行うことができる。また，政府は，ミャンマー国民が所有する事業又はその他の経済活動が行われる場所に対して，さらに優遇された租税の減免措置をとることができるとされている（76条）。

84

正な考慮にも基づく必要があり，当該投資の現在及び過去の状況，当該事業又は資産の収用の理由・目的，投資の公正な市場価格，投資の期間中投資家が得た利益及び投資期間も考慮されなければならない（53条）。

第21章及び第22章の定めを含む，政府がその権限内において経済的又は社会的な活動を規制するために講じる非差別的な一般的な措置は，本章によって排除されるものではない（54条）。

52条に基づき講じられた措置（又は一連の措置）が間接的な収用に該当し，同条違反に該当すると投資家が主張した場合，連邦政府は以下の要素を考慮した事案に応じた且つ事実に基づいた調査を行わなければならない（55条）。

(a) 当該行為が投資の経済価値に対して意図的に悪影響を与えるものか
(b) 当該行為が連邦政府の事前の拘束力のある書面による約束，契約，許認可その他投資家の利益のために発行された法的な書面に違反するものか
(c) 52条(a)に規定された目的を含み，政府の行為が公共の利益に則しているか

Ⅲ 投資家の義務（第16章・第17章）

投資家は新投資法がその効力を発生した日より，65条に詳細に列挙される事項全てを遵守しなければならないとされる（67条）ほか，投資法上各種の義務が定められている（第16章・第17章）。

また投資家がMICより事前に検査を行う旨の通知を受領した場合，投資に関連する全ての場所の検査をMICにさせなければならない（投資に関する記録の検査及び役職員への面談を含む）（65条(p)，投資規則187条）。

1. 法令等の遵守

投資家は法令等の遵守に関連して，以下の義務を負う。

① ミャンマー連邦内の民族の慣習，伝統及び文化を尊重しこれに従うこと（65

85

第1編 投 資 法 第9章 投資家の保護及びその義務

条(a))

② 投資を行うに際し，適用ある法に従い，会社，独立事業主，法的主体又は
支店を創設し登録すること（同条(b)）

③ 発行された特別な許認可，許可及び営業許可証の諸条件及び規定（適用あ
る法及び新投資法に基づき発行された規則，手続，告示，命令及び指令を含む。），
契約条件及び納税義務を遵守すること（同条(c)）

④ 事業の性質その他の必要により，関連する連邦省，政府部門又は組織より
何らかの許認可を取得すること又は登録を行う事が求められる場合には当
該部門の定めに従ってこれらを行うこと（同条(d)）

2. 不動産関連

不動産に関連して，投資家は以下の義務を負う。

① 投資家が賃借又は使用する権利を有する土地の上下において，許可された
事業に関連せず原契約に含まれない天然鉱物資源，骨董品又は埋蔵品が発
見された場合には直ちに MIC に通知しなければならない。MIC が認めた
場合には当該土地で事業を遂行しなければならず，それ以外の場合は許可
を得た上で投資家により選択され（MIC に）提出された代替場所において
事業を遂行しなければならない（65条(e)）

② MIC の承諾なくして，賃借又は使用する権利を有する土地の地形又は高さ
に重大な変更を加えてはならない（同条(f)）

③ 土地利用権を付与された投資家については以下の義務がある（投資規則200条）

　　(a) 当該土地利用権に係る土地又は建物賃貸借契約を締結し，それに関す
る詳細を MIC に報告すること

　　(b) 当該土地利用権に係る土地又は建物賃貸借契約の期間延長に関する詳
細を MIC に報告すること

　　(c) 当該土地利用権に係る土地の用途変更につき関連する政府当局の承認
を取得し，それに関する関連書面の写しを MIC に提出すること

III　投資家の義務（第16章・第17章）

3. 環 境 関 連

(1) 環境に関連する投資家の義務

① 自然及び社会環境に損害，汚染，損失を与えないように，また，文化遺産に損害を与えないようにするために，適用ある法律，規則，手続及び国際的に運用されている最高の基準に従うこと（65条(g)）

② 許可された投資の範囲に関係のない天然資源の伐採又は採掘により自然環境に損害を与え社会経済的な損失を生ぜしめた場合に，被害者に生じた損失につき有効な賠償の支払を行うこと。但し，投資許可又はエンドースメントに含まれる投資を遂行するために必要な活動の実施による場合を除く（同条(o)）

(2) 環境・文化等のアセスメント

　環境保全法及び環境影響評価手続に基づき事前の承諾を得ることを要する投資については，アセスメントを遂行する前に MIC 投資許可又はエンドースメントを取得しなければならない。かかる MIC 投資許可又はエンドースメントを得た投資は，その投資活動期間中 MIC に対し環境及び社会影響評価を報告しなければならない（65条(q)，投資規則 189条）。MIC は，かかる評価結果により当該投資につきその遂行継続を認めるか中断させるかを含む監督を行うことができる（66条）。

　投資家は，投資事業を遂行するに当たり，関連する法，規則，規制及び手続に従い，その事業分野と関連する健康評価，文化遺産影響評価，環境影響評価及び社会影響評価を行わなければならない（71条）。

4. 会 計 関 連

　投資家は，国際的に及び国内において認識されている会計基準及び適用ある税法に従い，MIC 投資許可又はエンドースメントに基づき遂行されている投資に関連し，会計帳簿，年次財務諸表及び必要な財務上の事項に関し，

87

第1編　投　資　法　　第9章　投資家の保護及びその義務

適切な記録を作成し保管しなければならない（65条(h)，投資規則186条）。

5. 労 務 関 連

労務に関連して投資家は以下の義務を負う。

① 雇用契約書の違反，投資の終結，投資の譲渡・移転，投資の不継続又は人員の削減に際しては，適用ある法に基づく従業員に対する支払を行った後にのみ，その事業を終了すること（65条(i)）

② 確たる理由に基づく事業の中断期間中，適用ある法律，規則，手続及び指令に基づき，従業員に対して報酬及び給与を支払うこと（同条(j)）

③ 業務に起因する怪我，障害，疾病及び死亡につき，当該従業員又はその相続人に対し，適用ある法に従い賠償・補償すること（同条(k)）

④ 投資につき雇用している外国人専門家，管理職及びそれらの家族が適用ある法，規則，指示及び指令並びにミャンマーの慣習及び伝統に従うよう，これらを監督すること

⑤ 労働法令を尊重し遵守すること

6. 各種通知・報告義務

投資家は以下のとおり通知・報告義務を負う。なお，MIC は別途定期的又は個別の報告義務を定めることができる（これは，全ての又は特定のセクターの投資に関連して定めうる）（投資規則201条）。

(1) モーゲージの設定，株式・事業の譲渡等に係る通知・事前承認

① 通 知 義 務

MIC 投資許可又はエンドースメントを取得した全ての事業は，その投資期間中に発生する全てのサブリース，モーゲージ，株式及び事業の譲渡につき，MIC に通知をしなければならない（72条）。

Ⅲ　投資家の義務（第 16 章・第 17 章）

② **支配権の移転に係る事前承認**

　上記の株式又は事業の譲渡により，関連法人ではない者が，当該投資家の持分若しくは支配権のマジョリティ，又は，投資家の資産の 50％ 超を取得する結果となる場合には，MIC の事前の承認を得なければならない（投資規則 191 条）。

　当該承認を得るにあたっては，投資家は，当該譲渡を受けることとなる者が投資規則 64 条(d)，(e)，(f)及び(g)に適合し，MIC 投資許可にかかる諸条件を遵守する旨のコミットメントに及び企図されている活動に関する全ての情報とともに，MIC に申請しなければならない（投資規則 193 条）。

　当該譲渡を受けることとなる者は，当該移転を受けた事業にかかる許可に含まれる投資以外の活動を行ってはならない（投資規則 192 条）。

　MIC は投資規則 193 条の要件が具備され又は当該譲渡がミャンマー連邦の利益を損なわないと認めた場合には，当該譲渡を承認する（投資規則 194 条）。

(2)　年 次 報 告

① **年次報告書の内容**

　MIC 投資許可を受けた又は税務恩典の承認を得た投資家は，毎事業年度終了後の 3 か月以内に，以下の事項について詳述した年次報告書を所定の書式により MIC に対して提出しなければならない（投資規則 196 条）。

(a)　投資の遂行状況の進捗
(b)　投資の遂行により申請時に提示された記載から生じた重大な変更
　(i)　投資額及び投資資本の変更
　(ii)　投資家に持分を有する株主その他の者の変更
　(iii)　投資にかかる雇用状況
　(iv)　環境及び地域社会に対する投資の影響
　(v)　投資に用いられている土地及び土地又は土地の利用状況の変更
(c)　投資家及び投資家が新投資法の目的をどのように支援しているか
(d)　許認可に係る条件の遵守及び不遵守の場合の理由
(e)　許認可の取得又は直前の年次報告書の日以後投資家が取得した事業上のライセンス及び許認可

89

第1編 投 資 法 第9章 投資家の保護及びその義務

(f) 当該投資がどのような責任ある継続的な態様で遂行されているか
(g) 税務恩典を取得した投資家について以下の事項
　(i) 当該年度において投資家が主張又は獲得した税務恩典の推定額及び恩典別のブレイクダウン
　(ii) 投資規則に基づき要求される税務恩典の再計算及び償還又はその様な再計算及び償還が不要である旨
　(iii) 法75条に基づく免税を得ている場合の適用ある投資ゾーンの確認
　(iv) 当該投資による輸出収入
(h) 当該投資家の監査済み財務諸表
(i) その他MICが定める事項

② サマリーのウェブサイトへの掲出

投資家は，年次報告書の提出後3日以内に，年次報告書のサマリーを投資家のウェブサイト又はMICのウェブサイトに掲出しなければならない。投資家のウェブサイトに掲出した場合には，当該ウェブサイトのアドレスをMICに通知しなければならない（投資規則199条）。

(3) 四半期毎の事業報告

MIC投資許可を受けた投資家は，その事業期間中，四半期ごとにMICに対して所定の様式により事業報告書を提出しなければならない（投資規則197条）。

当該事業報告書には，（土地利用権の対象たる）不動産に係るサブリース又はモーゲージ，又は，株式・事業譲渡に関する事項を含まなければならない（投資規則198条）。

(4) オフショアローン等に係る報告義務

投資家はMIC投資許可又はエンドースメントの取得後，以下の情報をMICに提供しなければならず，MIC事務局はかかる情報の写しをミャンマー中央銀行に提出しなければならない（投資規則37条）。

(a) オフショアローンがなされた場合には，貸付金額，元利金合計額，及びタ

90

Ⅲ　投資家の義務（第16章・第17章）

　　　イムラインを含む弁済計画
　(b)　海外からの資本及びオフショアローンの払込先銀行並びに送金及び支払に
　　　係る銀行チャネル

7. 政府との契約

　MIC投資許可又はエンドースメントを取得した後，投資家は，関係する
政府部門又は政府組織との間で必要な契約を締結・署名した上でその投資を
遂行しなければならない（69条）。かかる契約に関するあらゆる延長及び改
訂についてはMICの承認を得なければならない（70条）。

　これらの対象となる契約は，それに先立ち投資家がMIC投資許可又はエ
ンドースメントを取得することを要するものに限られ，投資の創設及び遂行
に当たって通常締結されうるものは含まれない（投資規則205条）。

8. 保険の付保

　投資家は連邦内で保険業務を遂行する権限を有する保険企業から，規則が
定める全ての種類の保険を付保しなければならない（73条）。

　投資規則によると，MIC投資許可又は税務恩典を受けた投資家は，その
事業の性質に応じ，ミャンマー連邦において保険業許可を有する者から以下
の種類の保険を得なければならないものとされる（投資規則212条）。

　(a)　財産及び事業中断（利益）保険（property and business interruption insurance）
　(b)　エンジニアリング保険（engineering insurance）
　(c)　専門職業賠償責任保険（professional liability insurance）
　(d)　専門職業事故保険（professional accident insurance）
　(e)　海上保険（Marine Insurance）
　(f)　労働者災害補償保険

　上記の規則は，投資家が他の適用ある法に基づき付保を要する投資家の義
務を制限するものではない（投資規則213条）。

91

第10章 その他

本章では，紛争解決，行政罰，適用除外のほか，他の法令との関係等一般的なその他の事項について説明する。

Ⅰ 紛争解決（第19章）

新投資法の効果的な適用のため，MICは，問題が生じた場合にこれらが法的紛争に発展する前に調査及び解決し，紛争の発生を予防するための不服処理メカニズムを創設及び管理しなければならない（82条）。

また，ミャンマー連邦と投資家の間又は投資家相互間の投資にかかる紛争が，いずれかの裁判所又は仲裁機関に持ち込まれるに先立ち，全ての紛争当事者は当該紛争を友好的に解決するための適切な試みを行わなければならない（83条）。

投資にかかる紛争が友好的に解決できない場合，(a)関連する契約中に紛争解決メカニズムの定めがない場合には，適用ある法に従い裁判所又は仲裁機関において解決されなければならず，(b)関連する契約中に紛争解決メカニズムの定めがある場合にはこれに従い解決されなければならないとされる（84条）。

この点，投資規則上より具体的な定めがあり，投資家と政府機関との紛争の場合と投資家同士の紛争の場合とに区別されている[1]。

1. 投資家と政府機関との紛争

以下の事項について苦情又は紛争がある場合には投資家は，IACに対し

---

1) 投資案件においては政府又は国営企業との合弁により実施するもの等，政府がいわば投資家的な立ち位置に属することもあり得る。かかる場合に，当該政府等との間で投資に係る契約を巡る紛争が生じた場合に，下記の許認可等に関する苦情申立てと同様の手続をまずは経る必要があるのか，それとも，当初より紛争解決機関に対して申立てが可能なのかは投資規則からは必ずしも明確ではない。

92

Ⅰ　紛争解決（第19章）

て書面による通知をしなければならない（投資規則170条・171条）。

(a)　政府部局又は政府組織による投資に関する誤った判断
(b)　MIC 投資許可，ライセンス，登録又は許認可に係る申請の政府部局又は政府組織による不適切な拒絶
(c)　法律に基づく権利，保護又は許認可の不達成

　かかる通知がなされ，且つ，紛争を友好的に解決するために適用される規則及び告示により経ることを要する手続を経ない限り，投資家は，投資に係る紛争を裁判所又は仲裁手続に付する事ができない（投資規則173条）。

2.　投資家間の紛争

　投資家間の紛争については，投資家は当該紛争を友好的且つそれらの間の契約条件に従って解決することが奨励されるが，解決できない場合には裁判所又は仲裁手続に付すことができる（投資規則174条）。

> **ポイント**
>
> 〔ミャンマーにおける投資家間の紛争について〕
> 　2011年〜2012年頃より本格的な外資開放政策を採り始めたミャンマーにおいては，未だ多くの外資系企業は進出フェーズにあるが，近時現地企業と外資系企業との間の紛争の萌芽が生じている。
> 　その背景は単純ではないものの，M&A を含む国際取引実務が未だ確立していないミャンマーにおいては，デューディリジェンスの遂行を経た上での契約締結という国際的には一般的な契約締結プロセスや取引契約の内容に関する理解が現地企業側において必ずしも十分ではなく，また，面子を重んずるミャンマー人の気質とも相まって，一度取引関係に入った場合にこれを終了させる場合や取引関係に入る期待を持たせた場合にこれを行わない場合には相当の反発が生じる可能性がある。
> 　このような事態に対応するためには，各種契約書においてディールがブレークした場合の扱いについて慎重に規定することはもとより，関係解消の場面においては相手方の立場，性格にも配慮した上で丁寧な対応をすることが望まし

93

第1編　投 資 法　　第10章　そ の 他

い。
　また，ミャンマーの裁判所は国際的な民商事紛争の解決実績を必ずしも十分には有していないことから，各種契約書における紛争解決に関する規定についても，シンガポール等第三国における仲裁の活用などが検討に値しよう。

Ⅱ　行政罰（第20章）

1．規則等の違反

　MIC は，新投資法，規則，レギュレーション，手続，告示，命令，指令又は MIC 投資許可もしくはエンドースメントに含まれている条件に違反した投資家に対し，以下のうちの一つ以上の行政罰を科すことができる（85条(a)）。この際，その決定とともに当該行政罰を科する理由が示されなければならない（同条(c)）。

(ⅰ)　譴責
(ⅱ)　事業の一時停止
(ⅲ)　租税の減免の一時停止
(ⅳ)　MIC 投資許可又はエンドースメントの取消し
(ⅴ)　将来 MIC 投資許可又はエンドースメントが提供されることがないようにするための事業のブラックリストへの掲載

　MIC は，上記の行政罰を科す前に投資家に対して通知をせねばならず，投資家は当該行政罰について書面にて質問をする権利を有する（同条(b)）。
　また，(a)投資家が MIC による上記行政罰にかかる決定に不服な場合には，投資家は決定の日から60日以内に所定の手続に従い連邦政府に対して不服を申し立てる権利を有する。(b)連邦政府は，MIC の決定を修正，拒絶又は承認することができ，(c)当該連邦政府の判断は最終のものとなる（86条）。

94

2. 虚偽の情報提供又は情報の隠蔽

投資家があらゆるプロポーザル，計算書類，契約にかかる証拠，財務情報，雇用に関する証拠を，MIC その他あらゆる政府部門又は組織に提出するに当たり，不誠実に虚偽の情報を提出又は情報を隠蔽したとの有効な証拠がある場合には，当該投資家は刑事手続に則り訴追される（87条）。

3. 法令違反等

投資家が新投資法の規定に違反した場合（41条に定める事業にかかる投資の禁止に違反した場合を含む），必要に応じて新投資法又は他の適用ある法に従い訴追される（88条）。

Ⅲ 例　　外

1. 一般的な例外（第21章）

新投資法におけるいかなる定めも，以下の目的のために，連邦政府が合理的な非差別的措置を適用又は維持することを妨げるものと解されてはならない（89条）。

(a) 公共の道徳を保護し又は公共の規律を維持するために必要
(b) 人間，動物又は植物の生命又は健康を保護するために必要
(c) 投資家，預金者，金融市場の参加者，ポリシーホルダー，ポリシーにかかる債権者又は金融機関が信認義務をこれに対して負う者の保護
(d) 金融機関の安全，健全及び安定の確保
(e) 連邦の財政システムの完全性及び安定の確保
(f) 投資家に関する公正で効果的な調査及び課税の確保目的
(g) 芸術的，歴史的又は考古学的価値のある国宝又は遺産の保護

第1編 投 資 法 第10章 そ の 他

(h) 天然資源の保全及びこれらが国内生産又は消費により損害を受けないように
すること

2. 安全保障にかかる例外（第22章）

新投資法におけるいかなる定めも，必須の安全保障上の利益の保護のために，連邦政府が必要な措置を適用又は執行することを禁ずるものと解されてはならない（90条(a)）。

新投資法における規程は，連邦の重要な安全保障上の利益を保護するために，連邦政府にとって必要な，以下の行動（これらに限定されるものではない。）をとることを妨げるものではない（同条(b)）。

① 武器，弾薬の輸送及び軍隊又は他の防衛部隊への補給のために直接又は間接的に行われるその他の物品及び素材の輸送に関連する行動

② 戦争又は国際関係における他の緊急事態の際にとられる行動

Ⅳ その他一般条項（第23章）

1. 他の法令との関係等

(1) 既存の外国投資法・ミャンマー国民投資法等との関係

①法令の廃止等

新投資法により外国投資法及びミャンマー国民投資法は廃止される（101条）。

外国投資法の廃止にかかわらず，それに基づき組成されたMICは新投資法に基づきこれを承継した委員会が全ての職務及び責任を引き継ぐまでの間，その機能を遂行する権限を有する（101条）。また，新投資法の施行後，新投資法に基づく手続が定められるまでの間は，新投資法に反しない限りにおいて外国投資法に基づき定められた規則及び手続は存続するものとみなされる

96

IV　その他一般条項（第 23 章）

（92 条）。

②旧法下の投資家の取扱い

　外国投資法[2]又はミャンマー国民投資法に基づき MIC により付与された
全ての投資許可は当該許可が定める終期まで有効に存続し，投資家は当該投
資許可の条件に従い，投資を継続し，利益を享受することができる（93 条，
投資規則 224 条）。

　かかる旧法に基づき付与された MIC 投資許可に基づく恩典等を受け続け
ているか否かにかかわらず，当該投資が新投資法に基づく追加又は裁量に基
づく恩典を受けることを希望する場合には，当該投資家は新投資法に基づき
かかる恩典の申請をしなければならない（投資規則 225 条）。

　また，旧諸投資法に基づき MIC 投資許可を付与された投資家は，新投資
法との関係においても MIC 投資許可を保有しているものとみなされ，MIC
投資許可の保有及び維持に関する新投資法の規定を遵守しなければならない
（投資規則 226 条）。

　新投資法 36 条に基づく MIC 投資許可の取得義務は，投資規則施行前に投
資家が投資にかかる遂行又は操業を開始するために必要な，全ての必要な許
可及びライセンスを取得し，且つ，ミャンマー連邦の法令に基づく他の全て
の要求（旧諸投資法に基づく MIC 投資許可を含む。）を満たした投資について
は適用されない（投資規則 236 条）。但し，投資規則の施行前に投資の遂行又
は操業を開始した投資家が，その投資に変更を加え，当該変更が元の投資と
は別個にプロポーザルの提出を必要するものであると考えられる場合には，
その投資家は，当該投資にかかる変更を加える前に，MIC 投資許可を取得
するためのプロポーザルを MIC 事務局に提出しなければならない（投資規
則 237 条）。

(2)　条約・他の法令との関係

　新投資法のいずれかの規定がミャンマー連邦共和国が批准している国際条

---

2)　旧外国投資法（1988 年第 10 号）に基づくものを含むとされる。本IVにおいては，これらを総
　　称して「旧諸投資法」という。

97

第1編 投 資 法 第10章 そ の 他

約及び国際協定の規定に違反する場合，かかる矛盾する規定については国際
条約及び国際協定の規定に従わなければならない（91条）。

　他のいかなる法律の定めにかかわらず，新投資法により網羅される事項に
関しては新投資法に従って行われなければならない（94条）。

(3)　特別経済区域（SEZ）との関係

　新投資法及び投資規則は，Special Economic Zone Law（経済特区法）に
基づく投資又は当該投資に係る投資家には適用されない。但し，MIC 投資
許可又はエンドースメントに基づき税務恩典を享受している投資家がその投
資を経済特区に移行することを希望する場合には，当該投資家が既に享受し
た税務恩典は経済特区における税務恩典と相殺（set-off）されなければなら
ない（投資規則 234 条）。

2．MIC 及びそのメンバーの判断等

　新投資法に基づき付与された権限に基づき誠実に且つ信頼できる証拠を伴
って行われたあらゆる行動に関しては，MIC のメンバー，会議体又は部門
のメンバー又は公務員は，訴追もしくは民事上又は刑事上の手続の対象とは
ならない（95条）。

　新投資法に基づく職務の遂行に際し，MIC のメンバー及び MIC 事務局の
職員は汚職防止法に従いその職務を遂行しなければならない（96条）。

　MIC のメンバーは，新投資法に基づく目的の達成以外のいかなる他の目
的のためにも取得した情報を利用してはならない（97条）。

　新投資法により付与された権限に基づき MIC が行ったあらゆる決定は，
85 条に基づく行政罰を課すことに関連した不服申立てを除き，最終且つ決
定的なものである（98条）。

3．計画・財務省の権限等

MIC が新投資法に基づく規定を遂行するため，計画・財務省は(a) MIC の

98

IV　その他一般条項（第 23 章）

事務局業務を行い，(b)財政上のルール及び規則に従い MIC の費用を負担しなければならない（99 条）。

　新投資法の適用に際し，(a)計画・財務省は，連邦政府の承認の下，規則，レギュレーション，手続，命令，告示及び指令を発行することができ，(b) MIC は命令，告示，指令及び手続を発行することができる（100 条）。

4. そ の 他

(1) 米ドルの換算レート

　投資規則において米ドルにて参照された金額の計算に際しては，その発生時におけるミャンマー中央銀行の換算レートにより計算される（投資規則228 条）。

(2) 投資家による輸入

　新投資法に基づき投資を行う投資家は，MIC から特に承認を得ることなく，他の適用ある法律に従い，当該投資に関連する器具，物品又は材料を輸入することができ（投資規則 230 条），他の適用ある法律に基づきかかる輸入をするためにライセンスその他の承認が必要とされる場合には，投資家は関連する当局に申請し，当該関連当局は法律上の要求を満たす時にはかかるライセンス等を発行しなければならない（投資規則 231 条）。

　これらの規定によると，あたかも外国投資家も自由に物品の輸入ができるようになったかにも見受けられるが，制限事業リストの末尾には，「輸出入を伴う投資については，商業省の政策に従ってなされるものとする。」という注記が付されているため，これらの整合性が問題となる。輸出入関連規制については基本的には商業省の所管事項であること等に鑑みると，上記規定はあくまでも「MIC の」許認可等が不要であることを明示するとともに，輸出入業者登録や，個別の輸入の可否についてはなお，商業省が定める明示・黙示のルールに従う必要があるものと解されうることから，輸入を行うに際しては商業省に個別に確認することがなお望ましいものと思われる。

99

第1編 投 資 法 第10章 そ の 他

⑶ 制限事業に係る投資を行っている投資家の移行措置

　投資規則の施行日において法 42 条の適用がある制限事業に係る投資をしており，且つ，当該投資に係る有効な許認可（法 93 条所定の旧諸投資法に基づく MIC 投資許可を含む。）を保有していない投資家は，新投資法及び投資規則の遵守を確保するために必要な措置を移行期間中（投資規則の効力発生から 24 か月間）に講じなければならない。但し，投資規則 23 条に基づく制限投資に係る通知義務は外国投資家にのみ適用される（投資規則 227 条）。

⑷ 内国投資・外国投資相互間の移行

　ミャンマー国民投資が外国投資に変更され又はその逆がなされた場合でも，MIC に対するプロポーザル又はエンドースメントの申請は要求されない（投資規則 238 条）。

100

第2編 会社法

第1章 はじめに

本章では，会社法が改正に至った経緯の他，会社法の解釈にあたっての
留意事項等を解説する。

I 会社法改正の経緯

　2017 年 12 月 6 日，新しい会社法[1]（本編において，以下「本法」という。）
が成立し，2018 年 8 月 1 日からその施行が予定されている[2]。

　これまで，ミャンマーでは，イギリス統治下で 1914 年に制定された 1 世
紀以上も古い会社法[3]（以下「旧法」という。）が適用されてきたが，(1)国際的
発展及び現代的商業取引の実態に合わせた現代化，(2)事業活動及び当局手続
上の予見可能性を確保するための法律の明確化及び実効性強化，並びに(3)明
確且つ透明性の高い法規制，及びより良いコーポレートガバナンス・説明責
任に関する制度の整備を目的[4] として，その改正が行われた。

　旧法の改正にあたっては，アジア開発銀行（Asian Development Bank）の
支援を受けて進められ，アジア開発銀行から委託を受けたオーストラリアの
法律事務所に所属するミャンマー人弁護士が中心となって本法のドラフトを
作成した。そのため，本法における新しい概念の多くが，オーストラリア法
上の概念を導入したものとなっており，今後の本法の解釈運用においても，
オーストラリア法及びその実務から何らかの影響を受けることも否定できな
いように思われる。

---

1) 2017 年 12 月 15 日に DICA が公表した "Myanmar Companies Law（Unofficial Translation）"
　参照。
2) 2017 年 12 月 14 日に DICA が発表した "Press Statement" 参照。
3) Myanmar Companies Act, 1914.
4) MIC 発行の "Reform of the Myanmar Companies Act 1914 Public Briefing Paper" 参照。

Ⅱ　会社法の解釈上の留意点

　一般論として，ミャンマーの法律の解釈上の問題として，日本等の先進国と異なり，依拠し得る権威のある文献等は不見当であること，ミャンマーにおける裁判制度の未成熟性，外国投資関連法が裁判において争われている例が乏しいこと，過去の裁判例のデータベースの不存在等の事情に伴い適切な判例調査もきわめて困難であること等[5]の事情により，解釈上不明確な点が多くならざるを得ない点には留意されたい。

　さらに，運用に関しても不明瞭な点が多く，会社登記の担当機関であるDICAと面談の上，逐一，必要な手続や書類を確認し，時には，会社法の解釈指針を示すことも必要な場合がある。また，これらの作業については，担当官によってその取扱いが異なる場合もあるため，必要に応じて，高位の担当官とも面談を行い，議論をしながら必要な手続を確定して，一歩一歩前に進めざるを得ない場合もあり，膨大な時間が必要とされることが多々ある。

Ⅲ　投資・企業管理局（DICA）

　前記Ⅱにおいても若干触れたが，会社法の解釈・運用に関して重要な政府機関であるDICAを簡単に紹介する。

　DICAは，計画・財務省[6]の一機関であり，主要な機能は以下のものと考えられる[7]。

①　投資案件の審査
②　許可された事業の実施状況のモニタリング
③　会社法に基づく登記所（Registrar）

---

5)　2011年の民主化以降外資導入が進められたものの，外国投資家との間の取引案件に関する蓄積も限定的であり，ミャンマーにおける事業はファミリービジネスが大半であること，法学教育の不十分さ等歴史的な背景も，かかる法解釈上の問題の一因とも考えられる。

6)　Ministry of Planning and Finance.

7)　DICAのウェブページ（http://dica.gov.mm/）に掲載されている日本語版のミャンマー投資ガイド（Myanmar Investment Guide 2014）の3.5投資支援（Investment assistance）（19頁）を参考に，実態に応じて修正している。

第2編 会 社 法 第1章 はじめに

2013年にはヤンゴン市において，投資相談をワンストップにて相談できる窓口として，DICAの支所（One Stop Service Center）が設置されている。もっとも，実際上は，関連所轄省庁による個別の許認可の取得が必要かどうかは，個別の事案に応じてDICAの上記支所を通じて，又は直接当該省庁に確認する必要があるので，留意を要する。

第2章 企業形態の種類

本章では，会社法における各企業形態の種類の説明のほか，各企業形態の総論的なルールについて解説する。特に，各企業形態の種類については，その分類によって，当該企業形態の本法の関連規定における適用の有無が異なることとなるため，その相違点に留意されたい。

Ⅰ 各種企業形態

1. 会社形態

本法上の大きな分類としては，本法に基づき設立された会社（company）とそれ以外のコーポレーションに分けられる（2条・3条参照）。また，ミャンマーの外資規制を理解する上で重要な懸念である外国会社との分類も別途規定されている。

(1) 本法に基づき設立された会社

本法上，法人格を有する会社形態は，①「有限責任株式会社」（company limited by shares），②「有限責任保証会社」（company limited by guarantee），及び③「無限責任会社」（unlimited company）の3種類に分類される（2条）。なお，通常外国投資家が利用する企業形態は，有限責任株式会社の非公開会社の形態によるものである。

① 有限責任株式会社

有限責任株式会社とは，定款によって，各メンバー（会社法上，メンバーとの用語は定義されていないが，メンバーとは，株式を有する有限責任株式会社においては，いわゆる株主がこれに当たり，会社法上，その設立が認められる組織体の構成員として，当該組織体に関する基本的な事項〔役員選任，定款変更，

105

第2編　会　社　法　　第2章　企業形態の種類

清算・解散等〕を決定する権利を有する者と考えられる。）が保有する株式の未
払い金額（もしあれば）の限度に，メンバーの責任が制限される会社をいう（6
条(a)(i)）。さらに，有限責任株式会社は，メンバーの数及び公募の可否に関
する制限の有無に応じて，(a)非公開会社（private company），及び(b)公開会
社（public company）に分けて，以下のとおり定義付けられている。

(a)　非公開会社

　非公開会社とは，本法，又は廃止された全ての法律に基づき設立された会
社であって，(1)会社と雇用関係にある者を除きメンバーの数が50名までに
限定され，且つ，(2)会社の株式，社債，又はその他の証券を引き受けるため
の公募の一切が禁止されているもので，(3)定款によって株式の譲渡に制限を
課すことができる会社をいう。但し，本定義において，1株以上の会社の株
式を共同して2名以上の者が保有する場合，それらの者はメンバー1名とし
て取り扱われる（1条(c)(xxv)）。

　さらに，非公開会社は，その規模によって，「小会社」（small company）
と分類されるものがある。本法上，小会社とは，公開会社又は公開会社の子
会社以外の会社であって，次の性質を有するものをいう（同条(c)(xxxviii)）[1]。

(A)　当該会社及びその子会社が30名（又は本法に基づき定められるその他の数）
　　　以下の従業員を有さなければならない。
(B)　当該会社及びその子会社の前会計年度における年間収益が合計5000万
　　　チャット（又は本法に基づき定められるその他の額）未満でなければならない。

ポイント

〔小会社〕

　本法では，新しく「小会社」（small company）の概念が導入され，小会社に
該当した場合，年次総会の開催，各種財務諸表の作成又は監査人の選任に関す
る規定の適用が一部除外されており（146条(e)及び257条(c)），会社法上の一定
の義務の軽減が図られている。

---

1)　小会社に該当するか否かの判断は，その定義からすると，会計年度毎に判断することとなるも
　のと考えられる。

I 各種企業形態

(b) 公開会社

　公開会社とは，本法，又は廃止された全ての法律に基づいて設立された会社であって，非公開会社でないものをいう（1条(c)(xxx)）。

② 有限責任保証会社

　有限責任保証会社とは，定款によって，各メンバーが引き受けた清算時において会社財産に対して清算出資すべき金額の限度に，メンバーの責任が制限される会社をいう（6条(a)(ii)）。なお，有限責任保証会社のメンバーの人数には，特段制限は規定されていない（2条(b)）。

③ 無限責任会社

　無限責任会社とは，メンバーの責任に関して何らの制限がない会社をいう（6条(a)(iii)）。なお，無限責任会社のメンバーの人数には，特段制限は規定されていない（2条(c)）。

(2) 他のコーポレーション

　前記(1)の会社のほか，本法上，次のコーポレーションは，本法又は他の法律に基づき登記することができるとされている（3条）。

(a) 社団
(b) 海外コーポレーション[2]
(c) 本法又はその他適用ある法に基づき登記が認められたコーポレーション[3]
(d) 上記のほか，連邦大臣[4] が定めるコーポレーション

　なお，本法上，社団は，事業活動が所定の目的に限定されること，メンバーへの配当が禁止されること等の一致の制限の下，有限責任性を有するコーポレーションとして設立できるとされている[5]。また，ミャンマー連邦外で

2）「海外コーポレーション」については，付録Ⅰ(21)を参照。
3）　本法以外のミャンマー法に基づき登記が認められたコーポレーションは，本法に基づき，無限責任会社，有限責任株式会社，又は有限責任保証会社として登記することができ，本法上の所定の規定に従うことが必要とされている（37条〜39条）。
4）「連邦大臣」については，付録Ⅰ(45)を参照。

107

第2編　会　社　法　　第2章　企業形態の種類

設立された事業体である海外コーポレーションの登記は，現地子会社を設立せずに，当該海外コーポレーション自体が直接ミャンマー連邦において事業を営む場合に必要とされるものであり，いわゆる支店設置のための登記である（詳細は後記 **3.** 参照）。

(3)　外 国 会 社

　上記会社形態の分類のほか，本法では，外資の所有比率によって，「外国会社」（foreign company）と分類される場合がある。

　外国会社とは，海外コーポレーション又はその他の外国人（又はそれらの組み合わせ）が，35％を超えて所有持分[6]を，直接的又は間接的に，保有又は支配するミャンマー連邦に設立された会社をいう（1条(c)(xiv)）。なお，外国会社はミャンマー連邦に設立された会社であり，他方，海外コーポレーションはミャンマー連邦外で設立された事業体であり，設立準拠法の点で異なると考えられる。

ポイント

〔外国会社の定義の変更及びその解釈〕

　旧法下では，1株でも外国企業又は外国人が株式を有する会社は，外国会社とされていたものの（旧法2B条参照），本法では，35％以下まで外国企業又は外国人が株式を有したとしても，外国会社に該当しないこととなった。また，政府高官によれば，35％以内の判断については，基本的に保有株式数に基づき判断するとのことであり，議決権の有無や合弁契約等による実質的な支配関係を考慮せずに，判断するとのことである。なお，議決権株式・無議決権株式と外国会社要件との関係については，後記**第5章Ⅰ 1.**(3)(ｱ)ポイント〔議決権株式・無議決権株式と外国会社要件（35％ルート）の関係〕を参照されたい。

　外国会社に該当する場合，本法上では，会社設立時における該当性の有無（6条(b)(viii)(H)），メンバーの変動によって外国会社の該当性に変動がある場合，その旨（86条(b)），及び年次報告時における外国会社の該当性の変動（97条(b)(xii)）

---

5)　本法では，営利を目的としない社団を設立することが可能とされ，同社団の組成のための要件のほか，有限責任性を有すること，ライセンスが必要とされること等（40条～42条）が定められている。

6)　「所有持分」については，付録Ⅰ(22)を参照。

108

について，登記官に届出を行うことが必要とされている。また，政府高官によれば，本法における定義の変更に伴い，従前外国会社とされていた会社が本法における外国会社に該当しなくなった場合（つまり，外国資本が35%以下となった会社の場合），本法下においては，外国会社に該当しない会社として，再登記が必要とのことである。なお，旧法では，外国会社に該当した場合，営業許可の取得が必要とされていたものの（旧法27A条(3)），本法ではそのような営業許可の取得は要求されていない。

ポイント

〔外国会社と外資規制〕

　旧法下における実務の運用上，会社法上の外国会社の概念を借用して，不動産利用規制[7]，輸出入規制，Trading事業（商業）規制[8]，その他外資規制を課せられる場合があった。

　上記に対して，本法では，464条において，外国会社に関する本法の規定は，不動産移転制限法の運用に影響を与えないと規定されている。また，政府高官によれば，本法上の外国会社の定義の借用を行わず（本法による影響を受けずに），不動産移転制限法上の字義どおりに，いわゆる株式の過半数が外資に支配されている会社である外国人保有会社[9]が規制を受けることになるとの発言もなされている。こうした発言に対し，外国会社の概念と不動産利用規制の適用が乖離することに反発を示す者もいるようである。464条及び上記政府高官の発言が他の管轄官庁における実務上の運用にどのように影響を与えるかは現時点では不明ではあるが，少なくとも外国会社に該当しない外国資本が35%以下の会社であれば，また，不動産移転制限法が字義どおりに解釈・運用されることとなった場合，外国資本が50%未満の会社であれば，不動産の長期利用が認められることとなり，旧法下における不動産利用規制が実質的に緩和されることとなる。

　また，不動産利用規制以外の他の外資規制との関係でも，外国資本が35%

---

7)　不動産に関して，外国会社が1年以上のリースを受けること等が禁止される規制。詳細について，後記**第5章Ⅰ**参照。

8)　特段法令等の明示的なルールはないものの，政府の方針として，いわゆる卸売業や小売業，輸入販売業については，"trading"事業（商業）として，外国会社に対して原則として認められないとする規制。なお，前記**第1編第2章Ⅱ1.** ポイント〔いわゆるTrading事業（商業）規制と制限事業リストとの関係〕参照。

9)　foreigner owned company. 詳細につき，後記**第8章**注1)参照。

109

第2編 会 社 法 第2章 企業形態の種類

以下の会社であれば，外資規制が及ばない可能性も考えられる。
　外資規制については，関連事業に関する所轄官庁の運用によるところが大き
いものとは理解されるものの，本法における外国会社の定義内容が外資規制に
少なからず影響を与えることが考えられるため，今後の実務の運用を注視する
必要がある。

2. 会社に適用される共通事項

(1) 会社の機関設計等

　会社において，定めるべき必要的事項及び必要的機関は，以下のとおりと
されている（4条(a)）。

(i) 商号
(ii) 定款
(iii) 少なくとも株式1株の発行（なお，有限責任保証会社は，必ずしも株式資本
を有する必要はない。）
(iv) 少なくともメンバー1名
(v) 後記⑥の場合を除き，少なくとも1名の取締役（なお，当該取締役は，ミャ
ンマー連邦に通常居住する[10] 者でなければならない。）
(vi) 公開会社の場合，少なくとも3名の取締役（なお，少なくとも1名は，ミャ
ンマー連邦に通常居住するミャンマー人でなければならない。）
(vii) ミャンマー連邦にある登録事務所の住所

　他方，会社は，秘書役の選任及び会社印の保有をそれぞれ任意に行うこと
ができる（同条(b)）。

---

10) 「通常居住する」については，付録Ⅰ(19)を参照。

110

I　各種企業形態

ポイント

〔会社の機関設計の多様化〕

　非公開会社の機関設計に関して，旧法下では，少なくとも株主2名，取締役2名が必要とされていた。また，旧法下では，全ての会社において監査人を選任する必要があるとされていた（旧法144条(3)）。これに対して，本法では，株主1名及び取締役1名にて会社設立が可能とされ[11]，且つ，小会社に該当する場合，監査人の選任も不要とされ（257条(c)），より簡易な機関設計の選択肢が追加されている。但し，少なくとも取締役1名に居住性が要求されることとなった点に留意を要する（公開会社の場合，少なくとも取締役1名は居住性を有するミャンマー人であることが要求されている。）。なお，一人株主会社に関する詳細については，後記**第6章II 2.**(1)ポイント〔一人株主会社の許容〕を参照されたい。

ポイント

〔183日居住要件〕

　非公開会社の1名以上の取締役又は海外コーポレーションの授権役員は，ミャンマー連邦において通常居住する者でなければならないとされている（1条(c)(iii)，4条(a)(v)）（かかる居住者に関する要件を，以下「居住者要件」という。）。また，ミャンマー連邦の永住者でない者が居住者要件を具備するためには，所定の始期から12か月の期間において183日以上ミャンマー連邦に居住することが必要とされている（かかる居住日数に関する要件を，以下「183日要件」という。）。居住者要件を具備すべき取締役／授権役員に関して，183日要件を満たすべきタイミングが条文上は必ずしも明確ではないため，主に次の3点が問題となるものと思われる。

　まず，本法施行時点で登記を有する既存の会社等の場合，183日要件の12か月間の始期は，本法の施行日とされ（1条(c)(xix)(A)），他方で，居住者要件を満たすべき取締役の選任期限は移行期間の終期（本法施行日から1年後）とされている（469条(b)(c)）。この点，居住者要件を具備すべき取締役／授権役員が，選任期限までに183日要件を満たしている必要があるのか（つまり本法施行日からの1年間で183日以上ミャンマー連邦に居住している必要があるのか），それとも選任期限である移行期間の終期から1年の間に183日以上ミャンマー連邦に居住することで183日要件を満たすことになるのか，文言上は不明確である。

---

11)　小会社に該当する場合，監査人の選任も不要である（257条(c)）。

111

第2編　会　社　法　　第2章　企業形態の種類

次に，本法の下で新たに登記された新設の会社等の場合，183日要件の12か月間の始期は，当該会社等の登記の日とされ（1条(c)(xix)(B)），他方，既存の会社等のような選任期限は定められていない。かかる新設会社等に関して，183日要件につき登記日からカウントするとされた場合，外国人（ミャンマー連邦の永住者でない者）は，たとえ登記日までに183日以上ミャンマー連邦に居住していたとしても，登記日に183日要件を満たすことができないため，当初の取締役／授権役員には，必ず永住者が就任しなければならないことになりかねない。

最後に，本法では，取締役／授権役員の交代の局面で，いかなるタイミングで後任の取締役／授権役員が居住者要件を具備すればよいのか不明確である。すなわち，外国から派遣される後任の取締役／授権役員は，通常，着任時点で居住者要件を満たしていることは困難と考えられるところ，ある会社において居住者要件が常に満たされていなければならないとした場合，前任の居住者要件を具備する取締役／授権役員は，後任の取締役／授権役員が183日要件を満たすまで，当該会社等の取締役／授権役員として留任することが必要となり，人員に重複が生じかねない。

上記のとおり，居住者要件には解釈・運用上の問題があるため，当局は，かかる問題点を適切に認識し，外国投資家によるミャンマー連邦への進出・事業活動を過度に制約しない解釈を示していく必要があるであろう。かかる問題に関する当局の解釈・運用について注視する必要がある。

(2)　会社の能力と権限

会社は，(1)そのメンバーとは異なる権利帰属主体となる法人となり，完全な権利，権限及び特権を有し，登記簿から削除されるまで存続する。また，(2)本法その他の法律に従い，会社は，ミャンマー連邦内外において，あらゆる事業，活動及び行為を行い，いかなる取引も実施する完全な法的能力を有するとされ，かかる法的能力には，以下の権限を含むとされている（5条(a)）。

- (A)　株式，社債，又は株式に転換される証券の発行
- (B)　株式又は社債を引き受ける権利の付与
- (C)　会社の財産に対する担保権の設定

112

Ⅰ　各種企業形態

(D)　メンバーへの現物又はその他の方法による会社財産の分配

　なお，本法では，定款において，会社の能力，権利，権限又は特権を制限する場合に限り，当該能力，権利，権限又は特権に関する条項を規定することが可能であるとされている（同条(b)）。また，本法では，会社が持株会社となり得ること，又は他の会社の子会社となり得ることが明示的に規定されている（同条(c)）。

3.　支　　店

(1)　海外コーポレーションによる事業運営及び支店の登記

　海外コーポレーション（overseas corporation）又はその他の事業体は，本法に基づく登記をしなければ，ミャンマー連邦において「事業を営む」（carry on business）ことができないとされており（43条(a)），「事業を営む」ためには，いわゆる支店の登記が必要とされる[12]。

　もっとも，海外コーポレーション又はその他の事業体によるミャンマー連邦における事業活動の一切が「事業を営む」ものとされているわけではなく，本法上，「事業を営む」とはみなされない行為として，次のものが例示されている（同条(b)）。

(ⅰ)　裁判の当事者であること若しくは当事者となること，又は裁判，クレーム若しくは係争において解決を図ること
(ⅱ)　取締役会若しくは総会の開催，又は内部事務の管理に関する他の活動の実施
(ⅲ)　銀行口座の保有
(ⅳ)　独立した契約者を通じての資産の売却
(ⅴ)　ミャンマー連邦外において承諾される場合に限り，拘束力を有する契約となる申込みの勧誘又は斡旋
(ⅵ)　金銭の貸与，債務の負担，又は財産に対する担保権の設定

---

12)　海外コーポレーションによるかかる登記義務の違反は，海外コーポレーションが締結したいかなる取引の有効性又は執行可能性にも影響を与えるものではないとされる（46条）。

113

第2編　会　社　法　　第2章　企業形態の種類

(vii)　債権の保全若しくは回収，又は当該債務にかかる担保権の実行
(viii)　同種の取引が繰り返し行われるものではない，30日以内に完了する単発の契約の履行
(ix)　自己資金の投資又は資産の保有

　なお，登記官は，随時，海外コーポレーション又はその他の事業体によるいかなる事業活動がミャンマー連邦における「事業を営む」ものに該当するか否かに関する詳細なガイドラインを発行することができるとされている（但し，当該ガイドラインが本法43条と矛盾しないものとしなければならない。同条(c)）。
　また，連邦大臣も，いずれかの者による申請によって又は連邦大臣自らの提案によって，ある事業体が，又は同一の環境下にある特定の種類の事業体がミャンマー連邦において「事業を営む」ものと取り扱われるか否かについて，規定することができるとされている（同条(d)）。

> **ポイント**
>
> **〔事業を営む〕**
> 　旧法下では，いかなる場合に支店の登記が必要となるのか必ずしも明瞭でなかったため，一般論として，本法において，「事業を営む」とはみなされない行為が例示されたことは望ましいものである。
> 　DICAによれば，この「事業を営む」に関する規定は，シンガポールの会社法の規定を参考にしたものとのことである。シンガポール会社法上の関連規定を見てみると，本法の規定とは大部分が一致してはいるものの，シンガポール会社法では「事業を営む」自体の解釈の一般的な指針が記載され，また，各法の関連規定では例示される「事業を営む」に含まれない行為に若干の相違等も見受けられる。シンガポールにおける議論がそのままミャンマーにおいて妥当するものではないと思われるものの，参考までに，シンガポールのコモンローの検討を踏まえて，「事業を営む」の要件の判断に影響がある事由と考えられる事由として学説上例示されるものを，以下紹介する[13]。
> ① 拠点（事務所の賃貸等）の有無

---

13)　Tan Cheng Han et al. (ed.), Walter Woon on Company Law, Revised 3rd ed. (Sweet & Maxwell, 2009) 26-31頁参照

Ⅰ　各種企業形態

　② 　現地スタッフの雇用の有無
　③ 　現地代理人への授権の有無（代理人の行為が本人に効果帰属するか）
　④ 　現地における資金調達の有無
　⑤ 　情報の収集・営業活動の有無
　⑥ 　現地における取引の有無

　本法の解釈でも，上記の各事由を考慮して，支店の登記の有無を検討することが有益であろう。

　なお，特に留意すべきと思われる点として，本法に例示された「事業を営む」とはみなされない行為のうち，「同種の取引が繰り返し行われるものではない，30 日以内に完了する単発の契約の履行」（43 条(b)(viii)）の運用が挙げられるであろう。例えば，特定のプロジェクト案件において長期出張ベースで反復・継続して海外コーポレーションの従業員をミャンマーに派遣している場合には，反対解釈としてミャンマーにおいて「事業を営む」と解される余地が生じることになる。この場合，上記①から⑥の要素その他の個別事情も考慮して，支店登記の要否を慎重に検討すべきと考えられる。

(2)　年次報告等

　ミャンマー連邦において事業を営む海外コーポレーションは，登記官に対して，次の事項に関する届出を行わなければならないとされ（53 条(a)），支店に対して年次報告等の提出が義務付けられている[14]。

（ⅰ）　各会計年度の末日から 28 日以内に，年次報告
（ⅱ）　少なくとも年に 1 度，15 か月を超える期間を空けずに，次の財務諸表（本店において要求される様式・内容に基づくものとする。）
　（A）　直近会計年度の末日時点における貸借対照表[15]
　（B）　直近会計年度のキャッシュフロー計算書の写し
　（C）　直近会計年度の損益計算書の写し

---

14)　海外コーポレーションが年次報告等の提出義務（53 条）に違反した場合，当該海外コーポレーション，その取締役及び授権役員は，違反毎に 25 万チャットの罰金に処される（54 条）。
15)　他の書類と異なり，"a copy of"（写し）との記載がなされていない（53 条(a)(ii)(A)）。

115

第 2 編　会　社　法　　第 2 章　企業形態の種類

　本店所在地の法律上前記(ii)（53 条(a)）の財務諸表が必要とされない場合，登記官は，会社に対して，ミャンマー連邦における事業に関する当該財務諸表のいずれかの作成及び届出を要求することができるとされている。この場合，当該財務諸表は，当該会社がミャンマー連邦の公開会社として設立された場合に作成することが必要となる様式又は所定の様式にて，作成されなければならない（同条(b)）。

　また，登記官は，本法 53 条において提出されるべき財務諸表について監査を要求することもできるとされている（同条(c)）。

　もっとも，上記いずれの場合であれ，登記官は，その裁量権の行使に当たり，ミャンマー連邦における事業が会社法上の「小会社」（small company）に該当し得るかについて考慮することができるとされている（同条(c)）。

> **ポイント**
>
> 〔支店における届出義務の強化〕
>
> 　旧法下では，会社に対しては毎年年次総会後において，株式資本，株式，取締役等に関する一定の情報の届出義務が定められていたものの（旧法 32 条参照），支店に対しては，会社のような明示的な届出義務は定められていなかった。これに対して，本法では，支店に関しても，年次報告等の提出義務が規定され，支店における手続的な負担が増大した。
>
> 　また，本法上では，財務諸表に関して，当該海外コーポレーション本社に関するものを要求しているものと見受けられるが，翻訳の要否，公証・認証の要否については，特段触れられていない。この点，ミャンマー語又は英語でない言語で記載された文書を登記官に対して提出する場合，公証・認証を取得した翻訳証明付の英訳を添付することが実務上要求される場合が多い。また，英文で準備されている場合であっても，書類によっては，作成国における公証・認証が要求される場合もある。本法上必ずしも明確ではないが，財務諸表について，英訳が要求されるのか，また，公証・認証まで必要とされるのか，実務上の運用に注視が必要である。なお，仮に，日本企業が本店で日本語にて財務諸表を作成している場合には，当該企業の支店にとって，年次報告が大きな負担となる可能性がある。

Ⅰ　各種企業形態

(3)　送達の方法

　海外コーポレーションへの書面の送達は，次のいずれかの方法により行うことができるとされている（56条）[16]。

(a)　届出がなされた登録事務所又は授権役員の住所宛に差し置く方法又は郵送により送付する方法
(b)　前記①の方法に加え，海外コーポレーションの取締役2名以上がミャンマー連邦に居住する場合，2名以上の取締役個人宛てに当該書面の写しを送付する方法
(c)　海外コーポレーションの清算人が選任された場合，清算人の事務所の直近の届出住所宛てに差し置く方法又は郵送により送付する方法

> **ポイント**
>
> 〔支店に対する送達方法〕
> 　旧法下では，いわゆる支店に対する送達方法に関する詳細な規定はなされていなかった。本法上の規定からすると，例えば，授権役員の個人の住所宛てへの書面の送付等により，当該海外コーポレーション全体への法的効果が生じる通知となり得るため，留意が必要であろう。

(4)　そ　の　他

　支店の設置方法については，後記**第3章Ⅰ 2.**を，また，支店設置後の登記官への通知等の継続的な義務，撤退時の登記抹消の方法等については，後記**第3章Ⅱ 2.**をそれぞれ参照されたい。

> **ポイント**
>
> 〔ミャンマーにおける進出形態〕
> 　旧法及び本法上，駐在員事務所という法形式の拠点は存しない。そのため，（主として情報収集等を任務とする）駐在員事務所的な機能を有する拠点を設置する場合，本法上は，株式会社又は支店としての登記が必要となる。なお，いずれ

117

第2編　会　社　法　　第2章　企業形態の種類

の法形式を採用した場合であっても，一部の例外[17]を除いて行うことができる活動の内容に違いは存せず，支店であっても実質的な事業活動を行うことは可能である。以下，株式会社及び支店の主なメリット及びデメリットを説明する。

	有限責任株式会社（非公開会社）[18]	支店
メリット	・株主有限責任（現地拠点にて負担する義務・債務は，基本的に株主に及ばない。）。 ・撤退の方法として，株式譲渡が利用可能 ・本法上は，35%までの出資であれば内資会社と扱われており，その場合各種外資規制の適用が及ばない可能性がある。	・本支店間送金による資金調達が可能。
デメリット	・資金調達を行う際には基本的に増資又は借り入れによることとなる（オフショアローンは親子ローンも含めてミャンマー中央銀行の承認が実務上必要とされている。）。	・本店たる法人に法律効果が直接帰属。 ・原則として，投資法又は経済特区法に基づく投資許可等が取得できない。 ・撤退する場合，旧法下では，株式会社と同様な清算手続が必要と考えられていたが，旧法上の明示的な規定が存在せず，当局との細かな調整が必要であった。本法下における支店登記の抹消については，後記**第3章Ⅱ 2.**(3)参照。 ・本法上，本店に変更が生じた場合（定款，取締役の変更等）の通知義務が規定されており，実務上の負担が重い（後記**第3章Ⅱ 2.**(2)参照）。

118

Ⅱ　会社形態の変更

1．会社形態の変更の方法

(1)　会社形態の変更

会社は，特別決議により，次のとおり，他の異なる種類の会社形態に変更することができるとされている（57条）。

- (i)　非公開会社から公開会社への変更
- (ii)　公開会社から非公開会社への変更
- (iii)　有限責任保証会社から公開会社又は非公開会社への変更
- (iv)　無限責任会社から公開会社又は非公開会社への変更

(2)　会社形態の変更のための手続

会社形態の変更には，登記官に対して，本法所定の必要書類を提出するほか，官報での公表，日刊新聞への掲載等が必要とされている（58条(a)～(e)）。なお，会社形態の変更は，登記官が当該会社の登記簿における会社形態を変更した時点において効力を生じるとされている（同条(e)）。

---

16)　なお，本法の書面送達に関する規定（56条）は，適用ある法によって定められる他の方法によって，海外コーポレーションに書面を送達する裁判所に認められている権限に影響を与えるものではないとされている（同条(d)）。

17)　業種によっては，株式会社形態のみに認められている事業も存するため留意が必要である。例えば，農業用機器の輸入販売事業に関しては内資との合弁による場合に限り，また，肥料，種子，殺虫剤，医療機器及び建設資材の輸入販売事業に関しては外資100％の会社に認められてはいるものの，支店には認められていないと理解されている。さらに，当該輸入販売事業とは異なる業種においても，明文の根拠があるわけではないが，100％外資の現地法人形式であれば認めるが，支店では認めないという事例が近時生じていることも認識されており，現地法人と支店との間に差異を設けることがミャンマー政府当局の一般的な傾向である可能性がある。

18)　旧法及び本法上，有限責任株式会社以外の組織形態も想定されているが（前記 **1.** 参照），実務上は有限責任株式会社の非公開会社形態が用いられることがほとんどであるため，非公開会社に限定して解説している。

119

第2編　会　社　法　　第2章　企業形態の種類

2.　会社形態変更の法的効果

　会社形態が変更された場合においても，会社の法人格には影響を与えない。
すなわち，会社形態変更によっても，新しい法的企業を組成するものではな
く，既存の財産，権利又は義務に影響を与えず（メンバーとの立場において，
当該メンバーに対するものを除く。），且つ会社又はそのメンバーによる又はそ
れらに対する法的手続にも影響を与えないとされている（59条(a)）[19]。

　なお，旧法下では，無限責任会社から有限責任会社への変更（旧法67条(1)
等），有限責任会社から無限責任会社への変更（旧法70条(1)等），及び非公開
会社から公開会社への変更（旧法154条(1)等）に関する規定がそれぞれ個別
に定められていた。これに対して，本法では，会社形態の変更との一項目を
設定し，会社形態の変更に関連する規定をまとめて規定して，統一的に規律
している。

19）有限責任保証会社から有限責任株式会社への会社形態の変更の場合，清算時における保証人と
　してのメンバーの責任の消滅，一定の者のメンバーの地位の終了等が別途定められている（59条
　(b)）。

第3章 設立・設置手続等

本章では，会社設立及び支店設置手続を中心に，会社の設立の際に必要となる定款及び商号のほか，登記事項等について解説する。会社設立及び支店設置の際の必要書類については，会社法において明記はされているものの，細則やガイドライン等によって別途必要とされる書類が指定される可能性のほか，実際の手続に際しては，担当官の裁量によって必要書類が異なる可能性もあるため留意されたい。

I 会社の設立・支店の設置

1. 会社について

会社を設立する場合，所定の様式により，次の事項を記載した申請書を登記官に提出することが必要とされている（6条(b)）[1]。

(i) 会社の商号

(ii) 会社の会社形態

(iii) 申請者の名前及び住所

(iv) 会社の各取締役及び秘書役[2] の名前，生年月日，性別，国籍，及び住所

(v) 会社の各取締役候補者及び秘書役候補者が取締役又は秘書役への就任に，書面により同意していること

(vi) 会社の登録事務所の住所（特段の連絡がない限り，当該住所は書類の送付先住所として取り扱われる。）

(vii) 会社の主たる事業所（place of business）の住所（登録事務所と異なる場合）

(viii) 非公開会社，公開会社又は無限責任会社の場合，次の事項

(A) 会社の各メンバーの名前・名称及び住所

(B) 会社の各メンバーが会社のメンバーとなること及び割り当てられた株式

---

1) 申請する際に，登記官に対して所定の費用を支払わなければならない（6条(d)）。

2) 取締役及び秘書役のいずれも，自然人であることが前提とされている。

121

第2編 会 社 法 第3章 設立・設置手続等

を引き受けることに書面により同意していること

(C) 各メンバーに対して発行される株式の種類及び数

(D) 会社の株式資本の表示通貨

(E) 各メンバーが各株式について支払うことを約束した金額（もしあれば）

(F) 登記時において，株式について全額払込みがなされるか否か

(G) 会社が究極的持株会社か否か

(H) 会社が設立された場合，外国会社となるか否か

(ix) 有限責任保証会社の場合，次の事項[3]

(A) 会社の各メンバーの名前・名称及び住所

(B) 会社の各メンバーが会社のメンバーとなることに書面により同意していること

(C) 各メンバーが合意した保証金額

(D) 会社が株式資本を有する場合，次の事項

〔Ⅰ〕 発行される株式の数及び種類

〔Ⅱ〕 株式資本の表示通貨

〔Ⅲ〕 各メンバーが各株式について支払うことを約束した金額（もしあれば）

〔Ⅳ〕 登記時において，株式について全額払込みがなされるか否か

　なお，登記申請書は，⑴各申請者によって署名がなされ，⑵申請書に記載の全ての事項が真実且つ正確であることについて申請者によって宣誓されなければならないとされている[4]。また，⑶モデル定款を利用する場合にはその旨を報告し，又は当該モデル定款と実質的な点において異なる定款を採用することを予定する場合，最低1名の申請者によって認証された新会社の定款の写しを提出する必要があるとされている（同条(c)）。

　さらに，申請書の原本の予備及びその他全ての提出書類は，各種同意書[5]とともに，申請者によって保管されなければならないとされている。また，当該書類については，新会社が設立された場合，会社に引き渡され，且つ，

---

3) 有限責任保証会社の場合，有限責任株式会社又は無限責任会社と異なり，前記 (viii)(G)の会社が究極的持株会社か否か，前記 (viii)(H)の会社が設立された場合，外国会社となるか否かについては，申請書への記載事項とはされていない。趣旨は不明だが，有限責任保証会社は，持株会社となることができない，外国会社となる有限責任保証会社の設立ができない等の制限があるかについて，今後の実務の運用に注視されたい。

4) なお，申請に当たり虚偽の宣誓を行った場合，250万チャットの罰金に処されることとなる（7条）。

122

I　会社の設立・支店の設置

会社の記録とともに，管理されるべきものとされている（同条(e)）。

2. 支店について

　海外コーポレーションの登記（支店の登記）を行う場合，海外コーポレーションによって又は海外コーポレーションを代表して署名がなされ，且つ次の事項が記載された所定の様式に基づく申請書を登記官に対して提出することが必要とされている（47条(a)及び(b)）[6]。

(i)　海外コーポレーションの名称
(ii)　申請時における海外コーポレーションの取締役及び秘書役の名前，生年月日，性別，国籍及び住所
(iii)　授権役員[7]を選任したこと，並びに授権役員の名前，生年月日，及び住所（なお，当該授権役員は，ミャンマー連邦において，海外コーポレーションを代表して書類の送達を受けることが授権される。）
(iv)　授権役員として記載された者が海外コーポレーションの授権役員に就任することに，書面により同意していること
(v)　海外コーポレーションのミャンマー連邦における登録事務所の住所
(vi)　海外コーポレーションのミャンマー連邦における事業所の住所（当該事業所と登録事務所の住所が異なる場合）又は海外コーポレーションが複数の事業所を有する場合，ミャンマー連邦における主たる事業所の住所
(vii)　海外コーポレーションの本店における登録事務所又は主たる事業所の住所

　上記のほか，申請書には，申請書に記載の全ての事項が真実且つ正確であることに関する海外コーポレーションによる宣誓が含まれていなければならない（同条(b)(viii)）[8]。また，申請書に，海外コーポレーションの設立に関する証拠及び会社の定款を構成又は定義する法律的文書を添付し，当該書面がミャンマー語でない場合，それらの書面のミャンマー語訳及び英語による要

---

5)　前記(v)，(viii)(B)及び(ix)(B)にて言及されている同意書。
6)　申請する際に，登記官に対して所定の費用を支払わなければならないとされている（47条(c)）。
7)　授権役員は，ミャンマー連邦に通常居住する者であることが必要とされる（1条(c)(iii)）。居住性の問題について，前記**第2章Ⅰ 2.(1)**ポイント〔183日居住要件〕参照。
8)　申請に当たり虚偽の宣誓を行った場合，500万チャットの罰金に処される（48条）。

123

第2編　会　社　法　　第3章　設立・設置手続等

約（取締役によって認証がなされたもの）が提出されなければならないとされている（同条(b)(ix)）。

　なお，申請書の原本の予備，及びその他提出書類の全てについて，前記(iv)に言及される同意書とともに，授権役員によって保管され，海外コーポレーションの記録とともに，管理されなければならないとされている（同条(d)）。

ポイント

〔営業許可制度の廃止による影響と設立手続の明確化への期待〕

　旧法下における従前の運用では，外国会社の設立又は支店の設置の手続とは形式上は別個のものとして，営業許可の取得が必要とされ（旧法27A条(1)及び(3)）つつ，近時の運用では，会社又は支店の現地拠点設置手続と営業許可の手続は一体として行われているという実態があった（すなわち，旧法上の営業許可制度はそれ単体で外資規制として機能していたものではなく，実質的には各種事業の規制省庁による外資規制が拠点設置手続の過程で顕在化していたと理解できる。なお，営業許可は "Permit to Trade" と称されるが，これはいわゆる商業〔貿易業・流通業〕のみではなく，広くすべての事業を含むものである。）かかる一体的審査において，DICA が各種の事業を所轄する省庁の意向を受けて，当該意向に沿わない事業目的を有するものについては現地拠点の設置を認めないという運営を通じて，商業取引規制を含む，当局の方針に基づく不明瞭な事実上の外資規制が及ぼされてきた。もっとも，本法下においては，外国会社や海外コーポレーションに対して営業許可の取得は必要とされないこととはなったものの，本法下においても旧法下同様規制省庁の意向を汲んだ運用がされてしまうと，現地拠点設置手続の一環として，事実上外資規制が課せられる可能性がなお否定できないことには留意が必要である。

　また，旧法下の会社等の設立・設置の手続に関しては，当局による運用が頻繁に変更され，個別案件毎に当局との調整が必要となり，多大な労力を要することが多かった。本法では，会社の設立及び支店の設置に関する申請書への記載事項及び提出書類が具体的に明示され（6条及び47条），また，原則的に本法上定められた事項及び連邦大臣によって定められた事項以外に登記に関連して他の書類の提出を求めることができないとされている（8条(c)及び49条(c)）。かかる規定等の運用により，会社等の設立・設置に関する手続の円滑化が期待される。

124

Ⅱ 登 記 等

Ⅱ 登 記 等

1. 会社について

(1) 登 記 事 項

　登記官は，必要なあらゆる審査を経たもので，本法上の要件を具備した完全な申請を受領した場合，次の事項を行わなければならないとされている（8条(a)）。

　(i)　申請の登記
　(ii)　次の事項が記載される設立証明書の発行
　　(A)　商号
　　(B)　会社形態
　　(C)　本法に基づき設立され，登記された会社であること
　　(D)　登記の日付
　　(E)　その他所定の事項

　上記のほか，登記官は，登記記録を保管しなければならないとされている（同条(b)）。

　また，登記官は，前記Ⅰ1.に記載の事項（6条(b)及び(c)）及び連邦大臣によって定められた事項以外に登記に関連して他の書類の提出を求めることができないものとされる（8条(c)）。登記官による裁量的な追加書面の要求が制限されており，会社設立手続の明確化が期待される。

(2)　登記の効力

　設立証明書に記載の登記日より，申請書に記載のメンバーは，独立した法的人格を有し且つ設立証明書に記載の商号の会社のメンバーとなる。会社の権限（5条）又はその他の本法の規定を制限することなく，会社は，設立後，即時に会社としての一切の機能を有することができ，また，「継続的存続性」（perpetual succession）を有するとされている（9条）。

125

第2編　会　社　法　　第3章　設立・設置手続等

(3)　設立証明書の終局性

　前記(1)（8条）に定める登記官が発行する設立証明書は，登記に関して，本法上必要な事項が全て遵守されたこと，及び設立証明書に記載の設立日より設立され，本法に基づき適法に登記されたことにかかる確定的な証拠となるものとされている（10条）。

2.　支店について

(1)　登 記 事 項

　登記官は，支店登記に関して本法上の要件を具備した完全な申請を受領した場合，支店登記のために作成された登記簿の区分セクションに当該申請に基づき登記し，また，次の事項が記載された登記証明書を発行するものとされている（49条(a)）。

　(i)　コーポレーションの名称
　(ii)　本法に基づき海外コーポレーションとして登記されたコーポレーションであること
　(iii)　登記の日付
　(iv)　その他所定の事項

　上記のほか，登記官は，登記記録を保管しなければならないとされている（同条(b)）。また，海外コーポレーションが有効に存続していることを確認するために追加書面が必要であると登記官が合理的な根拠に基づき判断した場合でない限り，登記官は，本法上定められた事項（前記 I 2.〔47条〕参照）及び連邦大臣によって定められた事項以外に登記に関連して他の書類の提出を求めることができないとされている（同条(c)）。前記 1.(1)に記載の会社設立の登記と同様に，登記官による裁量的な追加書面の要求が制限されており，支店設置手続の明確化が期待される。

126

(2)　海外コーポレーションに関する事項の変更

　ミャンマー連邦において事業を営む海外コーポレーションに関して，次の事項に変更が生じた場合には，28 日以内に，所定の様式に従い当該変更に関する通知を登記官に対して行わなければならないとされている（51 条）[9]。

- (a)　海外コーポレーションの定款を構成し又は定義づける法律的文書に関する変更
- (b)　海外コーポレーションの取締役の変更又は取締役の名前若しくは住所の変更
- (c)　海外コーポレーションの海外における登録事務所又は主たる事業所の住所の変更
- (d)　海外コーポレーションのミャンマー連邦における登録事務所又は主たる事業所の住所の変更（当該住所が変更される前に，事前に当該変更は通知されなければならない。）
- (e)　授権役員又はその住所の変更，その他ミャンマー連邦において送達文書を受領することが授権された者の選任又は変更（かかる変更の届出は，7 日以内に行われなければならない。）

(3)　登記の抹消

　海外コーポレーションがミャンマー連邦における支店登記を抹消する事由としては，以下のとおり，①ミャンマー連邦において事業運営を終了した場合，及び②海外コーポレーション自体が本店において清算・解散・登記抹消された場合の 2 つに分けられる（55 条(a)(g)）。

①　事業運営の終了
(a)　海外コーポレーションからの事業運営終了の通知

　海外コーポレーションは，ミャンマー連邦における事業運営の終了後 21 日以内に，所定の様式によって，その事業運営の終了に関して届け出なけれ

---

9)　海外コーポレーションが本文に記載の事項に関する通知義務（51 条）に違反した場合，当該海外コーポレーション，その取締役及び授権役員は，25 万チャットの罰金に処される（52 条）。

127

第2編 会社法 第3章 設立・設置手続等

ばならないとされている。この場合，登記官は，他の適用ある法を遵守して，
登記簿から当該海外コーポレーションの名称を削除するとされている（55条(a)）。

(b) 登記官による登記抹消

ある海外コーポレーションがミャンマー連邦において事業を営んでいない
ものと登記官が合理的に信じた場合，登記官は，以下の事項を記載した通知
（本(b)において以下，「第一回通知」という。）を当該海外コーポレーションに対
して送付することができるとされている（55条(b)）。

a　海外コーポレーションがミャンマー連邦で事業を営んでいないと登記官が
　　合理的に信じたこと
b　第一回通知の日から28日以内に前記aに反対する理由を示す回答が行わ
　　れない場合，当該海外コーポレーションの名称を登記簿から削除する旨の
　　通知（本(b)において以下，「第二回通知」という。）を官報に掲載すること

また，第一回通知の日から28日以内に海外コーポレーションがミャンマ
ー連邦において事業を営んでいる旨の回答を登記官が受領しない場合，登記
官は，反対する理由が示されない限り，その公表の日から3か月の期間の満
了日において，当該海外コーポレーションの名称を登記簿から抹消する旨（第
二回通知）を官報において公表し，且つ第二回通知を当該海外コーポレーシ
ョンに対して送付することができるとされている（同条(c)）。

さらに，第二回通知に定める期間の満了日において，登記官は，反対する
理由が示されない限り，海外コーポレーションの名称を登記簿から抹消する
ことができ，その場合，官報に当該削除の通知を公表しなければならないと
されている（同条(d)）。

なお，会社形態に関する登記官による登記の抹消手続に関しては，後記**第
12章Ⅲ7.**を参照されたい。

② **本店の清算・解散・登記抹消**

(a) 授権役員等からの通知

海外コーポレーションの本店に関して，清算手続が開始された場合，解散
された場合，又は登記が抹消された場合，授権役員は，上記事由の発生日か

128

ら 28 日以内に，当該事由にかかる所定の様式による通知，及び清算人が選任された場合，当該選任の通知を届け出なければならないとされている（55 条(f)(i)）。

　また，海外コーポレーションが解散された又はその本店にかかる登記が抹消された旨の通知を授権役員から登記官が受領した場合，登記官は，登記簿から当該海外コーポレーションの名称を削除しなければならないとされている（同条(g)）。なお，登記官は，第 5 章[10]に従い公式清算人から通知を受領した場合，登記簿から海外コーポレーションを削除しなければならないとされている（同条(e)）。

(b)　支店の清算人

　海外コーポレーションの本店に関して，清算手続が開始された場合，解散した場合，又は登記が抹消された場合，海外コーポレーションの本店における清算人又は登記官の申立てにより，裁判所は，ミャンマー連邦における海外コーポレーションの清算人を選任しなければならないとされている（55 条(f)(ii)）。

　また，裁判所によって選任された海外コーポレーションの清算人は，次の事項を実施又は遵守しなければならないとされている（同条(h)）。

(i)　ミャンマー連邦において広く一般に発行される日刊新聞に広告を掲載することによって，海外コーポレーションの財産を分配する前の合理的な期間内において，海外コーポレーションに対して債権を行使するよう債権者を促すこと

(ii)　裁判所の命令を受けることなくして，他の債権者を除外して，特定の債権者に対して，支払を行わないこと

(iii)　裁判所の別段の命令がない限り，ミャンマー連邦に存在する海外コーポレーションの財産を回収及び換価し，海外コーポレーションの本店における清算人に対して回収及び換価した残余財産を支払うこと

　なお，本店における海外コーポレーションの清算人が選任されていない場

---

10)　会社の清算手続について規定されている章であり，本法 292 条～418 条にて構成されている。

第2編　会　社　法　　第3章　設立・設置手続等

合において，ミャンマー連邦に存在する財産に関する限り，海外コーポレーション（支店）の清算人は，上記（同条(g)）に基づき回収した残余財産の処分の方法に関して，裁判所に申立てを行うことができるとされている（同条(i)）。

ポイント

〔支店の通知義務の強化と閉鎖手続〕

　本法では，旧法下では定められていなかった，支店登記後の海外コーポレーションにおける変更に関する通知義務，支店登記の抹消手続等についての関連規定が整備された。

　この点，支店の通知義務については，本店の定款変更のほか，本店の取締役の変更，名前・住所の変更についても，届出義務の対象とされている。これらの変更について，ミャンマーの支店で常に本店に関する情報を把握できる環境を確保する必要があるため，本社との密な連携が不可欠と考えられる。

　また，旧法下では，支店登記の抹消手続が必ずしも明確ではなかったため，当局から会社の清算手続（旧法第5章）の規定を支店においてもできる限り遵守して進めることが求められることがあり，いかなる範囲で遵守すべきか現場において混乱も見られたところである[11]。本法下における実務上の運用も踏まえ，支店登記の抹消手続を含み，支店の登記・届出手続の簡易化，及び明確化が期待される。

---

11)　旧法下では，旧法第5章に従い清算人の選任が要請されることがあった。本法下では，（本店が清算・解散・登記抹消された場合と異なり）支店の事業運営を終了した場合においては，清算人を選任する手続が規定されていないため，支店において清算人の選任が不要となると解する余地もあろうかと思われる。しかしながら，他方で，本法下でも，明示的な規定がなく清算手続に関する規定（第5章）の準用の可能性が完全に否定されているものでもないと見受けられるため，旧法下の運用と同様，支店登記の抹消の場面でも，会社の清算手続の遵守を求められる可能性は完全には否定できないように思われる。今後の実務上の運用に注視が必要である。

Ⅲ 定　　款

1.　定款の意義

　本法では「定款」（constitution）の定義はなされていないが，一般に，定款とは，日本の会社法上の定款と同様に，会社のガバナンスを規定する基本文書と考えられる。

　会社の定款は，旧法下では「基本定款」（memorandum of association）及び「附属定款」（articles of association）に分けられていたところ，本法では，「定款」（constitution）に一本化された。かかる変更に伴い本法において，従前の基本定款及び附属定款の取扱いについても規定がなされており，基本定款，附属定款，その他既存会社の定款は，本法の施行以後，当該会社の定款として効力を有するとされている（12条(e)）。

2.　定款の法的効力

　定款は，各メンバー，その相続人及び法的代理人にかかる定款の全条項を遵守しなければならないとする誓約条項を含み，且つ，各メンバーがそれぞれ定款の各条項に署名した場合と同一の効力を有するものとして，その条項に従い，会社及びそのメンバーを拘束するものとされている（11条(a)）。また，設立申請書にその名前が記載されたメンバー及びその後に加わったメンバーは，定款に拘束されるものとみなされる（同条(c)）。

　加えて，会社，取締役会，各取締役，及び各メンバーは，本法に従って，定款によって修正される場合を除き，本法に定める権利，権限，義務及び責任を有するとされている（同条(b)）。なお，定款に記載されたメンバーの会社に対する金銭債務は，支払期限の到来した債務とみなされるとされている（同条(d)）。

第2編　会　社　法　　第3章　設立・設置手続等

3.　定款の内容

　本法では，旧法と同様に，基本的に定款の内容を自由に設計することができるものとされている（旧法18条，本法12条(a)参照）。

ポイント

〔モデル定款〕

　旧法下においては，業務運営の規則を定めるものである「附属定款」(articles of association) については，旧法附表1（the First Schedule）のA表（Table A）において標準的な内容が定められており，A表に記載されている条項について修正・除外しない限り，A表の内容が附属定款の内容として効力を有するとされていた（旧法18条)[12]。さらに，旧法下の実務では，当局所定の様式をそのまま用いることが大半であった。

　この点，本法では，モデル定款が別途作成されることが予定されており，会社において定款の作成が必要とされ（4条(a)(ii)），且つ会社設立申請時に，モデル定款又は独自の定款の使用の選択が必要とされているため，独自の定款を選択しない限り，事実上モデル定款の利用が強制されることになろうかと思われる（なお，2018年1月28日モデル定款のドラフトが公表され，同年2月28日を期限としてパブリックコメントに付された。）。なお，政府高官によれば，本法下においても，定款の内容について，外国投資家が自由にその内容を決定することができるとのことではある。

　モデル定款の内容次第ではあるものの，本法下では株主総会のテレビ会議等による開催(151条(i))，合弁会社における取締役等の一定の責任の免除(166条(d))等，定款への記載が効力要件とされる制度が新たに導入されたことからも，会社毎の実態に即した柔軟な定款設計を行う運用が浸透する可能が十分に考えられる。

　以下では，本法上明示的に記載されている定款における任意的記載事項及

---

12)　なお，旧法上，A表の定款の一部の条項は，修正・除外できないものとされていた（旧法17条(2)参照）。

132

び必要的記載事項を分けて記載する。

(1) 任意的記載事項

定款に必要に応じて記載する項目（任意的記載事項）は以下のとおりである。

① 本法上定款に含まれることが企図されている事項，及び会社が含めること
を求める他の事項（但し，常に，本法と整合しない限り当該定款は効力を有し
ない。）（12条(a)）
② 本法附表に定める様式に記載の事項（同条(b)）
③ 会社の「目的」（objects）（同条(c)）

前述のとおり，会社の目的の定款への記載が必要的記載事項とされていた
旧法下とは異なり（旧法6条(1)ⅲ等参照），会社の目的は任意的記載事項とさ
れている。そのため，本法では，一定の移行のための規定がなされており，
既存会社の従前の基本定款に記載される会社の目的は，（本法上の要件に従い，
メンバーにより定款変更の投票を行い削除した場合を除き）移行期間[13] の末日ま
で有効に適用され，それ以後，当該会社の目的は削除されたものとみなされ
る（但し，会社の目的を維持する特別決議が行われた旨を証する所定の届出を登
記官に対して行った場合はこの限りではない。）（12条(f)）。

(2) 必要的記載事項

定款に記載することが必要とされる項目（必要的記載事項）は以下のとお
りである。

① ミャンマー連邦に所在する登録事務所（12条(d)）
② 有限責任株式会社の定款には，次の事項が記載されなければならない（13
条）。
(a) 非公開会社の場合，その末尾に "Limited" 若しくは "Ltd" が付記された
商号，又は公開会社の場合，"Public Limited Company" 若しくは "PLC"
が付記された商号
(b) メンバーの責任が有限責任であること

---

13) 「移行期間」については付録Ⅰ(42)を参照。

第2編　会　社　法　　　第3章　設立・設置手続等

(c)　発行を予定する株式の種類及び当該株式の表示通貨

(d)　株式の当初引受人及びその後の引受人は，1株以上の株式を引き受けること

③　有限責任保証会社[14]の定款には，次の事項が記載されなければならない（14条(a)）。

(a)　その末尾に "Limited by Guarantee" 又は "Ltd Gty" が付記された商号

(b)　メンバーの責任が保証した金額に限定されること

(c)　各メンバーがメンバーである時に又はメンバーでなくなった後1年以内の期間において会社の清算手続が開始された場合において，当該メンバーが，特定の金額を限度として，次の事項のために会社財産に対して清算出資することを引き受けていること

a　メンバーでなくなる前に締結した契約に基づく会社の義務及び債務の支払

b　清算手続に要する手数料，費用等の支払

c　清算出資者間の権利の調整

（株式資本を有する場合）（同条(b)）

(d)　発行を予定する株式の種類及び当該株式の表示通貨

(e)　定款の作成引受人は，1株以上を引き受けること

④　無限責任会社の定款には，次の事項が記載されなければならない（15条）。

(a)　その末尾に "Unlimited" が付記された商号

(b)　メンバーの責任が制限されていないこと

(c)　発行を予定する株式の種類及び当該株式の表示通貨

(d)　株式の当初引受人及びその後の引受人は，1株以上を引き受けること

4.　定款の形式

定款は，ミャンマー語にて作成しなければならず（16条(a)），これに加えて英語版も作成することができるとされている（同条(b)）。また，定款の記載事項は，連続した番号が振られた条項に分けられなければならないとされ

---

14)　株式資本を有しない有限責任保証会社であって，旧法の施行後に登記された会社である場合，当該会社のメンバーではない第三者に対して配当可能利益に参加する権利を与える一切の定款の条項又は決議は，無効とされている（14条(c)）。

ている（同条(c)）。

5. 定款の変更

(1) 定款変更の方法

　会社は，本法の条項及び定款に記載の追加的な条件に従い，特別決議によって，その定款の条項を変更又は追加することができる。また，変更又は追加された条項は，当初より定款に含まれ有効であったものとしてみなされ，当該変更・追加された条項についても，同様に特別決議によって変更され得る（17条）。

(2) 定款変更に関する登記

　会社は，定款変更に関する特別決議による承認の日から28日以内に，又は裁判所の命令によって延長された期日までに[15]，変更された定款の写しとともに所定の様式による通知を登記官に対して届け出なければならず，かかる場合，登記官は，当該通知と変更後の定款を登記しなければならないとされている（18条(a)(b)）。

　また，上記期間の満了までに有効に定款変更に関する登記がなされない場合，当該定款変更は効力を有しないとされている（19条）。

(3) 定款変更の効力

　前記(2)に基づく定款変更の登記以降，変更後の定款は会社の定款として有効になるとされている（18条(a)(b)）。また，定款変更に関する証明書は，変更に関する本法上の条件を遵守したことにかかる確定的な証拠となる（同条(a)）。

　もっとも，定款の記載にかかわらず，次の各事項に関する定款変更は原則的に，メンバーになった日より後に行われた定款変更であっても，メンバーに対して効力を有しないとされている（20条）。但し，当該定款変更の前後

---

15)　裁判所は，命令によっていつでも，登記官への書類の届出に関する時期を裁判所が適切と考える期間まで延長することができるとされている（18条(b)）。

第2編　会　社　法　　第3章　設立・設置手続等

において，当該メンバーが書面により合意した場合はこの限りではない。

① 定款変更の日に保有していた数を超える株式の引受けを要求するもの
② 定款変更の日における株式資本への清算出資，その他会社への金銭の支払にかかる義務を増加するもの

6. 定款の写しの送付

メンバーから要請があり，手数料[16]の支払がある場合，会社は，当該要請から14日以内に，定款の写しを送付しなければならないとされている（21条）[17]。

また，会社の定款に変更が加えられた場合，当該変更の日の後に発行される定款の写しは，当該変更に準拠したものでなければならないとされている（23条）[18]。

ポイント

〔定款〕

本法における定款に関する特徴的な変更点としては，「基本定款」(memorandum of association) 及び「附属定款」(articles of association) の区別がなくなり，「定款」(constitution) の1種類となったこと，及び会社の「目的」が定款の必要的記載事項でなくなったこと（12条(c)）の2点が挙げられる。

特に，会社の目的については，旧法下では，会社設立及び営業許可に関する手続において，当局により会社の目的の詳細な審査がなされ，当局の方針に反する記載が認められる場合には，削除・変更等が求められることがあり，かかる手続の結果，実質的な外資規制が及ぼされてきたとの実態がある。この点，会社の目的が定款の必要的記載事項ではなくなったことが，直ちにかかる実質的な外資規制の廃止・緩和等を意味するものではないと理解されるものの，少

---

16) 会社が定める所定の金額を超えない，合理的な金額とされている（21条）。
17) 会社が当該義務に違反した場合，10万チャットの罰金が各違反に対して科せられる（22条）。
18) 会社が当該義務に違反した場合，発行された各写し毎に10万チャットの罰金が科せられ，且つ，当該会社の取締役又はその他の役員で，認識しながら意図的に違反した者に対して，同様な罰金が科せられる（24条）。

136

なくとも，旧法上の規制手段の一部に変更がある以上，本法下における実務上の運用に何らかの影響がある可能性も考えられ，今後の実務上の運用等を注視する必要がある。

Ⅳ　商　　　号

1.　会社の商号

(1)　商号に必要とされる用語

①　有限責任株式会社

　非公開会社の場合，商号の末尾に "Limited" 又は "Ltd" が付記されることが必要とされている。また，公開会社の場合，商号に "Public Limited Company" 又は "PLC" が含まれることが必要とされている（13条(a)）。

②　有限責任保証会社

　商号の末尾に "Limited by Guarantee" 又は "Ltd Gty" が付記されることが必要とされている（14条(a)(ⅰ)）。

③　無限責任会社の場合

　商号の末尾に "Unlimited" が付記されることが必要とされている（15条(a)）。

(2)　使用が禁止される商号・用語等

①　同一商号・類似商号

　会社は，登記済みの既存の事業体と同一商号にて，又は誤認・混同を誘因・惹起する類似商号にて，登記することができないとされている。もっとも，当該既存の事業体が，解散手続中であり，且つ登記官に対して同意した場合は，同一商号又は類似商号の利用が認められ得るとされている（25条(a)）。

　また，上記同意を取得することなく，登記済みの既存の事業体と同一商号，

137

第2編　会　社　法　　第3章　設立・設置手続等

又は誤認・混同を誘因・惹起する類似商号にて登記された会社は，登記官の許可を得て，その商号を変更することができるとされている（同条(b)）。

②　公的機関に関連する用語

　連邦大臣の書面による事前の同意がない限り，次の語を含む商号にて登記することはできないされている（25条(c)）。

(i) "National Government", "State", "Central Bank", "Union Government", "President", "Ministry", その他ミャンマー政府（Government of Myanmar）又は省（Ministry），部（Department），局（Office）若しくは庁（Agency）からの支援を受けた主体であることを惹起させる用語

(ii) "Municipal", その他州（state），管区（regional），市（municipality），その他の地方政府又は適用ある法に基づき設立された組織（society）若しくは主体（body）との関係を有するものと惹起させる用語

(3)　商号の変更

①　会社による商号変更

(a)　商号変更の方法

　会社は，本法に従って特別決議により承認を行い，且つ登記官に対して所定の様式により届出を行うことにより，その商号を変更することができるとされている（25条(d)）[19]。

(b)　商号変更に関する届出

　商号変更に関する届出は，特別決議が承認されてから28日以内に実施されなければならないとされている（25条(d)）。商号を変更する場合において，新しい商号が利用可能であり，本法その他の法律に違反しないときには，登記官は，旧商号に代えて，新しい商号を登記簿上に記入するものとする。また，登記官は，変更を反映した「設立証明書」（certificate of incorporation）も発行する（同条(e)）。

---

19)　なお，前記(2)①に記載のとおり，同意を取得しないで同一商号又は類似商号にて登記された場合には，登記官の許可を得ることにより，商号を変更することができるとされており，本法上，特別決議が明示的に必要とされていない（25条(b)）。

138

但し，上記特別決議による承認から 28 日以内の期間に有効に登記されない場合，当該商号変更は，絶対的に無効とされる（同条(f)）。

(c) 商号変更の効力

商号変更は，新しい商号が反映された設立証明書の発行の時点からその効力を有する（25 条(e)）。

なお，商号変更は，会社の権利義務に何らの影響を与えるものではなく，また，会社が提起した又は提起された訴えに関して何らの欠陥を生じさせるものでもなく，さらに，従前の商号によって継続する又は開始された法的手続は，新しい商号の下，継続し，又は開始されるものとされる（同条(g)）。

② 裁判所による商号変更

登記された商号に関して，合理的な根拠に基づき登記されるべきではないと判断した場合には，登記官は，当該商号を変更するよう書面によって通知を行うことができるとされている。この場合，当該通知には，当該通知が送達された日から 60 日以降の日に，当該商号変更の期日が指定される（26 条(a)）。当該通知を受領した会社が，通知に指定された期日までにその商号を変更しない場合には，登記官は，登記官が選択した新しい商号を当該会社の商号として登記簿に記載することができる（同条(b)）。かかる手続により，登記官が新しい商号を登記簿に記載した場合には，登記官は，当該会社の新しい商号に関する新しい設立証明書を発行する（同条(c)）。

また，裁判所による商号変更の場合，本法 25 条に基づき効力が発生するとされており（26 条(c)），商号変更の効力発生のタイミング，既存の法的手続への影響等に関して，前記①（25 条）の記載と同様の取扱いとなるとされている。

(4) 商号の明示

会社は，次の書面等において，明示的に商号を記載しなければならないとされている（27 条）[20]。

---

20) 有限責任会社に関する商号の公示（143 条）に関しては，後記**第 6 章 I 3.** 参照。

第2編　会　社　法　　第3章　設立・設置手続等

① 会社によって又は会社を代理して送信される書面による一切の連絡通信
② 会社によって又は会社を代理して発行され又は署名される書面で，会社の法的義務を証する又は構成する一切のもの

2. 支店の名称

(1) 使用可能な名称

　海外コーポレーションは，既存の登記済み事業体と同一の名称にて，又は誤認・混同を誘因・惹起する類似の名称にて，登記することができないとされている。もっとも，当該既存の事業体が解散手続中であり，且つ登記官に対して同意した場合は，同一又は類似の名称にて登記が認められ得るとされている（44条(a)）。

　なお，混同が生じることを避けるため，会社の設立国名，他と区別するための文字又はフレーズをその名称に加えることができるとされている（同条(a)）。

> **ポイント**
>
> 〔支店の名称〕
> 　旧法では，支店の名称に関する規定は特段定められていなかったが，本法では新しく支店の名称に関するルールが定められた。旧法下では，実務上，本店の商号に加えて，"Branch Office"，"Myanmar Branch" 等との用語を追加して支店の登記がなされることがあったところ，本法では，かかる実務に合わせた規定になっているものと思われる（44条(a)参照）。

(2) 海外コーポレーションの名称の変更

① 海外コーポレーションによる名称変更

　海外コーポレーションがその名称を変更した場合には，当該名称の変更から28日以内に，名称の変更に関する所定の様式に基づく通知を登記官に対して届け出なければならないとされている。前記(1)の使用可能な名称に関す

る制限等（44条(a)）は，当該名称の変更に関する登記にも適用され，登記官
は，本法に従い，当該名称変更を登記するとされている（同条(b)）。

② 裁判所による名称変更

登記官は，本法を遵守するために必要がある場合，海外コーポレーション
に対して，登記されたその名称を変更するよう指示することができる。この
場合，海外コーポレーションは，登記官からの指示を受領してから2か月以
内に当該登記済みの名称の変更のために必要となる一切の事項を行い，当該
指令に従わなければならない（44条(c)）。

③ 違 反 行 為

海外コーポレーションが前記(1)又は(2)①若しくは②(44条)に違反した場合，
当該海外コーポレーション，その取締役及び授権役員は，15万チャットの
罰金に処される（45条。**第2章**注12）参照）。

(3) 海外コーポレーションの名称の明示

ミャンマー連邦において事業を営む海外コーポレーションは，その名称及
び設立国を，次のとおり明示しなければならないとされている（50条）。

(a) 会社によって又は会社を代理して送信される書面による連絡通信に関して，
明確に記載
(b) 会社によって又は会社を代理して発行され又は署名される書面で，会社の
法的義務を証する又は構成するものに関して，明確に記載
(c) 海外コーポレーションのミャンマー連邦における登録事務所及び主たる事
業所において，目立つように掲示

第4章 会社による取引

本章では，会社との取引の効力を明確化するための規律について解説する。本法では，専ら取引の安全の保護を図るルールが新設されている。

Ⅰ 会社による取引

1. 会社の行為の効力

　会社法上，会社が行った行為に関して無効となる場合が限定されている。具体的には，会社法上別途定める場合を除き，会社が資産譲渡，資産譲受その他の行為に関して能力，権利，又は権限を有しないことのみを理由として，会社による資産譲渡，資産譲受，その他の行為が無効とはならないとされている（28条(a)）。また，ある行為が会社の最大限の利益となるものとはいえないとの事実は，会社の行為能力に影響を与えないとされている（同条(b)）。

2. 契約の調印

(1) 契約等の調印

　契約に関して遵守すべき特定の手続を必要とする法律に従い，契約の締結，変更，承認又は終了に関する会社の権限は，会社から明示又は黙示に授権された個人によって，会社を代表して行使され得るとされている（29条(a)）。

　なお，上記権限は，会社印なくして行使することができるとされ（同条(a)），また，本(1)及び後記(2)の記載事項（同条に定める事項。）は，会社が書面（ディードを含む。）を締結する方法（その他本法において規定されている方法を含む。）を制限するものではないとされている（同条(e)）。

Ⅰ　会社による取引

(2)　調 印 方 法

①　会社印を利用しない場合

以下のいずれかの者によって署名されることが必要とされる（29条(b)）。

（ⅰ）　取締役が1名の場合，当該取締役
（ⅱ）　2名の取締役
（ⅲ）　1名の取締役及び秘書役

②　会社印を利用する場合

以下のいずれかの者の立会いの下，会社印が押印されることが必要とされる（29条(c)）。

（ⅰ）　取締役1名の場合，当該取締役
（ⅱ）　2名の取締役
（ⅲ）　1名の取締役及び秘書役

③　ディード

「ディード」として締結するためには，当該書面がディード（Deed）として締結されることが明示され，且つ前記①又は②（29条(b)又は(c)）の方法により調印されなければならないとされている（同条(d)）[1]。

3.　会社との取引

(1)　取引における前提事項

本法では，会社と取引を行う善意の第三者は，会社が行う行為が真正且つ適法になされたと仮定することができ，会社内部の必要な手続が経られたかどうかを確認する義務を負わないとする，オーストラリア会社法において採用されている取引保護に関するルールが採用されている[2]。

---

[1]　ディードとは，一般に紙又は羊皮紙に署名し，seal（印影）を捺し，かつ相手方または第三者に交付した文書をいう（田中英夫編集代表「英米法辞典」（東京大学出版会，1991年）235頁）。なお，他の法域ではディードの形式により締結された契約等については一定の法的効力が付されることがあるが，ミャンマー法上特別な法的効力については，必ずしも明確でない。

143

第2編　会社法　第4章　会社による取引

　具体的には，会社又は会社からその財産を取得した又は取得したと主張する者との取引を行う者は，次の事項を前提とすることができるとされている（30条(a)(b)）。また，会社の取締役，役員又は代理人が取引に関して詐欺的に行動し，又は書類を偽造した場合であっても，当該事項を前提とすることができるとされている（同条(c)）。

①　会社の定款が遵守されていること（31条(a)）
②　登記簿上，取締役又は秘書役と記載された者について，適法に選任されていること，また，取締役又は秘書役として通常行使する権限又は遂行する職務について行使又は遂行することについて授権されていること（同条(b)）
③　会社から他の役員又は代理人として選任された者について，適法に選任されていること，また，同等の役員又は代理人であれば通常行使する権限又は遂行する職務について行使又は遂行することについて授権されていること（同条(c)）
④　会社から取締役，その他役員，秘書役，又は代理人として選任された者で，当該者が通常行使することができない権限を授権されている場合には，当該権限の行使が授権されていること（同条(d)）
⑤　取締役，その他役員，秘書役又は代理人が適切に会社に対する職務を遂行すること（同条(e)）
⑥　前記 **2.**(2)① （29条(b)）に従って署名されたとの外観を有する書面が，会社によって適法に調印されたものであること（31条(f)）
⑦　前記 **2.**(2)② （29条(c)）に従い，立ち会いの下，会社印が書面に押印されたとの外観を有する書面が，会社によって適法に締結されたものであること（31条(g)）
⑧　会社を代表して書面を発行し又は書面の認証済み写しを発行することを授権されている会社の取締役，その他役員，秘書役又は代理人が，当該書面が真正であること又は当該書面が真正な写しであることを保証することにつき授権されていること（同条(h)）

　なお，会社との取引に関する係争において，会社若しくはその保証人，又は会社からその財産を取得した者若しくは取得したと主張する者は，上記前

---

2)　加納寛之『オーストラリア会社法概説』（信山社，2014年）82頁参照。なお，本法30条及び31条はそれぞれ，オーストラリア会社法128条及び129条の規定とほぼ同一のものである。

提事項のいずれかが不正確であると主張することができないとされている（30条(a)(b)）。

(2) 例　　外

　取引を行う時点において，次のいずれかの事項を知っていた又は疑っていた場合には，当該者は，前記(1)記載の事項（31条に記載の事項）を前提とすることができないとされている（30条(d)）。

(ⅰ)　前提事項が不正確であること

(ⅱ)　取締役，役員又は代理人が詐欺的に行動したこと

(ⅲ)　関連書類が偽造されたものであること

(ⅳ)　関連事項が適用ある法に反すること

> **ポイント**
>
> 〔取引保護に関するルール〕
>
> 　本法30条及び31条において採用されている取引保護に関するルール（以下「取引保護ルール」という。）は，概して言えば，会社の取締役，役員又は代理人と取引を行った第三者は，当該会社の内部手続の有無にかかわらず，当該会社との取引を有効と取り扱うことができるとするものである。但し，当該第三者が当該取締役等に適法な授権がなされていないことについて，知っていた又は疑っていた場合には，取引保護ルールの適用を受けることができず（30条(d)），当該取引は，会社の権限の範囲外の行為として無効となり得るものと考えられる（なお，取引保護ルールは，例外的取扱いの場面も含め，日本法における表見法理に近い概念と言い得るものと思われる。）。
>
> 　この点，対象会社の内部手続について，所定の要件のもと一切何らの確認をしなくとも取引保護ルールの提供を受けることができるのか，又は一定の調査を行わなければ，知っていた又は疑っていた場合に該当するものとして，取引保護ルールの適用を受けることができない場合があるのか，必ずしも条文上明らかではない。これらの判断は，最終的には，具体的な事情に基づき判断せざるを得ないものとは思われるが，例えば，ある会社との間で当該会社にとって通常の取引ではない一定の規模の取引を実施する場合には，当該会社と取引を行う者は，少なくとも対象会社の定款の確認，取締役会議事録の写しの要求等

第2編　会社法　　第4章　会社による取引

> を行い，取引相手である取締役等の権限について一定の調査を行うことは望ましいものといえよう。

ポイント

〔署名者の決定〕

　取締役2名の署名等の本法に定める形式要件（前記**2.**(2)参照）を具備して契約書が調印された場合，原則として当該契約は有効に締結されたものとみなされることとなる（30条，31条(f)(g)等）。

　そのため，例えば，日系企業が現地パートナーと合弁会社を設立するような場合，現地パートナー側の取締役による権限逸脱行為（例えば，日系企業側に無断で契約を締結する場合等）をできる限り避けるために，（少なくとも日系企業側がマジョリティを有する場合）現地パートナー側からの取締役の員数を1名以下とし，他方，日系企業側からは取締役2名以上とし，取引保護ルールの適用のある契約書の調印には，常に日系企業側の取締役の署名が必要となるようなアレンジも考えられよう。

Ⅱ　設立準備

1.　設立準備に関する費用

　会社の発起行為及び設立準備に関して会社登記前に適切に発生した費用は，本Ⅱ（第8節〔32条〜36条〕）の規定に従い，会社財産から支払うことができるとされている（32条）。

2.　設立前契約

(1)　設立前契約

　「設立前契約」（pre-incorporation contract）とは，(1)会社の設立前に会社によって締結されたものと称する契約，又は(2)会社の設立前に，設立に関して，

会社を代表する者によって締結された契約をいう（33条(a)）。

(2)　設立前契約の追認等

①　会社による追認

取締役会にて効力に関する決議を承認する方法により，又は前記 I 2. に記載の方法（29条に記載の方法）に従って，会社を代表して契約を締結する方法により，設立前契約を追認することができるとされている（33条(d)）。なお，かかる追認は，当該設立前契約において特定される期間内において，又はかかる期間の定めがない場合，会社の設立後合理的な期間内において行うことができる（同条(b)）。

上記に従って追認された契約は，会社が契約の成立時から契約の当事者であったものとして，有効とされ，且つ執行力を有する（同条(c)）。これに対して，設立前契約に関して，会社によって追認されない場合，又は，後記②に基づく裁判所の命令（35条に定めるもの）によっても有効とされない場合，会社は当該契約を執行することができず，また，当該契約から利益を享受することもできないとされている（33条(e)）。

②　裁判所による設立前契約に関する命令

会社の設立後において会社によって追認されなかった設立前契約の当事者は，裁判所に対して，次の命令に関する申立てを行うことができるとされている（35条(a)）。

(i)　不動産又は動産の別にかかわらず，当該当事者との間で締結した契約に基づき取得した財産を会社に対して返還を命じるもの
(ii)　当該財産又は契約に関する当該当事者にとって有利な訴訟上の救済に関するもの
(iii)　当該設立前契約の全部又は一部を有効とするもの

裁判所は，公正（just）且つ衡平（equitable）と判断する場合において，適切と考えられる命令を発し，又は訴訟上の救済を付与することができる。なお，これは，後記(3)（34条(b)）に記載の黙示の保証違反に基づく損害賠償に

147

第2編　会　社　法　　第4章　会社による取引

かかる命令に限られない（35条⒝）。

⑶　黙示の保証

　設立前契約において明示的に規定した場合を除き，当該設立前契約を成立させたとされる者によって，次の「黙示の保証」（implied warranty）がなされるものとされている（34条⒜）。

（ⅰ）設立前契約において規定される期間内において，又は当該期間が定められていない場合，設立前契約の成立後合理的な期間内において，当該会社が設立されること

（ⅱ）設立前契約において規定される期間内において，又は当該期間が定められていない場合，会社の設立後合理的な期間内において，会社が当該契約を追認すること

　上記黙示の保証についての違反に関する損害賠償額は，当該契約が追認され且つ取り消された場合に当該契約の債務不履行によって生じる損害賠償額と同額とする（同条⒝）。

　但し，設立後において，会社が（前記⑵〔33条〕に基づく追認がなされていない）設立前契約と同一の条件の契約を締結し，又は当該契約に代えて契約を締結する場合，上記黙示の保証に基づく責任（裁判所による損害賠償の支払に関する命令〔order〕に基づく責任を含む。）は，免責されるものとする（34条⒞）。

⑷　設立前契約の締結者の責任

　会社によって追認された設立前契約の違反に関する会社に対する裁判手続において，裁判所は，会社又はその他当該裁判手続の当事者の申立てにより，又は裁判所自らの提案により，会社に対する命令に加え又は代えて，会社又は設立前契約を締結した者に対して，裁判所が公正且つ衡平と判断する損害賠償の支払又はその他訴訟上の救済に関する命令を発することができる（36条）。

II 設 立 準 備

ポイント

〔設立準備費用の負担〕

　旧法下では，MIC の投資承認の取得のための専門家費用等を含め，会社設立の準備費用については，会社法上，会社による負担に関する規定がなされていなかったこともあり，基本的に投資家サイドによって負担されてきたものも多かったと思われる。

　本法では，会社の発起行為及び設立準備に関して会社登記前に適切に発生した費用については，所定の手続を経ることにより，新設された会社の負担とすることができ得るものとなったため，費用負担に関する明示的な選択肢が増えることとなった。

149

第5章 株式・資本金

本章では，会社法における株式等の種類・内容，株券等の譲渡に関する手続，株券等の登録に関する事項等を説明した上で，配当に関する規制及び資本金に関する取引にかかる規制を解説する。

Ⅰ 株式等

1. 株式資本

(1) 株式その他証券の性質

株式その他会社が発行する証券（以下「株券等」という。）は，動産とされ，本法その他の適用ある法及び定款に従って譲渡可能とされている（60条(a)）。

また，旧法と異なり，本法においては株式に額面株式制度はない（同条(b)）。

> **ポイント**
>
> 〔額面株式・授権資本制度の廃止〕
>
> 旧法下においては，基本定款において，会社が登記することを予定する株式資本（授権資本〔Authorised Capital〕）の額及びそれを額面金額で除した発行可能株式数を定める必要があった（旧法7条(2)）。また，旧法下では，授権資本の額及び発行可能株式数の範囲内であれば，取締役会の決議で新株の発行を行うことができ，他方で，授権資本の額を変更する場合には，株主総会の普通決議が必要と理解されていた（旧法50条(2)）。
>
> 上記に対して，本法では，無額面株式が導入されたため，定款にかかる授権資本の額や額面金額の記載は要請されておらず，授権資本の概念は廃止されたものと考えられる。また，本法下では，取締役会の決議で新株の発行を行うことができるとされる（63条(a)）。なお，本法下でも，授権資本制度を採用すること自体は禁止されていないものと考えられ，定款に授権資本の額及び発行可能株式数を記載することも可能と考えられるが，授権資本の額の変更に関する

> 規定は存在しないため，一般的な定款変更手続として，原則として株主総会の
> 特別決議が必要になるものと考えられる（17条）。

(2)　株式に付着する権利

　株主は，株式を保有することにより，(1)総会の決議の投票における議決権，
(2)平等に配当を受ける権利，及び(3)平等に財産分配を受ける権利を有する（61
条(a)）。もっとも，定款の定め又は株式発行時に条件を付すことにより，上
記権利を廃止，変更，又は追加することができる（同条(b)）。

(3)　株式その他会社の証券の種類

①　種類株式・証券の発行

　旧法下においても株主の権利内容に差異を設けることは許容されていたも
のの[1]，実務上は種類株式はほとんど利用されてこなかった。本法の下では，
会社が，本法，他の適用ある法，定款又は株式発行条件に従って，以下の株
式や証券を発行できることが明記された（62条(a)(b)）[2]。

(a)　株式（62条(a)）

　(i)　異なる種類の株式
　(ii)　償還可能株式
　(iii)　資本又は収益の分配につき優先し又は制約を受ける株式
　(iv)　特別議決権，制限的議決権又は条件付議決権付の株式
　(v)　無議決権株式

(b)　その他証券（62条(b)）

　(i)　新株予約権[3]
　(ii)　株式に転換可能な証券

---

1)　旧法66A条。
2)　DICAは，種類株式の内容について定款に自由に規定することを許容すると公表しており，今後，
　　種類株式を定めた定款は受理されることになると考えられる。

第2編　会　社　法　　第5章　株式・資本金

(iii)　その他の権利

> **ポイント**
>
> 〔種類株式の実務的利用可能性〕
>
> 　旧法下においては，明文上，種類株式の発行が禁止されてはいなかったものの，種類株式の発行手続が必ずしも明確ではなく，登記実務上も，外国会社に対して種類株式の発行を認めないとの運用がなされたため，実務上，種類株式を利用することが極めて困難であった。しかしながら，政府高官によれば，本法下では，登記手続上でも，種類株式を認めるとのことである。外国会社による種類株式の発行が実現すれば，今後，種類株式を利用した，多様な資金調達が可能になるものといえよう。

> **ポイント**
>
> 〔議決権株式・無議決権株式と外国会社要件（35%ルール）の関係〕
>
> 　外国企業又は外国人が直接又は間接に所有持分の35%超を保有する会社は外国会社として扱われる。かかる外国会社の判断基準については，政府高官によれば，本法の下では基本的に所有持分の比率は保有株式数に基づき判断するとのことであり，議決権の有無や合弁契約等による実質的な支配関係を考慮せずに，判断するとのことであるため，無議決権株式の保有比率も考慮が必要である。他方で，外国企業又は外国人による株式数に関する保有比率が35%以下になる場合において，種類株式等により議決権数が35%を超える場合に外国会社に該当するか否かは，現状不明である点に留意が必要である。

②　優　先　株　式

　会社は，以下の事項について，優先株式に付着する権利が会社の定款に定められている場合又は優先株式に関して会社の特別決議により承認された場合，優先株式を発行することができる（73条）。

---

3)　旧会社法においては，有限責任株式会社たる公開会社は，定款に定めることにより，全額支払済株式についてワラントを発行することができるとされ（旧法43条），かかるワラントは，公開会社が，新株発行による株式の増加についてミャンマー政府の承認が得られない場合に増資をする手段として用いられることがあるとされてきたが，ここでいう新株予約権はそれよりも広く，既発行・未発行いずれの株式をも対象とするオプション（取得請求権）をいうものと考えられる。

(a) 資本の払戻し

(b) 余剰資産及び収益（分配）への参加

(c) 累積的又は非累積的配当

(d) 投票

(e) 他の株式又は他の種類の優先株式との間の資本払戻し及び配当の優先関係

(f) 株式が消却可能か否か，及び消却可能な場合その条件

③　償還優先株式の償還

(a)　償還優先株式

償還優先株式とは，発行時に，会社による買戻しを可能とする条件で発行される優先株式である（74条(a)）。

(b)　償還優先株式の償還手続

償還優先株式は，(1)確定期限の到来又は特定の事象の発生を条件として，(2)会社の選択により，又は，(3)株主の選択により，償還されうる（74条(b)）。

但し，74条(b)によりいつでも償還することができるわけではなく，会社が償還優先株式を償還するためには，(1)株式が全部払込済みであること，(2)既発生の利益，又は，消却の目的で作られた新株発行による手取金をもって消却すること，(3)取締役が合理的な根拠により，償還後において会社が支払能力テストを充足すること，について決議をすることが必要である（同条(c)）。かかる決議が行われると，償還すべきと定められた日において，対価の支払期限が到来し（同条(d)），対価の支払により償還される。

なお，償還優先株式は償還と同時に消却される（同条(e)）。

また，会社は，償還から21日以内に所定の様式により償還の届出を登記官に対して行わなければならない（同条(f)）。

(c)　償還手続の違反

会社が前記(b)に記載の手続に違反した場合でも，償還の有効性には影響を与えない（同条(g)）。

しかし，会社が上記に違反した場合，当該違反を認識して関与した全ての取締役は25万チャットの罰金に処される（75条）。

第2編　会　社　法　　第5章　株式・資本金

⑷　株式の発行

①　株式発行の手続（取締役会による決議）

　取締役会は，会社の定款，本法及びその他の適用ある法に従い，任意の時期，割当先に，取締役会が適切と考える条件及び数の株式を発行することができる（63条⒜）。

　株式は，定款に従い，全部支払済み又は部分的支払済みで発行することができる。部分的支払済みで株式を発行する場合，発行条件において，会社が残額の払込みを請求できる時期を明示する必要があり，株主はかかる請求に応じて払込みをする義務を負う（同条⒝）。

　また，会社は，新株発行によって増資を行う場合，（種類にかかわらず）既存株主に対して株式保有割合に応じて引受けの申込みを行う義務を負う旨を定款で定めることができる（同条⒞）。

> **ポイント**
>
> 〔部分的支払済みの株式と議決権〕
>
> 　本法上，部分的支払済株式の議決権について特別の規定がないため，部分的支払済株式であっても全部支払済株式と同様の議決権を有するように解釈される可能性がある。そのため，合弁事業の組成時など，複数当事者による同時払込みを担保する必要がある場合，払込みが全部完了していない株式には議決権を与えない旨の定款規定を置くことが考えられる。

> **ポイント**
>
> 〔合弁事業における新株引受権の定め〕
>
> 　旧法下では，新株発行により増資を行う場合，原則として全ての既存株主に株式保有割合に応じた株式引受権があったため，例えば，合弁事業において，事業の途中で出資比率を変更する場合には，かかる株式引受権の放棄等の手続的な処理が必要であった。
>
> 　これに対して，本法下では，既存株主の株式引受権は定款で定めた場合にのみ認められるため，柔軟な資本比率の変更ができるようになった。もっとも，

154

合弁事業における株主間の出資比率の変更が容易となってしまったため，出資比率の希釈化の防止のために，必要に応じて，定款や株主間契約において適切な手当が必要になるものと思われる。

② 現物出資

(a) 現物出資の許容

株式，新株予約権又は株式に転換可能なその他の証券を発行する際の発行対価は，取締役会の決定によりいかなる形態を取ることもできる（64 条(a)・67 条(a)）。

ポイント

〔現物出資規制の明文化〕

旧法下においては，金銭以外の財産による出資は認められてはいたものの，現物出資に関して特段の規制がなされていなかった。そのため，実務上，当事者間の合意によって定まった現物出資財産の価値について，契約書以外に価値自体を検証する書面は要求されていなかった。

本法では，現物出資について明文の規制が定められたため，規制が強化された。

(b) 現物出資の手続規制

現物出資の場合，取締役会は，(1)現物出資資産を特定可能な程度に詳細に記録し，(2)現物出資資産の現在価値を決定した上で当該現在価値とその評価根拠を記録し，(3)(A)現物出資資産と発行条件が会社と既存メンバーに対して公正で合理的であり，(B)現物出資資産の現金価値は株券等の発行に充当される金額以上である，との意見を決議しなければならない（64 条(b)・67 条(b)）。

もっとも，現物出資の手続規制（64 条(b)）は，新株予約権の行使，株式に転換可能なその他の証券の転換，同一の種類株式のメンバー全員に対して各メンバーの保有株式数に応じ，会社の内部留保による全部払込みによって行う株式発行，株式又は種類株式の数に応じた併合，株式又は種類株式の数に応じた分割の場合には適用されない（66 条）。

第2編　会　社　法　　第5章　株式・資本金

取締役が現物出資の手続規制（64条(b)・67条(b)）に違反した場合，25万チャットの罰金に処される（65条・68条）。

(c)　現物出資にかかる契約書の作成・保管

現物出資による株式，新株予約権又は株式に転換可能なその他の証券にかかる引受契約は適用ある法に従って印紙を貼付し，会社の帳簿や記録とともに保管しなければならない（64条(c)・67条(c)）。

ポイント

〔不動産利用権の現物出資〕

ミャンマーにおいて不動産の利用が必要となる合弁事業を組成する場合，ミャンマー人又はミャンマー企業は，十分な現金を有さないため，使用権を有する不動産に対してリース権を設定し実質的に当該リース料債権を払込資金に充てることとし，他方，日本の会社は現金出資するという形態をとる場合がある。このような場合，一般に，不動産の一定期間のリース料を事前に合意することが必要となるところ，ミャンマーにおいては不動産の価値評価に関する客観的な資料が乏しく，また，ミャンマーにおける不動産市況は不安定であるため，その評価がしばしば重要な論点になる。また，資本比率の設定に関しても，追加的出資時において現金を払うことができない者との調整が必要となるため，十分に留意する必要がある。

---

③　債務を負わせる株式発行の原則禁止

ある者に会社に対する債務を負わせ，又はある者の会社に対する債務を増加させるような株式の発行は，その者が事前に書面で株式を保有することについての同意をしていない限り，無効である（69条）。

④　株式に対する異なる価格の設定

会社は，定款に定めることにより，以下の一以上の取扱いをすることができる（70条）。

(a)　株式の発行にあたって，株主によって異なる払込価格・払込時期を設定す

ること

(b) メンバーからの要請に基づき当該メンバーが保有する株式につき全部又は一部の払込みの留保を認めること。但し，払込対価のいずれの部分についても払込みの請求がなされていない場合に限る。

(c) 払込み済み金額に応じて各株式の配当を支払うこと

⑤ 株式発行の登録及び届出

株式又はその他証券の発行から21日以内に，会社は，(1)会社の関連する株主名簿を更新し，(2)株式又はその他証券の発行に関して登記官に所定の様式により届出を行う。当該届出には，株式又はその他証券の発行につき払い込まれた対価及び当該株式又はその他証券が全部支払済みか又は一部支払済みかが記録されていなければならない（71条(a)）。

株式又はその他証券は，その保有者の氏名又は名称が会社の関連する株主名簿に記入されたときに発行されたものとみなす（同条(b)）。

もっとも，上記の登録・届出義務の懈怠があった場合でも，株式又はその他証券の発行の効力には影響はない（同条(c)）。

上記義務（71条）に会社が違反した場合，故意に関与した全ての取締役は25万チャットの罰金に処される（72条）。

2. 社　　債

(1) 永久社債の有効性

社債の条件又は社債を担保する証書における条件は，本法施行の前又は後のいずれに発行され又は実行されたか否かにかかわらず，社債が償還不可能でも，又はいかに遠隔的な不確実な事象の発生により償還可能となる場合でも，満了までの期間がいかに長期と定められていても，それらだけを理由に無効とはならない（76条）。

第2編 会 社 法 第5章 株式・資本金

(2) 償還した社債の再発行

① 償還済み社債を再発行する権限

会社が以前に発行した社債を償還した場合，会社は本法の施行の前後を問わず，原則的に，将来再発行する目的で当該社債を有効に保持する権限を有し，またその権限を有していたものとみなされる。会社がかかる権限を行使しようとする場合，会社は，同じ社債を再発行し又は他の社債を代わりに発行することができ，また常にできたものとみなされる。かかる再発行によりその社債の発行を受けた社債権者は，その社債が以前に発行されたことがない場合と同様の権利及び優先権を有し，また有していたものとみなされる。(77条(a))。

社債を再発行のため有効に保持する目的で会社の指定する者に対して社債が譲渡された場合，かかる被指定者からの当該社債の譲渡は，再発行とみなされる（同条(b)）。

社債が償還され，弁済され，又は消滅した場合であっても，当該社債に代えて社債を発行する権限が社債又はその証券により会社に留保されている場合，当該権限（77条に規定される権限）は妨げられない（同条(d)）。

② 償還済み社債の再発行と印紙税

上記①（77条）により与えられた又は有するとみなされた権限に基づく社債の再発行又は既存社債に代えての社債の発行は，再発行又は発行の時期について本法の施行の前後を問わず，印紙税との関係では新規の社債発行とみなす。但し，発行可能な社債の額や数を制限する条項との関係ではその限りではない。また，本条に従って再発行された社債であって印紙が適法に貼付されているとの外観を有する社債を担保とする貸付人がいる場合，当該担保を実行する手続において印紙税又は罰金を支払うことなく証拠として用いることができる。但し，当該貸付人が，印紙が適法には貼付されていないと知り又は知り得たのに過失により知らなかった場合を除き（かかる場合でも会社は印紙税及び罰金を支払う義務を負う），その限りではない（同条(c)）。

158

I 株 式 等

(3) 社債引受契約の履行強制

会社との契約であって会社の社債を引受け支払をする旨の契約は，特定履行の命令により強制可能である（78条）。

3. ワラント

(1) ワラントの発行禁止

旧法下においてはワラントの発行が可能であったが，実務上の利用方法・目的，利用実態は必ずしも明確ではなかった。本法ではワラントが廃止され，本法の施行日以降は，会社はワラントを発行することができない（81条）。

(2) 既存のワラントの効力

本法の施行日時点で発行済みのワラントがある場合，その保有者は，当該ワラントに定められた株式又は証券に対する権利を有し，ワラントを呈示し無効にすることと引き替えに当該株式又は証券を譲り受けることができる（79条）。

ワラントの保有者は，会社の定款に従い，ワラントを放棄し又は消却することと引き替えに自己の名称をメンバーとしてメンバー名簿に登録することを求めることができる。会社は，ワラントの放棄や消却がされていないにもかかわらず，ワラントに指定された株式についてその保有者の名称をメンバー名簿に登録したことを理由として損害が発生した場合，その損害が何者に起因するものであれ当該損害を被った者に対する責任を負う（80条）。

(3) 既存のワラントのみなし放棄・消却

本法の施行日時点において残存しているワラントは，以前に放棄されていない限り，その条件に従って，移行期間又は下記（82条(c)）の登記官の判断に従って定められる期間が満了するまでは有効であるが，その後は放棄され消却されたとみなされる（同条(a)）。このみなし規定によりワラントが消却されたことに伴ってある者に損害が生じた場合，その損害が何者に起因する

159

第2編　会　社　法　　第5章　株式・資本金

ものであれ会社は責任を負わない（同条(b)）。

　しかし，会社が書面で申立てを行い，移行期間満了時におけるワラントの
みなし放棄及びみなし消却が会社の最良の利益とならないことを合理的な理
由に基づいて登記官が判断した場合には，登記官は，上記移行期間（同条(a)）
を延長し当該ワラントの効力終了に関する付随的な調整をすることができる
（同条(c)）。

Ⅱ　株主名簿及び株券

1.　登録可能権利証書

(1)　登録可能権利証書の証拠性

　会社印が押印され，又は**第4章Ⅰ2.**（29条）に従って会社により作成され
た，メンバーが有する株式又は証券を特定した登録可能権利証書は，メンバ
ーが当該登録可能権利証書に記載された株式又は証券に対する権利を有する
ことの一応の（*prima facie*：反証可能な）証拠である（89条(a)）。

(2)　登録可能権利証書の発行義務

　適用ある法に従い，いかなる会社も，株式，社債，ディベンチャーストッ
ク又はその他の登録可能権利の割当てが行われた場合及び譲渡にかかる登録
をした場合，当該割当ての日又は譲渡にかかる登録の日から28日以内に，
割当て又は譲渡の対象となった全ての株式，社債，ディベンチャーストック
又はその他の登録可能権利を証する証書を完成させ交付可能な状態としなけ
ればならない。但し，それらの発行条件が別途規定されている場合はこの限
りではない（89条(b)）。

(3)　登録可能権利証書の記載事項

　登録可能権利証書の記載事項は以下のとおりである（89条(c)）。

160

Ⅱ　株主名簿及び株券

- (ⅰ)　会社の名称
- (ⅱ)　会社の登録事務所の住所
- (ⅲ)　株式証書の場合，株式の数，種類，払込金額，払込未了金額（あれば），払込が完了している程度
- (ⅳ)　株式以外の登録可能権利の証書の場合，その数，種類，当該証券に対して払い込まれた金額，株式等に転換可能な場合，転換により付与される株式等の数

(4)　登録可能権利証書の瑕疵

　上記(2)及び(3)の発行義務や記載事項が遵守されない場合も，株式又は登録可能権利の保有者が有する権利には影響を有さない（89条(d)）。

2. メンバーの登記及びメンバー名簿

(1)　メンバーの登記及びメンバー名簿

　会社の設立書類にメンバーとして記載された者は，その会社のメンバーとなることについて同意したものとみなされ，登記後直ちに，メンバー名簿にメンバーとして記入されなければならない（90条(a)）。

　会社のメンバーとなることに同意し，その名称がメンバー名簿に記入された全ての者は，その会社のメンバーである（同条(b)）。

(2)　メンバー名簿の記載事項

　メンバー名簿の基本的記載事項及び会社が資本金を有する場合の追加記載事項は以下のとおりである。会社は，メンバー名簿を最新の状態に維持しなければならない（90条(c)(d)）。

（基本的な記載事項）
- (ⅰ)　メンバーの氏名・名称，住所及び国籍
- (ⅱ)　各メンバーがメンバーとして名簿に記入された日
- (ⅲ)　各メンバーがメンバーでなくなった日[4]

161

第2編 会社法　第5章 株式・資本金

（会社が資本金を有する場合の追加記載事項）
(ⅰ)　各株式の割当てが生じた日
(ⅱ)　各割当ての対象株式数
(ⅲ)　各メンバーの保有株式
(ⅳ)　株式の種類
(ⅴ)　株式の番号及び株式証書番号
(ⅵ)　株式の支払済金額
(ⅶ)　株式が全額支払済みか否か
(ⅷ)　株式の支払未了金額（あれば）

(3)　インデックスの保管

　メンバーが50名を超える会社は，メンバー名簿それ自体がインデックスを構成せしめる様式でない限り，会社のメンバーの名前の最新のインデックスを保管しなければならず，メンバー名簿に何らかの変更が加えられた日から14日以内に当該インデックスに必要な変更を加えなければならない（91条(a)）。

　当該インデックスは各メンバーにつき，名簿に登録されているメンバーの記載内容が容易に発見できるために十分な表示を含まなければならない（同条(b)）。

(4)　各種の権利者の登録

　会社は，その他各種権利者の名簿も，他の適用ある法律に従って保管しなければならない。各種権利が会社に対して行使された場合や失効した場合，会社は名簿を更新する（92条(b)・94条(b)）。各種権利の移転については，各権利保有者が当該移転について会社に通知をした場合に限り，会社は名簿を更新することが要求され，会社による権利移転の登録の不履行は，当該権利の移転の有効性には影響しない（92条(c)・94条(c)）。

　各種権利者の登録に際しての記載事項は以下のとおりである。

---

4)　但し，別途法律の定めがある場合を除く。

Ⅱ　株主名簿及び株券

①　オプション権者に関する記載事項

- （ⅰ）　オプション権者の氏名・名称，住所及び国籍並びに当該オプション権が付与された当該会社の株式等の数，及び説明
- （ⅱ）　当該会社の株式にかかるオプション権者として各人が名簿に掲載された日
- （ⅲ）　オプション権が行使可能な期間又はオプション権が行使可能な時点
- （ⅳ）　オプション権が行使される前に生じることを要する全ての事象
- （ⅴ）　オプション権の付与のために支払われた全ての対価
- （ⅵ）　オプション権の行使のために支払われた全ての対価又は対価を決定するための方式
- （ⅶ）　当該会社の株式にかかるオプション権者でなくなった日（92条(a)）

②　社債権者に関する記載事項

- （ⅰ）　社債権者の氏名・名称，住所及び国籍並びにそれらの者に発行され，又は保有された社債の金額及び説明
- （ⅱ）　社債権者として各人が名簿に掲載された日
- （ⅲ）　社債権者でなくなった日（93条）

③　その他の権利の権利者に関する記載事項

- （ⅰ）　権利者の氏名・名称，住所及び国籍並びにそれらの者に発行され，又は保有された権利の数及び説明
- （ⅱ）　当該権利の保有者として各人が名簿に掲載された日
- （ⅲ）　当該権利の保有者でなくなった日
- （ⅳ）　適用ある場合には，当該権利の失効，行使又は転換に関する詳細（94条）

（5）　名簿及びインデックスの維持・管理場所と登記

①　会社の全ての名簿及びインデックスは登記上の本店又は当該会社の主たる事業所で維持・管理されなければならないが，会社は，ミャンマー連邦内で第三者を選任し，当該第三者の事務所において上記名簿及びインデッ

163

第2編　会　社　法　　第5章　株式・資本金

クスを維持・管理させることができる（95条(a)(b)）。

② 　会社の名簿及びインデックスの維持・管理場所は，維持・管理の開始日
又はその変更日から21日以内に，所定の書式をもって登記官に届け出な
ければならない（同条(c)）。

(6)　名簿記載事項の変更に関する登記

　会社は，名簿記載事項の全ての変更につき，所定の書式をもって，その詳
細の通知を，関連する変更があった日から21日以内に登記官に届け出なけ
ればならない（96条）。

(7)　信託の登記禁止

　明示，黙示又は擬制的な信託は，登記上メンバーとして登記されている者
が死亡した場合[5]又は破産した場合[6]を除いて，登記に記録されてはならず，
又は登記官によって受理されてはならない（98条）。

(8)　名簿の検査

① 　本法に基づき維持・管理されている会社に関する全ての名簿及びインデ
ックスは，営業時間の間（通常の営業時間中各日において少なくとも2時間
は検査ができるよう，当該会社が通常総会において課すことができる合理的な
制限に従う），全てのメンバーによる検査に無償で供されなければならず，
公開会社の場合には，全ての第三者による検査に有償で（各検査につき取
締役が定めた合理的な金額で）供されなければならない（99条(a)）。

② 　全てのメンバー及び（公開会社の場合）第三者は，名簿，インデックス
若しくはそれらの一部，又は本法に基づいて要求されるリスト，及びサマ
リー若しくはその一部の写しを，取締役が定めた合理的な金額の支払をも

---

5) 　会社の登記において株式又は権利を有する者として登記されている死亡した者の法定代理人は，
当該会社の許可を得た上で，当該死亡した者の個人的な代理人として，当該株式又は権利を保有
する者として登録する権利を有する（98条(b)）。

6) 　会社の登記において株式又は権利を有する者として登記されている破産者の財産の受託者，執
行者，管理者又は譲受人は，当該会社の許可を得た上で，当該破産した者の財産の受託者，執行者，
管理者又は譲受人として，当該株式又は権利を保有する者として登録する権利を有する（98条(c)）。

164

って要求することができ，当該会社は，当該メンバー及び第三者によって
要求されたあらゆる写しを，当該会社が，適用ある支払の受領とともに当
該要求を受領した日の翌日より起算して10日以内に当該メンバー及び第
三者に送付しなければならない（同条(b)）。

③　上記①の名簿及びインデックス等の検査が拒絶された場合，又は上記(イ)
に従って要求された写しが適切な期間内に送付されなかった場合には，当
該会社及び違反した全ての取締役その他の役員は，各違反につき，25万
チャットの罰金に処され，登記官は，命令により当該名簿又はインデック
スの即時の検査を強制し，又は当該要求された写しを要求した者に送付す
るよう指示することができる（100条）。

(9)　裁判所による名簿の補正

①　裁判所の補正権限

(1)本法に基づき会社が維持する名簿にある者の名前が誤って記載され又は
含まれていない場合，又は(2)いずれかの者がメンバーではなくなった事実に
つき，名簿記載に不備があった場合又は不必要な遅滞が生じた場合，被害を
受けた者又は当該会社のあらゆるメンバー又は当該会社は，裁判所に対して
名簿の補正を申請することができる（101条(a)）。

裁判所は，当該申請を拒絶し，又は，名簿の補正及び被害を受けた当事者
が被ったあらゆる損害の当該会社による支払を命じることができ，その裁量
により適切と考える費用に関する命令を発することができる（同条(b)）。

本条に基づくあらゆる申請により，裁判所は，その名前を名簿に記載し又
は含まないことを申請している当事者の権限に関するいかなる問題について
も決定することができ，当該名簿の補正のために必要，又は判断することが
適切な問題を一般的に判断することができる（同条(c)前段）。

但し，裁判所は，法律上の問題が生じる争点について陪審に審理させるこ
とができ，当該争点にかかる判断に対する上訴は，民事訴訟法100条に定め
られる根拠に基づき，同法が定める態様により審査される（101条(c)後段）。

165

第2編 会 社 法　第5章 株式・資本金

② 名簿の補正の登記官への通知

　裁判所が名簿の補正のための命令を発する場合には，命令により，当該命令完了の日から14日以内に登記官に届け出られるべき修正の通知を指示しなければならない（102条）。

⑩ 証拠としてのメンバー名簿

　メンバー名簿は，登録されたメンバーの株式にかかる権利を含む，本法により記載することを要求され又は授権された全ての事項に関する一応の（反証可能な）証拠である（103条(a)）。

　そのため，会社は，登録された株式保有者を，以下に関する権限を有する唯一の者として取り扱うことができる（同条(b)）。

- (i)　株式に付属する投票権限の行使
- (ii)　通知の受領
- (iii)　株式に関する配当の受領
- (iv)　株式に付属する全ての権利及び権限の行使

3. 年次報告書，メンバー名簿及びサマリーの届出

(1) 年次報告書の届出

　全ての会社は，その設立から2か月以内，及びその後は少なくとも毎年1回（但し，毎年その設立の日から1か月後以降であってはならない），所定の書式により当該会社に関する事項の報告書を登記官に届け出なければならない（97条(a)）。

(2) 年次報告書の記載内容

　他の適用ある法により除外されうる場合を除き，年次報告書には以下の情報を記載する必要がある（97条(b)）。

166

Ⅱ　株主名簿及び株券

(ⅰ)　当該会社の登記上の名称

(ⅱ)　当該会社の登記番号

(ⅲ)　当該会社の登録事務所の住所及びもし異なる場合にはメンバー名簿が保管されている場所の住所

(ⅳ)　公開会社の場合には，当該会社につき最も多数の株式を有する 50 名（又は当該会社のメンバーが 50 名に満たない場合にはそのメンバー数）のメンバー及びそれらの名前，住所，国籍及び保有株式数のリスト

(ⅴ)　その他の場合には，会社の全てのメンバー及びそれらの名前，住所，国籍及び保有株式数のリスト，並びに，最終の届出の日以降メンバーでなくなった者のリスト

(ⅵ)　当該会社の最終の年次総会の日（適用ある場合）

(ⅶ)　会社の主要な（principal）活動又は当該会社の報告が作成された日及び年次報告の日における活動に関する事項

(ⅷ)　金銭を対価として発行された株式と全部又は一部の対価が金銭以外により払い込まれて発行された株式を区別する概要

(ⅸ)　当該会社の株式資本の額及びそれが分割されている株式の数

(ⅹ)　各株式につき払込請求された額

(ⅺ)　最終の報告日以降，失効し又は取り消された株式の合計数

(ⅻ)　最終の報告日以降，当該会社が外国会社となったか又は外国会社でなくなった場合，その旨及びその変更が生じた日

(ⅹⅲ)　当該会社の子会社，持株会社及び究極的持株会社（もしあれば）

(ⅹⅳ)　報告の日において当該会社の取締役である者及び当該において秘書役である者（あれば）の名前，住所，性別及び国籍，並びに，最終の報告以降の取締役及び秘書役の変更及びそれが生じた日

(ⅹⅴ)　本法に基づいて登記することが要求されている譲渡抵当及びチャージが登記されていることの確認

(ⅹⅵ)　随時定められ得るその他の事項

(3)　メンバーのリスト及びサマリー

　登記事項に関する登記官への届出に加え，会社は，上記リスト及びサマリーがメンバー名簿の区分された箇所に含まれているようにしなければならない。登記官に提出した当該年次報告書及びその写しは，当該会社の取締役又

第2編　会　社　法　　第5章　株式・資本金

は秘書役により署名されていなければならず，当該リスト及びサマリーに上記日付における事実が記載されている旨の文言を付さなければならない（97条(c)）。

(4)　証明書の送付

　非公開会社は，(1)の年次報告書とともに，当該会社が，最終の報告の日以降，又は最初の報告の場合には会社の設立日以降，公衆に対して当該会社の株式又は社債の引受けの募集を行っていない旨の取締役，秘書役又はその他の役員により署名された証明書を送付しなければならない（97条(d)）。

4.　株式等の登録及び証書に関する規定違反の効果

　名簿及びインデックスが維持され，入手可能とされ，関連する届出が本節（本法13節）に従ってなされ，本節に基づく会社の全てのその他義務が履行されるようにするための合理的な措置を講じることは，会社の全ての取締役及び役員の義務である（104条）。

　上記義務の不履行が生じた場合には，当該会社，及び，当該不履行を認識し，意図的に関与した当該会社の全ての取締役及びその他の役員は，50万チャットの罰金に処される（105条）。

Ⅲ　株式等の譲渡

1.　株式その他証券譲渡のための要件

　株式及びその他会社に関する登録可能権利は，会社の定款及びその他適用ある法に従い，適法に維持管理されている会社のメンバー名簿に譲受人の氏名・名称を記入することによって，譲渡することができる（83条(a)）。

　株式又はその他会社に関する登録可能権利の譲渡にかかる登録の申請は，譲渡人又は譲受人のいずれから行うこともできる。かかる申請を受けた会社

は，下記の必要書類の提出がない場合や譲渡の登録が拒否されない限り，メンバー名簿に，譲受人の氏名・名称及びその他本法13節（89条～105条）により必要とされる情報を記入しなければらない（83条(b)）。

　関連法令に別途定めがない限り，会社は，所定の書式に従い，譲渡人及び譲受人により，署名押印がなされた書面が，(1)譲渡対象である株式等の証書及び(2)譲渡人又は譲受人（又はその両方）による，当該譲渡の結果として，海外コーポレーション又は外国人（又はその両方）が会社に対する持分を取得するか，あるいは持たなくなるかに関する宣誓書とともに提出されない限り，株式等の譲渡に関する登録を行ってはならない（同条(c)）。

　但し，法の適用により株式等に関する権利を承継した者がある場合，会社は，会社に関する株主又は登録可能権利の保持者として登録することができる（同条(e)）。

　書面提出要件（同条(c)）の違反があった場合，当該違反を認識して関与した全ての取締役は15万チャットの罰金に処される（84条）。

　譲渡人及び譲受人が悪意又は過失により上記83条(c)(ii)の宣誓書において虚偽の表示を行った場合には，75万チャットの罰金に処される（85条）。

ポイント

〔**外国会社又は外国人に対する譲渡の禁止**〕

　旧法下における登記実務では，従前，会社の株式資本の全てがミャンマー国民によって保有・支配されている会社（内資会社）の株式を外国会社又は外国人が取得することは認められないとの運用があった。そのため，外資企業が内資会社の事業に出資を行う場合に，株式譲渡を受ける代わりに，自社の100％子会社である外国会社又は現地法人とのJV会社（受皿会社）を設立した上で，対象会社である内資会社から事業譲渡を受けるという方法が採られることがあった。

　近時の登記実務では，内資会社を外国会社に変更する手続きも整備され，内資会社の株式の買収も可能になったものと理解されている。もっとも，内資会社から外国会社への変更により，必要となる許認可等の再取得が必要となる可能性があり，また，株式の買収による潜在債務の承継等の問題もあるため，依然として，内資会社の買収に当たっては事業譲渡は検討すべき選択肢であるも

第2編　会　社　法　　第5章　株式・資本金

のと考えられる。

2.　株式その他証券の譲渡の制限

　会社は，定款若しくは関連する証券の発行条件において明示的に授権されている場合，又は，本法若しくはその他適用ある法で許可されている場合又はそれらを遵守するために必要な場合には，取締役会が譲渡の申請書と所定の書面を受け取った後21日以内に譲渡に関する登録を拒絶する旨をその理由とともに決議し，決議から7日以内に譲受人と譲渡人に対して，理由を付した拒絶通知を送付することにより，譲渡の登録を拒否することができる（83条(d)）。

　上記の拒絶要件（同条(d)）の違反があった場合，当該違反を認識して関与した全ての取締役は15万チャットの罰金に処される（84条）。

3.　譲渡の届出

　株式その他登録可能権利の証券の譲渡に関する登録から21日以内に，会社は，登記官に対して所定の様式に従って，譲渡の届出を行わなければならない（86条(a)）。

　また，譲渡の結果，会社が外国会社となった場合又は外国会社でなくなった場合，会社はその旨を届けなければならない（同条(b)）。

　もっとも，会社が上記の届出義務に違反した場合でも，株式その他登録可能権利の証券の譲渡の効力には影響を与えない（同条(c)）。

　上記の届出義務に会社が違反した場合，当該違反を認識して関与した全ての取締役は75万チャットの罰金に処される（87条）。

4. 代理人による譲渡

株式その他会社に対する権利の保有者が死亡した場合，又は会社の別の権利の所有者が法定代理人を通じて行った株式その他会社に対する権利の譲渡は，当該適法な代理人自身がメンバー又は権利の保有者でない場合であっても有効であり，譲渡に関する文書の締結時点において当該法定代理人がメンバー又は権利の保有者であった場合と同様の効果を有する（88条）。

Ⅳ 配　　　当

1. 配当の実施

(1)　配 当 決 議

会社（有限責任保証会社を除く）の取締役会は，本法（後記(3)〔107条〕及び(5)〔109条〕の制限）及び定款に従い，その株主に対して配当を支払う旨を決議し，その金額，支払時期及び支払方法を定めることができる（106条(a)）。

(2)　配当の支払時期及び支払方法

定款に別途定めがない限り，配当決議によって会社に支払義務が生じるものではなく，配当決議は支払以前であればいつでも取り消し可能である。配当の支払義務は，支払時期の到来によって発生する（106条(c)）。

配当の支払方法は，現金，株式，株式取得オプション又は資産の譲渡によることができる（同条(b)）。

(3)　配当実施の要件

会社は，以下の要件を満たさない限り，配当の支払をしてはならない（107条(a)）。

第2編　会　社　法　　第5章　株式・資本金

(ⅰ)　配当支払の直後において会社が支払能力テストを充足すること
(ⅱ)　配当の内容が，株主に対して全体として公平且つ合理的であること
(ⅲ)　配当の支払により，会社の債権者に対する支払能力が重大に毀損されないこと

　配当決議の後，配当支払の前に，上記要件が満たされないと取締役会が判断した場合，配当の支払は行ってはならず，支払が行われた場合には授権されていない支払とみなされる（107条(b)）。

> **ポイント**
>
> 〔外国株主に対する配当〕
> 　外国に所在する株主に対する外貨での配当の支払は，ミャンマーの外貨に関する政策の影響を受けるため，取締役会は政策の動向を確認しつつ決議する必要がある。

(4)　配当実施の要件に違反して行った配当の効果

　会社が上述の(3)（107条）所定の要件を遵守しなかった場合，会社は50万チャットの罰金に処され，当該違反を認識しながら意図的に違反を許した全ての取締役又は役員も同じ罰金に処される（108条(a)）。

　上記に加え，会社が配当の支払の後にそれと関連して支払不能となった場合，107条に違反していることを認識しながら意図的に配当の支払を許した全ての取締役は，各債権者に対する弁済期が到来した負債の額が会社の責任財産を超過している限度において，会社の債権者に対しても責任を負う。債権者又は債権者を代理して請求する清算人は直接当該超過金額を違反取締役に対して請求できる（同条(b)）。

(5)　配当実施に関するその他の制限

　取締役会は，一つの種類の株式の一部にのみ配当を支払うとの決議や，同じ種類の株式にもかかわらず，一部の株式についてだけ，その他の株式と比較して多く配当を支払うとの決議をしてはならない。但し，部分的支払済

172

株式の場合はこの限りではなく，配当額は当該株式の支払済金額に応じて決まる（109条(a)）。

会社は，提案した配当の代わりに，その全部又は一部について，株式で受け取ることに同意した株主に対して株式を発行することができる（同条(b)）。但し，配当の全部又は一部に代わる株式を受け取る権利は，(1)同一の種類株式の株主の全員に対しては同一の条件がオファーされなければならない（同条(b)(i)），(2)全株主による株式に関する議決権及び分配を受ける権利を受け取ることの同意が維持されていなければならない（同条(b)(ii)），(3)当該オファーは21日以上承諾のために未決の状態が維持されなければならない（同条(b)(iii)），(4)各株主に発行される株式は，株式で配当を受け取ると同意したある種類の株式の全株主に対して発行されるに際し，同一の条件に基づいて発行され同一の権利の対象とされなくてはならない（同条(b)(iv)），(5)本法63条及び71条は，適用ある限り，遵守されなければならない（109条(b)(v)）。

会社が上述の本法109条の制約を遵守しない場合，会社は100万チャットの罰金に処され，当該違反を認識しながら意図的に違反を承諾した全ての取締役又は役員は同じ罰金に処される（110条）。

2. 利益の資本組入れ

上記 **1.** (5)の制約を限定することなく，会社は利益を資本に組み入れることができる。利益の資本組入れには株式の発行を要しない（111条）。

Ⅴ 資本金に影響のある取引

1. 資本金の変更

(1) 株式会社の資本金の変更

有限責任株式会社は，定款に別途定めがない限り，以下の場合にその資本金を変更できる（112条(a)）。

第2編　会　社　法　　第5章　株式・資本金

- (ⅰ)　会社が妥当と考える金額分の新株を発行することによる増資（前記Ⅰ1.⑷参照）
- (ⅱ)　総会における普通決議によって，株式資本の全部又は一部を併合及び分割して元の株式よりも大きな金額の株式とする場合。但し払込未了の価額がある場合は併合・分割後の株式に均等に割付される。
- (ⅲ)　総会における普通決議によって，株式の全部又は一部を分割して元の株式よりも小さな金額の株式とする場合。但し，分割において，分割後の株式における払込済価額と払込未了価額の割合は当該株式の元となった株式におけるその割合と同じでなければならない。
- (ⅳ)　総会における特別決議によって，普通株式を優先株式に転換する場合
- (ⅴ)　総会における特別決議によって，優先株式を普通株式に転換する場合
- (ⅵ)　償還優先株式の償還（前記Ⅰ1.⑶③参照）
- (ⅶ)　減資（後記 **2.** 参照）
- (ⅷ)　自己株式の買戻し（後記 **3.** 参照）
- (ⅸ)　会社株式の買取りに関する財政的支援（後記 **5.** 参照）の提供

　なお，前記の資本金変更は，本法その他の適用ある法令に従って資本金を変更するその他の取引を行う権利を制約したり，本法の別の部分の適用を排除するものではない（同条(b)）。

(2)　資本金の変更に関する登記官への届出

　株式資本を有する会社が，上記(1)(ⅱ)～(ⅶ)に従って資本金の変更を行った場合，当該変更から 21 日以内に，所定の様式に従って，併合又は分割の対象となった株式を特定して，登記官に対してかかる変更の届出を行わなければならない（113 条）。

　会社が上記届出義務に違反した場合，会社は 100 万チャットの罰金に処され，当該違反を認識しながら意図的に授権し又は許した全ての取締役又は役員は，同額の罰金に処される（114 条）。

V　資本金に影響のある取引

2. 資本金の減少

(1)　資本金の減少の方法

　有限責任株式会社は，定款に別途定めがない限り，以下の方法のいずれか（本法又はその他適用ある法に基づいて実施可能なその他の方法を排除しない）によって資本金を減少することができる（115条(a)）。

(ⅰ)　払込みが完了していない株式資本金部分について，株式に関する払込債務を消滅させ又は減少させること
(ⅱ)　株式に関する払込債務の消滅又は減少を伴うか否かを問わず，払込済みの株式資本部分のうち喪失された部分又は利用可能な資産によって裏付けられていない部分を失効させること
(ⅲ)　株式に関する払込債務の消滅又は減少を伴うか否かを問わず，払込済みの資本金部分のうち会社の必要を超えた部分について払い戻すこと

(2)　資本金の減少の要件

①　資本金の減少の一般的要件

　会社は，以下の要件を満たさない限り，減資をしてはならない（115条(b)）。

(ⅰ)　減資の直後において会社が支払能力テストを充足すること
(ⅱ)　減資の内容が，株主に対して全体として公平且つ合理的であること
(ⅲ)　減資により，会社の債権者に対する支払能力が重大に毀損されないこと
(ⅳ)　本法116条の定めにより株主に承認されること（後記(3)参照。）

②　平等減資と選択的減資

　会社による減資は，平等減資によることも，選択的減資によることも可能である（115条(c)）。

　平等減資とは下記の条件を満たす場合をいい（同条(d)），それ以外の場合は選択的減資という（同条(e)）。

175

第2編　会　社　法　　第5章　株式・資本金

(i)　普通株式のみを対象とすること
(ii)　普通株主に対しその保有普通株式数に応じて行われること
(iii)　各普通株主に対して同一の条件で行われること

(3)　資本金の減少の承認手続──株主による承認

①　平等減資の手続
　平等減資は，総会の普通決議により承認を受ける必要がある（116条(a)）。

②　選択的減資の手続
　選択的減資は，以下のいずれかの方法によって承認を受ける必要がある（116条(b)）。

(i)　総会の特別決議による承認。但し，(i)減資の一部として対価の支払を受ける予定の者，(ii)払込未了の株式に関連する債務が減額される予定の者及び(iii)それらの者の関係者は議案に賛成の議決権を行使できない。
(ii)　総会における普通株主の全員の賛成による決議

③　株式の消却を伴う場合の手続
　減資が株式の消却を伴う場合，当該減資については，消却される株式を保有する株主の会議における特別決議[7]によっても承認される必要がある（116条(c)）。

(4)　承認総会の招集通知

　会社は，上記の招集通知には，議決権行使にあたって判断に重大な影響がある事項で会社が認識している全ての情報（115条(b)(i)〜(iii)（前記(2)①(i)〜(iii)）に記載の減資のための要件が充足されている旨の確認を含む）の記述を含めなければならない（116条(d)）。

---

7)　ここでいう特別決議の決議要件は不明である。

176

招集通知が株主に対して送付される前に，会社は登記官に対して，招集通知及び招集通知とあわせて株主に対して送付される減資に関する全ての書類の写しを提出しなければならない。また，会社はミャンマー連邦で一般的に流通している日刊紙において，減資を承認するための会議を開催する予定である旨，及び招集通知と関連書類は登記官に届出されている旨を公告しなければならない（同条(e)）。

登記官は上に定める書類を受領後28日以内に，会社が株主に総会招集通知を発送してよいかを判断する。登記官が招集通知の発送を許可した場合又は上記期間内に決定が発されない場合，会社は招集通知を発送することができる（同条(f)）。

上記の判断において，登記官は会社に対し，株主又は債権者の保護のために合理的に必要と認められる場合には，本法同条(e)に従って提出した書類の明確化及び修正を命じることができる（同条(g)）。

登記官は，上記116条(f)に定める期間中，合理的理由に基づいて上記同条(d)に定める要件が充足されていないと判断し，又はそれと類似の重大な理由がある場合には，会社に対して招集通知の発送を許可しないことができる（同条(h)）。

(5) 減資承認後の手続

会社は，上記(3)②の選択的減資が決議により承認された場合，決議成立後21日以内にその決議書の写しを登記官に提出するとともに，当該決議の成立及び減資の詳細に関する概要をミャンマー連邦において一般に流通している日刊紙に公告しなければならない（116条(i)前段）。

(6) 減資手続における登記官の責任がないこと

登記官は，116条(f)〜(h)に定める職務の遂行に関連して，会社が支払不能となり，又は損失を被ったか否かにかかわらず会社，会社のメンバーその他の者に対して義務を負うものではない（同条(j)）。

もっとも，上記は，会社が本法428条に従って登記官が本条の下で行った決定に関して不服申立てを行う権利を制限するものではない（116条(k)）。

第2編　会　社　法　　第5章　株式・資本金

(7)　減資に関する規則への違反の効果

　会社は，上記(2)～(5)の要件及び手続（115条・116条）を遵守せずに減資を行ってはならない（117条(a)）。

　もっとも，上記に違反して減資が行われた場合でも，減資又はそれに関連する契約又は取引の効力には影響を与えない（同条(b)）。

　会社が上記同条(a)に違反をした場合，会社は500万チャットの罰金に処され，当該違反を認識しながら，意図的に違反を許した全ての取締役又は役員は，同じ罰金に処される（118条）。

　また，会社が減資に関連してその後に支払不能となった場合には，117条(a)に違反していることを認識しながら意図的に減資を許した全ての取締役は，会社の債権者に対して，減資の金額の範囲内で，責任を負う。各債権者に対する弁済期が到来した負債の額が会社の責任財産を超える場合には，債権者又は債権者を代理する清算人は直接当該超過金額を違反取締役に請求できる（119条）。

3.　自己株式の買戻し

(1)　自己株式の買戻しの要件

①　自己株式の買戻しの一般的要件

　会社は，以下の要件を満たす場合に，自己株式の買戻しができる（120条(a)）。

　(i)　自己株式の買戻しの直後において会社が支払能力テストを充足すること

　(ii)　自己株式の買戻しの内容が，株主に対して全体として公平且つ合理的であること

　(iii)　自己株式の買戻しにより，会社の債権者に対する支払能力が重大に毀損されないこと

　(iv)　本法121条の定めにより株主に承認され，122条に定める手続が履践されること（下記(2)～(6)参照。）

② 平等買戻しと選択的買戻し

会社による自己株式の買戻しには，平等買戻しによることも，選択的買戻しによることも可能である（120条(b)）。

平等買戻しとは下記の条件を満たす場合をいい（同条(c)），それ以外の場合は選択的買戻しという（同条(d)）。

(i) 普通株式のみを対象とすること

(ii) 普通株主の全員に対してオファーがなされその保有普通株式数について同じ比率で行われること

(iii) オファーの対象となる者が当該オファーを受けるための合理的な機会を与えられること

(iv) 買戻契約がオファーの承諾の期限として特定された時期まで締結されないこと

(v) 全てのオファーが同一の条件であること

(2) 自己株式の買戻しの承認手続——株主による承認

① 平等買戻しの手続

平等買戻しは，総会の普通決議により承認を受けるか，又はかかる承認を条件として行われる必要がある（121条(a)）。

② 選択的買戻しの手続

選択的買戻しは，以下のいずれかの方法によって承認を受けるか又はかかる承認を条件として行われる必要がある（121条(b)）。

(i) 総会の特別決議による承認。但し，自己株式の買戻しの一部として対価の支払を受ける予定の者及びその関係者は議案に賛成の議決権行使をできない。

(ii) 総会における普通株主の全員の賛成による決議

第2編 会 社 法 第5章 株式・資本金

(3) 承認総会の招集通知

会社は，上記の招集通知には，議決権行使にあたって判断に重大な影響がある事項で会社が認識している全ての情報（120条(a)(i)～(iii)（前記(1)①(i)～(iii)）に記載の自己株式の買戻しのための要件が充足されている旨の確認を含む）の記述を含めなければならない（121条(c)）。

招集通知が株主に対して送付される前且つ自己株式の買戻契約が締結される前に，会社は，登記官に対して，招集通知，買戻しオファーの条件を記した文書，及び招集通知等とあわせて株主に対して送付される自己株式の買戻しに関する全ての書類の写しを提出しなければならない。また，会社はミャンマー連邦で一般的に流通している日刊紙において，自己株式の買戻しを承認するための会議を開催する予定である旨及び招集通知と関連書類は登記官に届出がされている旨を公告しなければならない（同条(d)）。

登記官は本法121条(d)に定める書類を受領後28日以内に，会社が株主に総会招集通知を発送してよいかを判断する。登記官が招集通知の発送を許可した場合，又は上記期間内に決定通知が発されない場合，会社は招集通知を発送することができ，要望がある場合，総会による承認を条件として自己株式の買戻契約を締結することができる（同条(e)）。

上記の判断において，登記官は会社に対し，株主又は債権者の保護のために合理的に必要と認められる場合には，同条(d)に従って提出した書類の明確化及び修正を命じることができる（同条(f)）。

登記官は，上記期間中，合理的理由に基づいて上記同条(c)に定める要件が充足されていないと判断し，又はそれと類似の重大な理由がある場合には，会社に対して自己株式の買戻契約の締結を禁止し，招集通知の発送を許可しないことができる（同条(g)）。

(4) 自己株式の買戻し承認後の手続

会社は，選択的買戻しが決議により承認された場合，決議成立後21日以内にその決議書の写しを登記官に提出するとともに，当該決議の成立及び買戻しの詳細に関する概要をミャンマー連邦において一般に流通している日刊

180

紙に公告しなければならない。また，会社は，新聞による当該公告から 28
日間は自己株式の買戻しを実行してはならない（121 条(h)）。

(5)　自己株式の買戻手続における登記官の責任がないこと

登記官は，本条(e)〜(g)に定める職務の執行に関連して，会社が支払不能と
なり，又は損失を被ったか否かにかかわらず会社，会社のメンバーその他の
者に対して義務を負うものではない（121 条(i)）。

もっとも，上記は，会社が本法 428 条に従って登記官が本条の下で行った
決定に関して不服申立てを行う権利を制限するものではない（同条(j)）。

(6)　自己株式の買戻しに関連するその他の事項

会社は，自己株式の買戻しのオファーには，オファーを承諾するか否かの
判断に重大な影響がある事項で会社が認識している全ての情報の記述を含め
なければならない（122 条(a)）。

会社が自己株式の買戻しに関する契約を締結した場合，当該株式に付着す
る全ての権利は一時中断する（同条(b)）。

会社は，自らが買い戻した株式を処分してはならない。これに反する契約
は無効である（同条(c)）。

買い戻された自己株式について会社への譲渡が登録された直後に，当該株
式は消却される（同条(d)）。

(7)　自己株式の買戻しに関する規則への違反の効果

会社は，上記(2)〜(6)（121 条・122 条）を遵守せずに 120 条の下で自己株式
の買戻しを行ってはならない（123 条(a)）。

もっとも，上記に違反して自己株式の買戻しが行われた場合でも，自己株
式の買戻し又はそれに関連する契約又は取引の効力には影響を与えない（同
条(b)）。

会社が上記 123 条(a)に違反をした場合，会社は 500 万チャットの罰金に処
され，当該違反を認識しながら，意図的に違反を許した全ての取締役又は役
員は，同じ罰金に処される（124 条）。

181

第2編　会　社　法　　第5章　株式・資本金

　また，会社が自己株式の買戻しに関連してその後に支払不能となった場合には，123条(a)に違反していることを認識しながら，意図的に自己株式の買戻しを承認した全ての取締役は，会社の債権者に対して，買戻しの対価の範囲内で，責任を負う。各債権者に対する弁済期が到来した負債の額が会社の責任財産を超える場合には，債権者又は債権者を代理する清算人は直接当該超過金額を違反取締役に対して請求できる（125条）。

4.　株主権の変更

(1)　株主権の変更

　会社の定款上，ある種類の株式について株式に付着する権利（株式資本のない会社にあってはある種類のメンバーが有する権利）を，変更したり解除したりする規定がある場合，それらの権利はかかる手続規定に従ってのみ変更され又は解除される。手続の変更は，当該手続に則ってのみ変更できる（126条(a)）。

　なお，株主権の変更には，「廃止・撤回」という意味が含まれる（同条(k)）。

(2)　承　認　手　続

　会社の定款上，上記に関する手続が定められていない場合，それらの権利は，会社の特別決議と合わせて以下の承認が得られる場合にのみ変更又は解除が可能である（126条(b)）。

　(i)　会議を開催する場合，(1)株式資本のある会社の場合，当該種類株式を保有する種類メンバーによる特別決議，(2)株式資本のない会社の場合，権利を変更され又は解除される種類のメンバーによる特別決議
　(ii)　書面決議の場合，当該種類の議決権の75%以上のメンバーによる書面同意

V 資本金に影響のある取引

(3) 承認後の手続

会社は、上記の変更又は解除が行われた場合、その後7日以内に、該当の種類のメンバーに対して、当該変更又は解除に関して書面で通知しなければならない（126条(c)）。

下記(4)の反対株主による差止請求（同条(e)）の申立てが行われた場合、関連する決議の成立又は関連する同意の受領から21日以内に会社は登記官に対し、所定の様式に従って、本条に従って行われた変更及びその結果生じる株式資本構成の変更を届け出なければならない（同条(d)）。

(4) 反対株主による差止請求

本条に従って変更が行われた種類の株式の発行済株式の10％以上の保有者[8]であって、変更の決議において同意や賛成投票をしなかった者が、当該変更について反対を継続する場合、裁判所に対して変更の差止めを申し立てることができる。かかる申立てが行われた場合、当該変更について裁判所が確認を行うまで、当該変更の効力は発生しない（126条(e)）。

上記126条(e)の申立ては、同意がなされた日又は決議が成立した日から21日以内に行われる必要があり、当該申立てを行うことができる株主[9]を代理して、かかる株主が当該目的のために1名又は複数のメンバー[10]を書面で指名して申し立てることも可能である（同条(f)）。

上記申立てを受けた裁判所は、申立人その他当該申立てに利害関係があるとして裁判所によるヒアリングを受けたい旨申し立て裁判所に出頭した者をヒアリングした後、当該事件を取り巻く全ての状況を踏まえ、当該変更が、申立人に代表される種類のメンバーに対して不当に権利を制限する可能性があると判断した場合には、当該変更を許可しないことができ、そのように判断されない場合には、変更を確認する（同条(g)）。

上記申立てに対する裁判所の判断は終局的判断である（同条(h)）。

---

8) holders とのみ規定されているが、メンバーの趣旨と解される。
9) shareholders と規定されているが、メンバーの趣旨と解される。
10) number と規定されているが、member の誤記と思われる。

第2編　会　社　法　　第5章　株式・資本金

会社は，上記申立てに対してなされた（裁判所の）決定書が会社に送達された日から21日以内に，決定書の写しを登記官に対して転送しなければならない（同条(i)）。

(5)　手続遵守に関する取締役の義務

会社の各役員は，本条に従った手続を履践し，関連する届出が行われるように合理的な手順を踏む義務を負う（126条(j)）。

上記126条(j)の規定の違反があった場合，会社及び当該違反を認識しながら，意図的に関与した全ての取締役及び役員は100万チャットの罰金に処される（127条）。

5.　財政的支援

(1)　株式取得にかかる会社による財政的支援の禁止

金銭の貸付が会社の通常の事業である場合又は下記(2)の場合を除き，有限責任株式会社は，非公開会社であって公開会社の子会社でない限り，いかなる者による，当該会社又は持株会社のいかなる株式取得やその予定を目的としても，又はそれらに関連して，直接又は間接に，財政的支援を与えてはならない（128条(a)前段）。

但し，金銭の貸付が会社の通常の事業の一環である場合，当該会社による通常の事業の範囲内での金銭の貸付は本条によっても禁止されない（同条(a)後段）。

なお，会社がその株式を消却し，減資を行い，その他本法15節（112条〜140条）に定める株式資本に影響を与える取引又は手続を実施する権利には影響を与えない（128条(b)）。

会社が上記制限（128条に定める禁止事項）に違反した場合，会社，及び当該違反を認識しながら意図的に違反に関与した全ての取締役又は役員は，250万チャットの罰金に処される（129条）。

V 資本金に影響のある取引

(2) 財政的支援が許容される場合

128条が適用される会社による財政的支援は，以下の条件を満たす場合に許容される。

① 取締役会の決議による場合

取締役会が合理的理由をもって以下の決議を行った場合，会社は，ある者が当該会社又はその持株会社の株式を取得することについて財政的支援を行うことができる（130条(a)(i)）。

(A) 会社が財政的支援を与えるべきである。
(B) 財政的支援を供与することが会社の最善の利益となる。
(C) 財政的支援の供与が会社株主に対して全体として公平且つ合理的である。
(D) 財政的支援の供与が会社から債権者に対する支払能力を重大に毀損しない。
(E) 会社が，財政的支援の直後において支払能力テストを充足する。

取締役会による上記決議後，財政的支援の実施直後に上記(A)〜(E)の要件が充足されることについて合理的理由があると取締役会が判断できなくなった場合には，会社によるすべての財政的支援は授権されなかったものとみなされる。

② 株主の承認を得た場合

133条に従って株主の承認を得た場合，会社は，ある者が当該会社又はその持株会社の株式を取得することについて財政的支援を行うことができる（130条(a)(ii)）。

会社による財政的支援に関する株主の承認は，以下のいずれかによってなされる必要がある（133条(a)）。

(i) 総会における特別決議。但し，株式を取得する者及びその関係者は賛成の議決権行使をしてはならない。
(ii) 総会における，普通株主全員の同意で行われた決議

185

第2編　会　社　法　　第5章　株式・資本金

③　特殊な場合

　会社が，130条に従って株式の取得が行われた直後において会社がミャンマーで上場する公開会社の子会社である場合，財政的支援は，当該会社の総会における特別決議による承認も得る必要がある（133条(b)）。

　株式取得の直後において，会社が持株会社を有するに至り，当該持株会社が本法に従って設立された非上場会社であって，本法に従って設立された別の会社の子会社ではない場合には，当該財政的支援は，持株会社となる総会の特別決議による承認をも取得する必要がある（同条(c)前段）。

⑶　承認総会の招集通知

　上記⑵の総会を招集する会社は，招集通知にあわせて，決議においてどのように投票するかの決断に重要な情報で会社が了知している全ての情報の記述を含めなければならない（133条(c)後段）。

　上記⑵の総会の招集通知が会社のメンバーに送付される前に，会社は，登記官に(1)招集通知，及び，(2)財政的支援に関連する書類であってメンバーに対して送付される招集通知に同封されるもの全て，の各写しを提出しなければならない（同条(d)）。

　会社は，財政的支援を実施する21日以上前に，所定の様式に従って，本条に従って財政的支援が承認された旨を記した書面を，登記官に対して通知しなければならない（同条(e)）。

⑷　財政的支援承認後の手続

　上記⑵の目的で上記⑵の決議がなされた場合，決議から14日以内に，当該会社，ミャンマーにおける上場会社又は持株会社は，登記官に対して当該決議を通知しなければならない（133条(f)）。

　会社の各取締役は，本条に従った手続を履践し，関連する届出が行われるように合理的な手順を踏む義務を負う（同条(g)）。

　上記133条(g)の違反があった場合，会社及び当該違反を認識しながら意図的に違反に関与した全ての取締役又は役員は，250万チャットの罰金に処される（134条）。

186

V 資本金に影響のある取引

(5) 財政的支援に関する規則への違反の効果

財政的支援が上記(2)①(A)（130条(a)(i)）に従って取締役会により承認された後でも，その実行前に，財政的支援の直後において上記（同条(a)(i)）の要件を満たすと取締役会が合理的理由をもって判断しなくなった場合には，かかる状況下で実行された財政的支援は，承認を得られていないとみなす（同条(b)）。

会社が130条の要求を遵守せず違反した場合，会社は250万チャットの罰金に処され，当該違反を認識しながら意図的に違反に関与した会社の取締役及び役員は同じ額の罰金に処される（131条）。

131条に加え，会社が財政的支援に関連してその後に支払不能となった場合には，130条(a)に違反していることを認識しながら意図的に財政的支援を承認した全ての取締役は，会社の債権者に対して，財政的支援の金額の範囲内で，責任を負う。各債権者に対する弁済期が到来した負債の額が会社の責任財産を超える場合には，債権者又は債権者を代理する清算人は直接当該超過金額を違反取締役に請求できる（132条）。

もっとも，会社が仮に上記(1)の制約（128条）に違反して財政的支援を行った場合，当該違反は，当該財政的支援又はそれに関連する契約や取引の効力には影響を及ぼさない（135条）。

6. 自己株式取得の禁止

(1) 直接取得の原則禁止

会社は，(1) 15節（112条〜140条）に従った自己株式の買戻しによる取得の場合，又は(2)裁判所の命令による場合を除いて，自己の発行する株式を取得してはならない（136条）。

(2) 株式への担保設定の禁止

会社は，自己の発行する株式又は自己を支配する持株会社の株式に担保を設定してはならない（137条）。

187

第2編　会　社　法　　第5章　株式・資本金

(3)　子会社に対する株式の発行及び譲渡の原則禁止

　子会社に対して行われた，会社による株式の発行又は自己株式の譲渡は，以下の場合を除いて，無効である（138条）。

　(a)　譲受人たる子会社が受託者として保有するのみであって，当該株式に関する受益権を有さない場合
　(b)　持株会社が譲渡人となって行う譲渡であって，譲受人たる子会社もその持株会社の子会社である場合

(4)　免　　　除

　連邦大臣は，上記により禁止され又は無効とされる事項のいずれに関しても，かかる状況が適法且つ有効となる条件の詳細を定めることができる（139条）。但し，本権限以外のあらゆる権限を制限するものではない（同条）。

7.　継続的努力

　取締役は，株式資本に影響を与える取引又は事項に関連して，当該取引又は事項が本法又は会社定款によって認められていること，又は，それらが本法に従ってメンバーの決議で承認されたことのみをもって，本法下で課される義務の全て，又は，その誠実義務から免れるものではない（140条）。

188

第6章 **機関・業務運営**

本章では，会社のガバナンスの根幹をなす株主総会や取締役会における会社法の規律をはじめ各種の機関に関する規律及び各種の機関の業務運営に関する規律について取り扱う。

Ⅰ 登録事務所

1. 登録事務所に関する義務

　会社は，その設立日から，全ての通信及び通知の宛先となる登録事務所（registered office）を定めなければならないとされている（141条(a)）。

(1) 登録事務所の住所の通知義務

　本法上，会社は，設立申請の際に，登記官（Registrar）[1] に対して，登録事務所の所在地を通知しなければならず，その後の変更の際には，変更日よりも前に，登記官に対して通知しなければならない（141条(c)）。

(2) 登録事務所の占有

　本法上，会社は，登録事務所の住所地に所在する建物において事業を遂行することまでは必要はないとされているが，その場合には，当該建物を占有する者による会社の登録事務所としての当該建物の使用についての同意を取得し，且つ，その記録を保持しなければならないものとされている（141条(b)第一文）[2]。

---

1)　登記官については付録Ⅰ(31)参照。
2)　登記官は，会社に対して，本条項に基づき要求される同意の証拠を提出するよう要求することができるものとされている（141条(b)第三文）。

189

第2編　会　社　法　　第6章　機関・業務運営

2. 居住取締役の住所による代替

　本法上，登記官は，以下の場合には，居住取締役（resident director）に対して，登録事務所の住所を居住取締役の住所に変更することを企画していることを通知することができるとされている（141条(e)前段）。

(i)　登録事務所が会社が事業を営んでいる建物であった場合に登記官が，会社がもはや当該建物で事業を続けていないと考える場合

(ii)　登録事務所が会社が事業を営んでいる建物ではなかった場合に登記官が，当該建物を占有している者が会社による当該建物の登録事務所としての使用に対して同意していなかった又は当該同意を撤回したと考える場合，又は当該建物を占有していた者が既に当該建物を占有していないと考える場合

　会社が，当該通知の発行の日から28日以内に，登記官に対して新しい登録事務所の住所を通知しなかった場合，登記官は登録事務所の住所を居住取締役の住所に変更することができるものとされている（141条(f)）。

3. 登録事務所等における会社の名称の提示義務

　本法上，有限責任会社（limited company）は，その名称を，登録事務所及び営業を行う全ての事務所又は場所において，よく見える位置で，読みやすいミャンマー語又は英語の文字で，公衆の閲覧に供するように提示しなければならないとされている（143条(a)）。

　さらに，有限責任会社は，もし会社印がある場合には，その名称を，読みやすい文字で会社印に彫り込まなければならないとされている（同条(b)）ほか，その名称を，読みやすいミャンマー語又は英語の文字で，全ての(1)会社により又は会社を代理して送付される書面による通信，及び，(2)会社により又は会社を代理して発行され又は署名され，会社の法的な義務を生じさせ又はその証拠となる書面に記載しなければならないとされている（同条(c)）。

190

Ⅱ 株主総会

1. 総会の種類

　本法上，総会は，年次総会（annual general meeting），創立総会（statutory meeting）又は特別総会（special general meeting）の3種類に分類されている（150条）。

(1) 年 次 総 会[3]

① 年次総会の開催時期

　本法上，年次総会は，146条に従って，会社の設立から18か月以内及び前回の年次総会の開催後15か月を超えない範囲で各暦年度毎に少なくとも1回開催されなければならないとされている（146条(a)）。

② 年次総会における議事

　本法上，年次総会の議事は，招集通知に記載がない場合でも，次の事項を含むことができ，又は，本法若しくは適用ある法律により要求される場合には，次の事項を含まなければならないとされている（146条(b)）。

　(i) 会社がこれらの報告を準備する必要のある場合には，年次財務報告，取締役会の報告及び監査人の報告の結果
　(ii) 取締役の選任
　(iii) 会社が監査人を選任する必要のある場合には，監査人の選任

③ 年次総会における議長の役割

　本法上，議長は，メンバーに，会社のマネジメントについての質問又はコメントを行う合理的な機会を与えなければなりならず，且つ，メンバーに，会社の監査，監査報告及び帳簿について監査人に対して質問を行う合理的な

---

3) 146条に基づく総会をいう（150条(a)）。

第2編　会　社　法　　第6章　機関・業務運営

機会を与えなければならないとされている（146条(c)(d)）。

④　小会社における特則

146条は，メンバーが普通決議により本条を適用することを決定した場合など一定の場合以外は小会社には適用されないとされている（146条(e)）。

(2)　創　立　総　会[4]

①　創立総会の開催時期

本法上，公開会社及び株主資本を有する有限責任保証会社は，会社が設立された日から28日以上6か月以内の期間内に，会社のメンバーによる創立総会を開催しなければならないとされている（148条(a)）。

②　創立報告書（statutory report）の回覧等

本法上，取締役会は，創立総会が開催される少なくとも21日前に，148条で要求されるところに従って証明された創立報告書を会社の全てのメンバーに回覧しなければならないとされている（148条(b)）[5]。

さらに，創立報告書には，割当て株式数など一定の事項[6]が記載される必要があり，2名以上の会社の取締役，取締役会を代理することが認められている場合には取締役会の会長，又は会社に1名しか取締役が存在しない場合には1名の取締役により，証明されなければならず（同条(c)），会社が割り当てた株式，当該株式に関して受領された現金及び会社の受領及び支払に関する限り，会社の監査人により正確である旨が証明されなければならないとされている（同条(d)）。

(3)　特　別　総　会

本法上，特別総会は，151条(a)を含む本法に基づき招集されるその他の株主総会をいう（150条(c)）。

---

4)　148条に基づく総会をいう（150条(b)）。
5)　取締役は，148条で要求されるところに従って証明された創立報告書のコピーを会社のメンバーに送付した後に登録のために登記官に送付しなければならないとされている（148条(e)）。
6)　148条(c)(i)～(viii)参照。

Ⅱ　株主総会

2. 総会の招集及び開催

　本法上，総会の招集及び開催については，以下のとおり，151 条及び 152 条において通則的な規定が置かれている。

(1) 定　足　数

　本法上，少なくとも 2 名のメンバー（又は会社の定款により定められたより多数のメンバー）が総会中常時出席している場合に定足数を満たすものとされている（151 条(a)(ii)）。

ポイント

〔一人株主会社の許容〕

　旧法下では，非公開会社の場合，株主は最低 2 名（公開会社の場合は最低 7 名）が必要とされ（旧法 5 条），株主 1 名による会社は認められていなかった。これに対して，本法では，1 名以上のメンバーを会社の必要的機関としており（4 条(a)(iv)）（前記**第 2 章Ⅰ 2.(1)**)，及び同ポイント〔会社の機関設計の多様化〕参照），また，メンバーが 1 名の会社は総会を開催する必要がなく，決定事項を記載した書面を作成しメンバーが署名すること（書面決議）により，必要な決議が可能とされており（156 条(b)），一人株主会社を明文により許容している。

　もっとも，総会の定足数は，2 名又はその他定款で定められた 2 名超の人数と定められており（151 条(a)(ii)），一人株主会社ではかかる定足数を満たすことができない。かかる条文の趣旨を，一人株式会社を許容する条文と整合的に理解しようとすれば，本法は，一人株主会社においては，総会としての決定は必ず書面決議によりなされ，物理的な会議体としての総会は開催されないことを想定していると理解することができるのではなかろうかと考えられる。

---

(2) 議　事　進　行

　会社の定款に別段の定めなき限り，取締役会により選任された者により議事進行がなされるものとされており，当該者が欠席の場合には出席するメン

193

第2編　会　社　法　　第6章　機関・業務運営

バーが代替者を選任するものとされている（151条(a)(iii)）。

(3)　招　集　権　限

　本法上，総会の招集権限は以下の者に与えられている。

(a)　取締役会の会長（151条(a)(vi)）
(b)　（会社の定款に従い）定款に定められた他の取締役又は他の者（同条(a)(vii)）
(c)　総会において投票できる議決権の10分の1以上の議決権を有するメンバー[7]
　　（同条(a)(ix)）

　なお，例外的な場合とはなるが，その他の方法では招集することが非実務
的である場合又はそうすることが正当で公平に資する場合には，裁判所の命
令により総会を招集できるものとされている（同条(a)(x)前段）。

(4)　招集権限に関する少数株主権及び総会での議題提案権

　本法上，定款規定にかかわらず，株式資本を有する会社の取締役会は，以
下の(a)又は(b)の　要件を満たすメンバーが要請する場合，提案された議題が
総会で適切に考慮され得るものである限り，総会を直ちに招集しなければな
らないとされている（151条(b)）。

(a)　総会において投票できる議決権の10分の1以上の議決権を有するメンバー
(b)　総会において議決権を有する100名以上のメンバー

　さらに，本法上，(a)又は(b)の要件を満たすメンバーは，会社に対し，総会
において提案する決議案を通知することができるとされている（同条(g)）。

---

7)　但し，当該メンバーは総会の招集及び開催に関する費用を支払う義務があるとされている（151
　条(a)(ix)）。

194

Ⅱ　株主総会

> **ポイント**
>
> 〔少数株主権〕
>
> 　本法上，総会において投票できる議決権の10分の1以上の議決権を有するメンバーは，少数株主権として，総会の招集権限を有し，且つ，総会での議題提案権を有することとなるから，例えば，合弁事業において，これらの権利について制限を課すことを企図する場合には，別途，合弁契約や株主間契約などにおいて予め少数株主権の行使に関するルールを定めるなど関連規定を置くことなどが考えられる。

(5)　テレビ会議・電話等での総会開催の許容

　本法上，会社は本法における招集及び投票にかかる要件を遵守した上で，会社が，全メンバーを参加可能とし，かつ適切に議事進行される方法によって，総会が開催されることを常時確保することを条件として，定款によりメンバーにとって利用可能な技術を利用して総会が招集され又は開催されることを定めることができるとされている（151条(j)）。

　メンバーにとって利用可能な技術として，テレビ会議や電話会議などが想定され，従って，会社は，定款に定めることにより，テレビ会議や電話会議の方式により総会を開催することが許されると考えられる。

(6)　招集通知の発送時期

　本法上，総会は，21日以上（又は会社の定款により定められたより長期の期間）前に書面による通知で招集され，又は，公開会社の場合は，28日以上の書面による通知で招集されるものとされている（152条(a)(i)前段）。

　但し，特定の総会の通知を受ける権利を有する全てのメンバーが同意する場合には，それらのメンバーが妥当と考える，より短期の期間の通知及び方法で総会を招集することができるものとされている（同条(a)(i)後段）。

　なお，総会の書面による通知は，議決権を有する全てのメンバー，取締役及び監査人に宛ててなされなければならないものとされている。（同条(a)(ii)前段）

195

第2編 会社法 第6章 機関・業務運営

当該通知は，(1)直接に手渡しで，(2)メンバー名簿に記録されたメンバーの住所又はかかる目的でメンバーが通知したその他の住所に宛てた郵便若しくはその他の直接配達で，(3)かかる目的でメンバーが通知したファックス番号若しくは電子的アドレスに宛てた電子的な方法で，又は(4)定款に明示されたその他の方法で，なされるものとされている（同条(a)(ii)後段）。

(7) 招集通知の記載事項

本法上，総会の招集通知の記載事項は，以下のとおり法定されている（152条(a)(iii)）。

(A) 総会の場所，日付及び時刻
(B) 総会の議題の一般的な性質
(C) 総会が，年次総会，創立総会又は特別総会のいずれにあたるか
(D) 必要となる説明的な資料を添えた，総会で提案される決議案（いずれかの決議が特別決議であるか又はメンバーにより提案された決議であるかを含む。）
(E) 代理人又は会社の代表者の選任に関する情報及び指示（当該選定の通知が受領される期限となる時刻及び当該選定の通知の送付方法を含む。）
(F) 定款又は本法に従い要求されるその他の情報

(8) 総会における議決権の行使

本法上，定款に従い[8]，且つ株式の種類に付帯する権利又は制限に従い，総会における投票については以下の条項が適用される（152条(b)(i)）。

(A) 挙手による場合，各メンバーが1議決権を有する
(B) 投票による場合，各メンバーがその保有する株式1株につき1議決権を有する
(C) 株式が共有の場合，名前／名称が記録されたメンバーのうち1名の株主のみが議決権を有する
(D) 議長がキャスティングボートを有する

---

8) 152条(b)については，全般的に定款に従うこととされている。

Ⅱ　株主総会

　なお，投票が要求されない限り，総会における決議は挙手により決せられなければならないとされ（同条(b)(ⅲ)），挙手の方法が原則となるが，いかなる決議においても，次のいずれかの者には，投票を要求できると規定されている（同条(b)(ⅳ)）。

(A)　議長
(B)　5名以上のメンバー
(C)　投票による場合には10%以上の議決権を有することとなるメンバー

　さらに，もし，何らかの理由で，総会を招集できるとされる方法で総会を招集すること，又は，会社の定款又は本法に規定された方法で総会を行うことが非実務的である場合には，裁判所の命令等による総会の招集が行われる場合があることが規定されている[9]（同条(c)）。

> ポイント
>
> 〔挙手又は投票による議決権の行使〕
> 　本法上，総会における議決権の行使は，原則として，挙手により決せられると定められている（152条(b)(ⅲ)）が，例えば，合弁事業における総会の運営を想定すれば，挙手による議決権の行使を許容することは，合弁契約での規律に反する結果を生じさせることも多いと予想される。
> 　もっとも，一方で，本法上，投票において10%以上の議決権を有するメンバーが要求した場合には投票により決せられると定められている（同条(b)(ⅳ)）ことから，実際上，挙手の方法により議決権の行使が行われる場合は稀ではないかと考えられるものの，念のため，かかる本法上の規律を踏まえ，実務上の対処策として，合弁契約のみならず定款においても，総会における議決権の行使は投票の方法による旨の規定を設けることなども考えられる。

---

9)　裁判所は，自らの申立てで，又は，会社の取締役又は当該総会で議決権を行使することができるメンバーの申請により，裁判所が妥当と考える方法で総会を招集し，開催し，実施することを命令することができ，且つ，当該命令がなされた場合には，裁判所が目的にかなうと考える付随的又は重要な指示を行うことができ，当該命令に従って招集され，開催され，実施された総会は，いかなる目的であれ適正に招集され，開催され，実施された総会とみなされるものとする（152条(c)）。

197

第２編　会　社　法　　第６章　機関・業務運営

⑼　総会決議の成立要件

　本法又は会社の定款が，明示的に特別決議又はその他の割合若しくはメンバーの数によって承認されることを要求する事項を除いて，会社が本法又は定款によって決議を要求されるいかなる事項についても，普通決議によって可決することができるとされている（155条）。

　普通決議の可決要件は，議決権を有する出席メンバーの単純過半数の承認であり，一方，特別決議の可決要件は，議決権を有する出席メンバーの４分の３以上の多数の承認である。普通決議及び特別決議の具体的定義については，巻末の付録Ⅰ［定義］を参照されたい。

⑽　総会に出席する代理人の選任

　本法上，総会に出席する代理人の選任に関して，次のとおり，特別な規定が置かれている。

　まず，会社は，取締役会の決議により，メンバーが代理人を選任する際の書式を定めることができ，書式を定める場合には，当該書式をメンバー全員に送付しなければならないとされ（154条(c)前段），また，当該書式が定められたか否かにかかわらず，代理人の選任は，代理人を選任するメンバーにより署名され，次の情報を含むものであれば有効であるものとされている（同条(d)）[10]。

　（ⅰ）　メンバーの名前・名称及び住所
　（ⅱ）　会社の名称
　（ⅲ）　代理人の名前
　（ⅳ）　代理人が利用される総会（全ての総会において可能）

　また，選任が有効であるためには，代理人を選任する書面は，関連する総会の開催の少なくとも48時間前に会社に到達[11]していなければならないと

---

10)　さらに，代理人を選定する書面は，どのように代理人が決議において議決権を行使するか又は，代理人の裁量により代理人が議決権を行使することができることを規定することができ，議決権行使の方法が特定されている場合には，代理人はその方法に従わなければならないとされている（154条(g)）。

198

されている（同条(e)前段）。

3. 総会の書面決議

本法上，総会の開催を要しない場合及び書面決議を行うことができる場合に関する規定が置かれている（156条）。

(1) 総会の開催を要しない場合

総会の開催を要しない場合としては，メンバーが1名のみの会社の場合が挙げられており，この場合は，メンバーの総会を開催する代わりに，書面に署名しそれを記録することにより，必要となる決議を行うことができるとされている（156条(b)）。

(2) 書面決議を行うことができる場合

次に，書面決議を行うことができる場合として，非公開会社において，議決権を有する全てのメンバーが書面に記載された決議に賛成であるという文言を含む書面に署名した場合が挙げられている。この場合には，総会を行うことなく，メンバーの決議を行うことができ，最後のメンバーが署名した際に決議がなされたものとするとされている（156条(d)）。

(3) 総会及び書面決議の議事録

本法上，会社は，総会及び書面決議の全ての手続についての議事録を準備しなければならないとされている。

当該議事録又は決議は総会の開催又は書面決議による決議から21日以内に記録されなければならず，議長又はその他の権限のある取締役により署名されなければならないとされている（157条(a)）[12)13)]。

さらに，総会及び株主の書面決議の手続についての議事録を含む記録簿

11）　会社が，代理人を選定するメンバーから複数の書面を受領した場合，最後に受領した書面が有効とされ，従前の書面を撤回するものとみなされる（154条(f)）。

12）　手続が行われた総会の議長，又は次回の総会の議長により署名された場合，当該議事録又は書面決議は，手続又は決議が行われた証拠となるものとするとされている（157条(b)）。

199

第2編　会　社　法　　第6章　機関・業務運営

(book) は，会社の登録事務所において，又は，本法に従い会社の登録簿が保管されているその他の場所において，保管されなければならず，営業時間中（ただし1日2時間以上で閲覧するものとする）メンバーに対して[14] 無償で閲覧に供されるものとされている（同条(d)）。

　また，メンバーは，総会から7日経過した後はいつでも，会社に対し，議事録又は決議の写しを要求してから7日以内に，取締役会で定めた合理的な金額で，これらを提供するよう求めることができるものとされている（同条(e)）。

Ⅲ　取　締　役

1. 取締役の資格

　本法上，取締役については，以下の資格要件を満たす必要があるものとされている（175条(a)～(e)）[15]。

(a)　会社の定款により一定の株式を保有するよう要請されている取締役で，未だに保有していない者は，取締役に指名されてから2か月以内又は定款により規定されたより短い期間内に株式を保有していること

(b)　18歳以上の自然人であること

(c)　健全な精神状態でなければならないこと

(d)　本法又はその他適用ある法により取締役として行動する資格を剥奪された期間中ではないこと

(e)　債務未弁済の破産者ではないこと

---

13)　反対の証明なき限り，議事録が準備され署名された総会は，適正に招集され開催されたものとみなされ，全ての手続は適正に行われたとみなされ，取締役又は清算人の全ての選定は有効とみなされるものとされている（157条(c)）。

14)　ミャンマー語の法令上も「2時間以上」という表記になっているものの，条文の構造からすると，閲覧請求を受ける側の負担を合理的な範囲に抑えるべく，「2時間以内」とする意図ではなかったのかとも推察される部分である。

15)　175条は，会社がその定款に規定する追加的な資格を排除するものではないとされているものの，175条に基づいて要求される資格と一貫性のない定款による資格は有効ではないものとされている（175条(f)）。

200

Ⅲ　取　締　役

　なお，前記**第2章Ⅰ 2.**(1)のとおり，少なくとも取締役1名に居住性が要求されることに留意を要する。居住性の要件として適用ある法に基づきミャンマー連邦の永住者であること，又は，廃止された法の下で登記された既存会社若しくは事業体の場合は，本法の開始日から，本法の下で登記された会社若しくは事業体の場合は，設立の日から起算して12か月の期間において少なくとも183日以上ミャンマー連邦に居住していることが必要となる（1条(c)(xix)）。

2. 取締役の指名・退任・解任

(1)　取締役の指名

　取締役は，会社の定款に別段の定めある場合を除き，以下のように指名される（173条(a)）。

(a)　本法第2章に基づいてなされた会社設立申請において名前が記載された者が，最初の会社の取締役になる

(b)　その後，会社の取締役は，総会におけるメンバーの普通決議によって指名される[16]

(c)　取締役の一時的欠員（casual vacancy）が生じた場合は，たとえその時点で取締役会が定足数を満たさない場合であっても，取締役会により補填されるものとし，そのように指名された者は，指名後に開催される次回の総会においてメンバーの承認を受けなければならず，当該総会は指名後6か月以内に招集されなければならない

---

16)　なお，公開会社の場合，原則として，各年次総会において，3分の1の数の取締役，又は，員数が3又は3の倍数でない場合には3分の1にもっとも近い員数が職を辞さなければならないとされているが，この規律については，定款規定で排除可能とされている（173条(b)）。

201

第2編 会 社 法 第6章 機関・業務運営

> ポイント
>
> 〔マネージング・ディレクター〕
>
>   本法上，取締役会は，取締役がふさわしいと考える期間及び条件で，取締役の中から1名以上のマネージング・ディレクターを指名することができるとされ，且つ，取締役でなくなった者はマネージング・ディレクターでなくなるものとされている（173条(d)）。取締役会は，定款に従い取締役会が行使できるいかなる権限もマネージング・ディレクターに授権できるとされていることから，例えば，合弁事業において，マネージング・ディレクターの権限等に関して一定の制限を課すことを企図する場合には，合弁契約や定款において予め一定の規律を定めるなど関連規定を置くことなどが対応策として考えられる。

(2) 取締役の解任

　本法上，会社は，当該目的のために招集された総会における普通決議により，又は本法に従った書面決議により，取締役を解任することができるとされている（174条）。

(3) 取締役の退任

　本法上，取締役の退任については，178条において退任事由が列挙されている[17]が，その概要は以下のとおりである（178条(a)）。

(i) 前記 **1.**(a)（175条(a)）に規定された期間内に取締役の指名に必要となる株式保有要件（あれば）をみたさず，又は，その期間以降にみたさなくなった場合

(ii) 管轄権を有する裁判所により健全な精神状態を有さないとされた場合

(iii) 破産宣告を受け又は支払不能となった場合

(iv) 取締役が保有する株式について残額の払込みの請求がなされた日から6か月以内に当該残額の払込みがなされなかった場合

---

17) なお，178条の規定は会社が定款により178条において特定されたものに加えて取締役の職務について退任事由を規定することを阻むものとみなされるものではないとされている（178条(b)）。

202

Ⅲ　取　締　役

(ⅴ) 取締役会からの休職なく，又は代替者（alternate）の指名なく，3回連続
した取締役会，又は3か月の期間内の全ての取締役会の，どちらか長い方
に欠席した場合
(ⅵ) 会社に書面で通知することにより取締役としての地位から辞任した場合
(ⅶ) 死亡した場合
(ⅷ) 本法又は定款に従い解職された場合
(ⅸ) 本法又は定款に規定された取締役の地位を有するために必要となる資格を
有さなくなった場合

3. 取締役の権限

(1) 取締役の権限

　本法上，会社の事業を管理するに際し，取締役会（又は一人取締役）は，
本法又は会社の定款によりメンバーによって行使されることが要求されるこ
とが明示的に定められた権限に服するものの，会社の権限の全てを行使する
ことができるとされている（160条(b)）。
　また，会社の定款に別途規定する場合を除き，取締役会は，マネージング・
ディレクターに取締役会が行使できるあらゆる権限を授権することができる
とされ（同条(c)），さらに，取締役会は，そのあらゆる権限を，(1)取締役会
の委員会，(2)取締役，(3)会社の従業員，又は(4)その他の者に，委任すること
ができるとされている（同条(d)）。
　一方で，このような権限の委任に関しては，取締役会からの指示に従って
権限行使されなければならず，受任者による権限の行使は，取締役会が行使
したのと同様に有効であるとされ（同条(e)），且つ，取締役会が権限を委任
した場合には，取締役会は，自らが(1)常時合理的理由に基づき，受任者によ
る権限の行使が，本法及び会社の定款により会社の取締役会に課された義務
に従って行われたこと及び(2)合理的理由に基づき，誠実に，且つ，状況から
して照会が必要な場合には適切な照会を行った上で，権限の委任は信頼に足
るものであり，委任された権限に関して適格であることを信じたと証明でき
ない限り，委任による権限の行使について，当該権限が取締役会自身におい

第2編　会　社　法　　第6章　機関・業務運営

て行使された場合と同様の責任を負うものとされている（同条(f)）。

(2)　取締役の帳簿閲覧権

本法上，取締役は，合理的な時間に，会社の記録簿（book）や記録を閲覧することができるとされ（161条(a)），さらに，取締役でなくなった者は，取締役でなくなってから7年間，(1)その者が当事者である，(2)その者が善意で進める意図のある，又は(3)その者がそれら〔の記録簿又は記録〕に反して進められると信じる理由のある，訴訟のために，合理的な時間に，会社の記録簿や記録を閲覧し，それらの写しをとることができるとされている（同条(b)）。

(3)　取締役の権限の制限

本法上，広範な権限を有する取締役であるが，次のような権限の制限に関する規定が置かれており，それによれば，公開会社，公開会社の子会社又は定款にかかる規定がある場合の非公開会社の取締役会は，総会で会社の同意が得られている場合を除き，(1)会社の主要な事業を売却又は処分すること，又は，(2)取締役が負う負債を減免すること，はできないものとされている（162条）。

---

4. 取締役等の義務

本法上，165条から172条にかけて取締役等の主要な義務に関する規定が置かれているので，以下ではその概要を敷衍することとする。

(1)　注意と相当な配慮をもって行動すべき義務

取締役又は役員は，合理的人間が，以下のいずれかの状況にあった場合には行使するであろう程度の注意と相当の配慮をもって，権限を行使し，義務を果たさなければならない（165条(a)）。

(i)　当該者が当該会社を取り巻く状況の下で会社の取締役又は役員である場合

(ii)　当該者が取締役又は役員が務めるであろう職務を遂行しており，かつ当該会社内において取締役又は役員と同様の責任を負っている場合

204

Ⅲ　取　締　役

　上記の義務との関係においては，当該者の権限を行使し義務を果たす局面において，当該会社の事業運営に関係する行動をとる又はとらない判断をする取締役又は役員は，次に掲げる全ての場合に該当する場合には，上記 165条(a)の義務，かかる義務と同様の法的又はエクイティ上の義務，及び 170 条の義務を果たしたものとみなされる。

（ⅰ）　当該者が適切な目的のために誠実に当該判断を下す場合
（ⅱ）　当該者が当該判断の対象事項に関して重大な個人的な利害関係を有さない場合
（ⅲ）　当該者が適切と合理的に信ずる範囲において，当該判断の対象事項について情報を有している場合
（ⅳ）　当該者が当該判断が当該会社の最善の利益に資すると合理的に信ずる場合

(2)　会社の最善の利益のために誠実に行動する義務

　さらに，本法上，取締役又は役員は 166 条に従って，(1)誠実に，且つ，会社の最善の利益のために[18]，及び(2)適切な目的のために，権限を行使し，義務を果たさなければならない[19]（166 条(a)）。

　なお，本条に定める義務との関係で，株主間のジョイントベンチャーを営んでいる会社の取締役又は役員の義務についての例外規定が存する。

　即ち，株主間のジョイントベンチャーを営んでいる会社の取締役又は役員は，ジョイントベンチャーの運営に関連して，取締役又は役員としての権限

---

18)　当該義務に関して，取締役又は役員がその権限を行使し義務を果たす際，(ⅰ)判断の長期に及びうる結果（これには，(A)当該会社の従業員，(B)顧客又は調達先との間の会社の営業上の関係，(C)環境，及び(D)会社の評判，に対する影響が含まれる），並びに(ⅱ)会社のメンバー間で公平に行動する必要性，を考慮することができる（166 条(e)）。
19)　なお，完全所有子会社である会社の取締役又は役員は，取締役又は役員としての権限を行使し，又は，義務を履行するに際し，もし会社の定款において明示的にそうすることが許容されている場合には，それが会社の最善の利益に資するものではない場合であっても，自らが会社の親会社の最善の利益に資すると信じる方法で行動することができるとされ（166 条(b)），また，（完全所有子会社でない）子会社である会社の取締役又は役員は，取締役又は役員としての権限を行使し，又は，義務を履行するに際し，もし会社の定款及び従前からの（親会社を除く）メンバー間の合意において明示的にそうすることが許容されている場合には，それが会社の最善の利益に資するものではない場合であっても，自らが会社の親会社の最善の利益に資すると信じる方法で行動することができるとされている（166 条(c)）。

205

第2編　会　社　法　　第6章　機関・業務運営

を行使し，又は，義務を履行するに際し，もし会社の定款において明示的に
そうすることが許容されている場合には，それが会社の最善の利益のために
資するものではない場合であっても，自らが株主の最善の利益に資すると信
じる方法で行動することができるものとされている（同条(d)）。

(3)　地位の利用に関する義務

本法上，取締役又は役員は，(1)自ら又は他の者を利するために，又は(2)会
社に損害を与えるために，不適切にその地位を利用してはならないとされて
いる（167条）。

(4)　情報の利用に関する義務

本法上，取締役又は役員は，(1)自ら又は他の者を利するために，又は(2)会
社に損害を与えるために，不適切に取締役又は役員として得た情報を利用し
てはならないとされている（168条）。

(5)　会社法及び定款を遵守する義務

本法上，取締役又は役員は，本法又は会社の定款に違反する方法で行動し
てはならず，また，会社がそのような行動を行うことに合意してはならない
とされている（169条）。

(6)　無謀な取引を避ける義務

本法上，取締役又は役員は，会社の債権者に対して重大な損害の実質的な
危険を作出するであろう方法で，会社の事業を営ませ，又は，営むことを許
してはならず，また，事業が営まれることに合意してはならないとされてい
る（170条）。

(7)　会社の義務に関する義務

本法上，取締役又は役員は，会社が義務を履行するよう要求された場合に
当該義務を履行できるとの合理的な理由があるとその時点で信じるのでない
限り，会社に義務を負わせることに合意してはならないとされている（171条）。

III 取 締 役

(8) 一定の利害関係を開示する義務

本法上，会社の取締役で，会社の事業に関する議事に重大な個人的な利害関係を有する者は，以下の一定の場合を除いて，他の取締役に当該利害関係を通知しなければならないものとされている（172条(a)）。

① 利害関係が，
 (A) 取締役が会社のメンバーであることを理由に生ずるものであり，会社の他のメンバーとも共通するものである場合
 (B) 会社の取締役としての報酬に関して生ずるものである場合
 (C) 会社が締結を提案しているが，会社のメンバーにより承認されるものであって，当該メンバーにより承認されなければ会社に義務を負わせることのない契約に関するものである場合
 (D) 会社のローン（又は予定されたローン）の全部又は一部のため，取締役が会社の保証人になること，又は，補償又は担保を提供することのみを理由に生ずるものである場合
 (E) 取締役が上記(D)所定の保証又は補償に関して代位権を有することのみを理由に生ずるものである場合
 (F) 会社の役員として取締役に生ずる責任に保険を付す又は付すであろう契約に関するものである場合（但し，会社又は関連事業体を保険者としない契約である場合に限る）
 (G) 会社又は関連事業体による本法181条に基づいて許された補償又は当該補償に関する契約に関する支払に関するものである場合
 (H) 関連事業体との，関連事業体のための又は関連事業体を代理して締結される契約又は締結が予定された契約に存するものであり，取締役が当該関連事業体の取締役であることのみを理由に生ずるものである場合
② 取締役が，利害関係の性質，範囲及び会社の事業との関係について，既に172条に従って通知しており，且つ当該通知が有効性を保っている場合
③ 会社が1名のみ取締役を有しており，当該取締役及び当該取締役の関係者のみが会社の株主である場合[20]

---

20) なお，一人取締役会社が他の株主も有する場合には，①～③（172条(a)）に基づき発することが要請される通知は当該他の株主に発せられなければならないものとされている（172条(a)(iii)後段）。

207

第2編　会　社　法　　第6章　機関・業務運営

本条に基づく利害関係の通知に関しては，以下のとおり，その範囲や記載内容についても規定が置かれている。

即ち，まず，利害関係の通知は，その時々に要請されるとおりに発することもできるし，ある事項について利害関係を有する会社の取締役は，他の取締役に対し，利害関係の性質及び範囲について継続的な効力を有する通知（standing notice）を行うことができるとされている（172条(b)）。

また，継続的な効力を有する通知は，いつでも，議事が通知が発せられた時点での会社の事業に関するか否かにかかわらず，発することができるものの，新たな取締役が就任した場合，従前発せられた継続的な効力を有する通知は新たな取締役会において更新されなければならないとされる（同条(c)）。さらに，継続的な効力を有する通知は，利害関係の性質及び範囲が，通知において開示されたものよりも重要な点において増加した場合には，有効でなくなるものとされ（同条(d)），厳格な取扱いが要請されている。

なお，当該通知は，(1)利害関係の性質及び範囲の詳細が記載される必要があり，且つ(2)取締役会において伝えられ，議事録において記録されなければならないものとされている（同条(e)）[21]。

当該172条は，利益相反についてのその他の一般法，及び定款の規定に加えて適用されるものとされている（172条(g)）。

---

21)　もっとも，取引の安全の考慮からと考えられるが，取締役による本条の義務の違反は，行為，取引，合意，証書，決議及びその他の事項の有効性に影響を与えるものではないとも規定されている（172条(f)）。

208

Ⅲ 取締役

ポイント

〔取締役の義務の明確化〕

　本法上，取締役の義務は多岐にわたって規定されており，上記で敷衍したとおり，(1)注意と相当な配慮をもって行動すべき義務，(2)会社の最善のために誠実に行動する義務，(3)地位の利用に関する義務，(4)情報の利用に関する義務，(5)法及び定款を遵守する義務，(6)無謀な取引を避ける義務，(7)会社の義務に関する義務，(8)一定の利害関係を開示する義務，が定められ，その明確化が図られている（165条～172条）。

　これらの義務のうち，(2)会社の最善のために誠実に行動する義務については，合弁事業を営む会社の取締役又は役員の義務について定款で例外規定を定めることが許容されている（166条(d)）ことから，今後，合弁事業を営む会社を設立する場合には，定款でかかる例外規定を定めておくことになるものと考えられる。

5. 取締役等の登録

(1) 登録簿への登録

　会社は，登録事務所又は登録簿（register）が保管されている他の場所において，取締役，代替取締役（alternate directors）及び秘書役にかかる登録簿を保管しなければならず，当該登録簿には，次の各事項が記載されなければならないとされている（189条(a)）。

(ⅰ) 各取締役，代替取締役又は秘書役のその時点でのフルネーム，元のフルネーム，個人の誕生日，個人の居住地住所，個人の国籍，(もしあれば) その他国籍，個人の職業 (もしあれば)，及び個人が他に取締役を兼任している場合には，当該兼任状況

(ⅱ) 172条に基づき取締役によって開示された利害関係

(ⅲ) 187条に基づき取締役に対して提供された利益

209

(2) 取締役等の情報提供義務

各取締役，代替取締役及び秘書役は，(1)（189条(a)）に基づき作成される登録簿に記載される情報を会社に対して提供しなければならないとされている（189条(b)）。

(3) 登記官に対する報告義務

会社は，97条に基づく年次報告の届出義務の一環として，所定の様式により，登記官に対して上記(1)の登録簿に記載の情報を含む報告を送付しなければならない（189条(c)前段）とされている。

また，会社は，取締役，代替取締役若しくは秘書役に関する変更，又は登録簿に記載の事項の変更について，当該変更の日（the date of the charge）から28日以内に，所定の様式による通知を届け出なければならない（同条(c)後段）。

(4) 登記簿の閲覧

189条に基づき保管すべき登録簿は，営業時間中（但し，会社が当該定款又は総会によって課した合理的な制限〔毎日2時間以上は閲覧に供される。〕に従うものとする。），会社の全てのメンバーに対しては無償にて，その他の者に対しては，閲覧毎に会社が決定する合理的な金額を支払うことによって，閲覧に供されなければならないとされている（189条(d)）。

なお，189条に基づく閲覧が拒絶された場合において，閲覧が拒絶された者から申立てが行われ，且つ会社への通知がなされたときは，裁判所は，命令を発することにより，登録簿が直ちに閲覧に供されるよう会社に指示することができるとされている（同条(e)）。

Ⅳ　取締役会

1.　取締役会の権限

　本法上，会社の事業は，取締役会（又は，一人取締役会社の場合は，当該一人取締役）の指示により管理されるものとするとされている（160条(a)）。

2.　取締役会の招集及び開催

　本法上，会社の定款に従い，取締役会について以下のように規定されている（145条(a)）。

(ⅰ)　取締役会は，他の全ての取締役に合理的な通知を発した取締役により招集でき，

(ⅱ)　取締役会は，全ての取締役が同意した技術を利用して又は会社の定款所定の方法で招集又は開催することができ，

(ⅲ)　取締役会の定足数は，2名の取締役又は会社の定款所定のその他の人員数とし，当該定足数は取締役会の開催中常時満たされなければならず，且つ

(ⅳ)　取締役会の決議は，決議に参加できる取締役が投じた議決権の過半数で決せられなければならない。

　上記のとおり，取締役会は，全ての取締役が同意した技術を利用し招集又は開催することができるとされており（同条(a)(ⅱ)），従って，会社は，全ての取締役が同意した場合にはテレビ会議や電話会議の方式により取締役会を開催することが許されると考えられる。

　さらに，取締役は，取締役会及び総会の議事を取り仕切る議長を選ばなければならないとされ，議長が当該会議の全部又は一部を欠席した場合，代理の議長を選ぶことができるものとされている（同条(b)）。

　なお，会社の定款に別段の定めなき限り，議長は取締役会においてキャスティングボートを有するものとされている（同条(c)）。

211

第2編 会 社 法 第6章 機関・業務運営

3. 利益相反の場合の議決権の制限等

本法上, 会社の定款及び163条に従い, 取締役会で検討される会社の事項
に関する議題について会社の取締役が重大な個人的な利害を有する場合, 当
該取締役は, 当該議題が検討されている間は, 議事に参加してはならず, 当
該議題について議決権を行使できないものとされている (163条(a))。

もっとも, 会社の定款に従い, 以下の場合には, 議題について会社の取締
役が重大な個人的な利害を有する場合であっても, 取締役は, 当該議題が検
討されている間も取締役会で議事に参加でき, 当該議題について議決権を行
使できるものとされている (同条(b))。

(i) 172条に基づき, 取締役が, 利害関係の性質と範囲, 及び, 会社の事業と
の関係について開示し, 他の取締役らが, 当該取締役及び利害関係の性質
を特定し, 且つ, 当該利害関係は当該取締役の議事への参加又は議決権の
行使を妨げるものではない旨の決議を行った場合
(ii) 総会において上記(i)の取締役会決議と同様の決議がなされた場合
(iii) 172条の下で開示される必要がない利害関係である場合

さらに, 会社の定款に規定する場合を除き, 上記の(i)〜(iii) (163条(b)) の
条件が満たされた場合には, (1)取締役は, 利害関係を有する議案につき議決
権を行使でき, (2)利害関係を有する取引を進めることができ, (3)取締役は,
利害関係を有するとしても, 当該取引に基づく利益を確保することができ,
且つ, (4)会社は, 利害関係を有することのみを理由として, 取引を差し控え
なくてもよいものとされている (163条(c))。

4. 取締役会の書面決議

本法上, 総会の場合と同様に, 取締役会の開催を要しない場合及び書面決
議を行うことができる場合に関する規定が置かれている (156条)。

(1)　取締役会の開催を要しない場合

まず，取締役会の開催を要しない場合としては，取締役が1名のみの会社の場合が挙げられており，この場合は，取締役会を開催する代わりに，書面に記録しそれに署名することにより，必要となる決議を行うことができるとされている（156条(a)）。

(2)　書面決議を行うことができる場合

次に，書面決議を行うことができる場合として，全ての取締役が書面に記載された決議に賛成であるという文言を含む書面に署名した場合が挙げられている。この場合には，取締役会を開催することなく，取締役会の決議を行うことができ，最後の取締役が署名した際に決議がなされたものとするとされている（156条(c)）。同一の書式に基づく複数の写しへの署名も認められている（同条(c)後段）。

(3)　取締役会及び書面決議の議事録

本法上，会社の総会の場合（**Ⅱ 3.**(3)）と同様に，会社は，取締役会及び書面決議の全ての手続についての議事録を準備しなければならないとされている。

当該議事録又は決議は取締役会の開催又は書面決議による決議から21日以内に記録されなければならず，議長又はその他の権限のある取締役により署名されなければならないとされている（157条(a)）[22][23]。

---

22)　前掲注 12）参照。
23)　反対の証明なき限り，議事録が準備され署名された取締役会は，適正に招集され開催されたものとみなされ，全ての手続は適正に行われたとみなされるものとされている（157条(c)）。

213

第2編 会 社 法 第6章 機関・業務運営

Ⅴ 監 査 人

1. 監査人の資格要件及び選任

(1) 監査人の資格要件

　適用ある法に基づき授権された他の個人又は団体から会社の監査人として活動することを認められた資格（certificate）を有しない限り，いかなる者も公開会社又は公開会社の子会社の監査人として選任され，又は活動してはならないとされている（279条(a)）。但し，ミャンマー連邦において実務を行っている全てのパートナーが当該資格を有する組織は，当該組織名により，会社の監査人に選任されることができ，当該組織名の下，活動することができる（同条(a)但書）。

　また，次の事由に該当する者を会社の監査人に選任することはできないとされている（同条(d)）。

(i) 当該会社の取締役又は役員
(ii) 取締役又は役員の配偶者（partner）
(iii) 公開会社又は公開会社の子会社の場合，取締役又は役員と雇用関係にある者
(iv) 会社に対して債務を負担する者

(2) 監査人の選任

① 年次総会による選任

　279条が適用される全ての会社は，年次総会において，次の年次総会までを任期とする監査人を選任しなければならないとされている（279条(b)）。小会社の場合，定款で同様の規定を置くなどしていない限り，279条の適用がないとされている（257条(c)）。

② 連邦大臣による選任

　監査人の選任が必要とされているにもかかわらず，年次総会で選任されなかった場合において，当該会社のメンバーからの申立てがあったときは，連邦大臣は，当該年度の監査人を選任することができる（279条(c)）。

③ 当初監査人の選任

　会社の当初監査人（first auditors）は，創立総会の前に取締役会が選任することができる。また，当該監査人は，総会において会社のメンバーの決議によって事前に解任されない限り（なお，監査人を解任する場合，メンバーは当該総会において，監査人を選任することができる。），最初の年次総会まで任期を有する（279条(f)）。

④ 監査人の欠員の補充

　監査人に欠員が生じた場合，取締役会は，当該欠員を補充することができる。なお，欠員が続く場合であっても，残存する監査人は活動することができる（279条(g)）。

(3)　メンバーによる監査人候補者の指名

　あるメンバーが監査人候補者（退任する監査人を除く。）を指名する場合，当該指名にかかる通知（以下「指名通知」という。）を年次総会の招集通知の通知期限の日の14日以上前までに会社に対して送付しない限り，年次総会において当該候補者を監査役に選任することができない。この場合，会社は，指名通知の写しを退任する監査人に対して送付しなければならず，また，総会招集通知と共に，及び必要に応じ会社の定款によって認められた広告又はその他の方法によって，メンバーらに対して指名通知を提供しなければならない（279条(e)）。

　なお，指名通知が会社に対して送付された後，指名通知の送付後14日以内に年次総会の招集通知が行われた場合には，指名通知にかかる期限に関する上記の要件は充足されたものとみなされる。かかる場合，指名通知は，年次総会の招集通知と同時にメンバーに対して交付されなければならない（同

第2編 会 社 法 第6章 機関・業務運営

条(e)但書)。

(4) 監査人の報酬

監査人の報酬は，総会において決定される。但し，創立総会の前に選任された監査人の報酬，又は欠員のために補充された監査人の報酬は，取締役会よって決定することができる（279条(h)）。また，前記(2)②に基づき連邦大臣によって選任された監査人の報酬については，連邦大臣が決定することができる（279条(c)）。

(5) 適 用 関 係

本 **1.**（279条）によって，他のいかなる適用ある法の条件をも制限することはないとされている（279条(i)）。

---

2. 監査人の権限及び職務

---

(1) 監査人の権限及び職務

監査人は，会社の財務諸表（financial statement），記録簿（book），帳簿（account），及び帳票（voucher）をいつでも入手できる権利を有し，また，会社の取締役及び役員に対して，監査人の職務（duties）遂行のために必要な情報及び説明を求める権利を有する（280条(a)）。

(2) 監 査 報 告

監査人は，検査した（examined）帳簿及び在任期間中の総会に提出された財務諸表に関する報告（以下「監査報告」という。）を会社のメンバーに対して行わなければならないとされ，また，監査報告には，次の事項が記載されなければならないとされている（280条(b)）。

　(i)　監査人が要求した情報及び説明の全てを受領することができたか否か
　(ii)　監査人の意見として，報告書において言及され財務諸表は，適用する法律に従って作成されたものであるか否か

216

V 監査人

(ⅲ) 財務諸表が監査人の知りうる限りの確実な情報及び監査人に提供された説明に従って，且つ会社の記録簿（book）に示されるところにより，会社の事業の状況を真実且つ公平に表示しているか否か

(ⅳ) 監査人の意見として，会計記録について，24 節（257 条～285 条）に基づき要求されるところに従い会社によって保管されていたか否か

なお，前記(ⅰ)～(ⅳ)（280 条(b)(ⅰ)～(ⅳ)）に記載の事項のいずれかについて，その回答が否定的なもの，又は一定の留保が付されたものである場合，監査報告には，当該回答の理由が記載されなければならないとされている（同条(c)）。

(3) 監査人の総会への出席

監査人は，総会の招集通知を受領し，総会に出席する権利を有する。当該総会において，監査人が検査した又は監査報告の対象とされた会計帳簿が提出され，また，監査人は，必要に応じて会計帳簿に関して陳述し，又は説明を行うことができる（280 条(d)）。

(4) 監査人の退任の際の陳述権

24 節に従って，監査人が辞任し又は交代させられた場合，辞任又は交代された監査人は，監査人として合理的に活動し，誠実に且つ監査人の職務及び専門的義務に合致する限度で必要と判断した場合，会社の経済状況に関する陳述又は報告を会社に対して行うことができる。この場合，取締役会は，当該報告の受領後 28 日以内に，当該報告をメンバーに交付し，登記官に提出しなければならない。また，取締役会は，必要と判断した場合には，監査人から提供された報告に注釈を記入することができる（280 条(e)）。

(5) 適 用 関 係

本 **2.**（280 条）によって，本法又は他の全ての適用ある法のいかなる規定をも制限することはないとされている（280 条(f)）。

217

第2編　会　社　法　　第6章　機関・業務運営

3. 政府保有会社の特則[24]

(1)　監査人の選任

　政府が株式を有する会社（以下「政府保有会社」という。）の監査人は，連邦大臣の助言に基づき連邦会計検査院長官によって選任又は再任される（282条(b)）。

(2)　連邦会計検査院長官の権限

　連邦会計検査院長官は，次の権限を有する（282条(c)）。

(ⅰ)　前記(1)（282条(b)）に基づき選任された監査人による会計帳簿の監査の方法を指示すること，及び監査人としての職務の遂行にかかる事項に関して監査人へ指示を行うこと

(ⅱ)　会社の会計帳簿に関して，（連邦会計検査院長官を代理して当該監査を実施する権限を授権された者を介して）補完的又は試験的監査を行うこと，及び，当該監査を行うために，連邦会計検査院長官が発した一般命令又は特別命令によって，指定された事項に関し，指定された者から，指定された様式によって，情報又は追加的な情報を当該授権者に対して提出するよう求めること

(ⅲ)　会計帳簿の監査又は補完的若しくは試験的監査のために，連邦会計検査院長官が指定した記録又は書面のうち，当該時点において保有し又は支配しているものを連邦会計検査院長官に提出するよう会社に対して要求すること

　会社に対して，何らかの情報，記録又は書面の提出を求める命令は，当該会社の役員若しくは従業員，又は役員若しくは従業員であった者を名宛人とすることもできる。本 **3.** (1)〜(3)（282条）は，可能な限り，会社に対して適用されるのと同様に，上記個人に対して適用される（同条(d)）。

---

24)　政府が株式を有する会社（政府保有会社）の場合，一般の会社に適用される監査人の選任，権限及び職務に関する規定（279条及び280条。前記 **1.** 及び **2.**）及び財務諸表に関する規定（260条。後記**第9章Ⅰ 3.** 参照）にかかわらず，本 **3.** (1)〜(3)（282条(b)〜(e)）が適用されるとされている（282条(a)）。

218

Ⅵ　秘　書　役

(3)　監査報告の連邦会計検査院長官への提出

　監査人は，連邦会計検査院長官に対して監査報告の写しを提出しなければ
ならない。この場合，連邦会計検査院長官は，連邦会計検査院長官が適切と
認める方法により，監査報告に関してコメントを付し，補充する権利を有す
る（282条(e)）。

(4)　委　　　託

　前記(1)〜(3)（282条）において連邦会計検査院長官によって実施されるべ
きものとされている事項については，連邦会計検査院長官から包括的又は個
別に授権された者によっても実施することができる（283条）。

(5)　連邦会計検査院長官が発する命令に違反した場合の罰則

　政府保有会社が前記(1)〜(3)（282条）に定める命令の遵守を懈怠した場合，
当該政府保有会社，及び懈怠したその全取締役若しくはその他役員又は従業
員は，2年以下の懲役又は500万チャットの罰金に処される（284条）。

Ⅵ　秘　書　役

1．秘書役の指名

　本法上，秘書役は，取締役会の決議により指名されるものとするとされて
いる（179条(a)）。

2．秘書役の資格要件

　本法上，秘書役については，以下の資格要件を満たす必要があるものとさ
れている（179条(b)〜(e)本文）。

219

第2編 会 社 法　　第6章 機関・業務運営

- (a) 18歳以上の自然人であること
- (b) 健全な精神状態でなければならないこと
- (c) 本法又はその他適用のある法令により取締役，役員又は秘書役として活動する資格を剥奪された期間中でないこと
- (d) その他定款に規定された資格要件を満たすこと[25]

3. 資格要件不充足と行為の有効性

上記 **2.** のとおり，本法上，秘書役については，一定の資格要件を満たす必要があるものとされているが，仮に，資格要件に関する欠落が事後に見つかった場合，又は，本法又は会社の定款に基づいて適用される指名における資格要件を満たさなかった場合であっても，秘書役の行為は有効であるものとされている（179条(e)本文）[26]。

4. 秘書役の登録義務

会社は，登録事務所又は登録簿が保管されている他の場所において，秘書役にかかる登録簿を保管しなければならず，当該登録簿には，所定の各事項が記載されなければならないとされている（189条(a)）。

当該登録義務の内容については，前記Ⅲ **5.** (1)(i)～(iii)を参照されたい。

Ⅶ 役員等の責任

1. 取締役，役員及び監査人の責任の免除に関する規定の無効

本法上，18節（160条～191条）に定める場合を除き，定款に定められて

---

25) 但し，定款に規定された資格要件のうち，本条に基づいて要求される資格と一貫性のない定款による資格は有効ではないものとされている（179条(e)但書）。
26) 但し，本条は，たとえ秘書役としての指名が有効であったとしても無効である行為を有効化するものとみなすものではないとされている（179条(f)但書）。

220

いるか，契約に定められているか等にかかわらず，取締役若しくは役員，又は（役員か否かにかかわらず）会社に監査人として選任されている者について，本法その他法規範の効果として負担する，会社との関係で有罪となりうる過失行為，不履行若しくは義務違反行為又は背信的行為に関する会社への責任を免除するいかなる規定も無効とするとされている（180条）。

2. 補　　償

(1)　会社による補償が禁じられる場合

　181条に従い，会社又は関連事業体は，直接又は間接に，会社の取締役，役員又は監査人として生じる以下の債務（liabilities）のいずれも補償することはできないとされている（181条(a)）。

　(i)　会社又は関連事業体に対して負担する債務
　(ii)　会社又は関連事業体以外の者に対して負担する債務で，且つ善意の（in good faith）行動から生じたものでないもの

(2)　法的費用の補償

　もっとも，前記(1)（181条(a)）の規定は，会社又は関連事業体が，取締役，役員又は監査人として負担した債務に関する訴訟を防御するために生じた法的費用（legal cost）を補償することを禁止するものではないとされている。但し，次のいずれかに該当する費用は除かれている（181条(b)）。

　(i)　181条(a)に基づき補償することができない債務を負担していると判明した訴訟の防御又は抗弁において生じた費用
　(ii)　当該者が有罪であると判明した刑事訴訟の防御又は抗弁において生じた費用
　(iii)　裁判所において命令を発することに理由があるものと判明した，裁判所の命令に基づき登記官又は清算人によって申し立てられた訴訟の防御又は抗弁において生じた費用

221

第2編　会　社　法　　第6章　機関・業務運営

(iv)　裁判所が裁判上の救済を否定した本法に基づく裁判上の救済を求めた訴訟に関連して生じた費用

3.　保　　　険

(1)　会社による保険料支払等が禁じられる場合

　会社又は関連事業体は，取締役，役員若しくは監査人又はそれらの任にあった者に関して，次の事由より生じた債務（法的費用に関するものを除く。）を保障する保険の保険料を間接又は直接に支払い又は支払うことに同意してはならないとされている（182条(a)）。

(i)　会社に関する義務の意図的な違反に関連する行動（182条(a)(i)）

(ii)　167条（地位の利用に関する義務）又は168条（情報の利用に関する義務）の違反（同条(a)(ii)）

(2)　その他の会社による保険料支払等

　なお，上記(1)（182条(a)）の規定は，他のあらゆる適用ある法に従い，会社又は関連事業体が，取締役，役員若しくは監査人又はそれらの任にあった者に関して前記(i)又は(ii)に記載の事由に基づく債務以外の債務を保障する保険の保険料を間接又は直接に支払い又は支払うことに同意することを禁止するものではないとされている（同条(b)）。

4.　利益相反取引

(1)　取締役，役員その他の関係者への利益の供与及び同者との取引

　本法184条に従い，後記(3)（186条）に基づく利益の供与[27]に関するメンバーの承認がなされない限り，会社は，当該会社又は関連事業体の役員からの退任に関連して，当該者に利益を供与することができないものとされている（184条(a)）。

222

但し，かかる制限規定は，法律の要求に基づき支払うこと，又は役員の雇用契約若しくは会社との同様な契約に関連して若しくは基づき善意で支払うことが必要とされる利益の支払を制限するものではないとされている（同条(b)）。

(2) 事業又は資産の移転に関する利益の供与

会社は，当該会社若しくは関連事業体の役員若しくは元役員，又は役員若しくは元役員の配偶者，親族若しくは関係者に対して，当該会社又は関連事業体の事業又は資産の全部又は一部の譲渡に関する利益を供与してはならないとされている。

但し，186 条に基づき当該利益供与に関するメンバーの承認がある場合はこの限りではないとされている（185 条）。

(3) メンバーによる利益供与の承認

上記(1)及び(2)において記載される利益について，会社，究極的持株会社（もしあれば）及び他の関連事業体のメンバーの総会において承認された場合，当該利益の供与を行うことができるものとされている（186 条(a)）。

なお，かかる総会のために作成される招集通知には，当該利益の詳細及び議決方法の決定のために重要なその他一切の情報が記載されなければならないものとされている（同条(b)）。

(4) 議決権の制限

上記(1)及び(2)に記載の役員若しくは元役員，又は利益の供与を受けるあらゆる者は，原則として利益の供与に関する決議において議決権を行使することができないものとされている（186 条(c)）。

---

27)　184 条に定める承認を得るべき「利益の供与（giving of the benefit）」について，187 条(b)に定められる「支払の実施（the making of the payment），利益の供与（the provision of the benefit），貸付の実施（the making of the loan），保証の提供（the giving of the guarantee），又はその他契約の締結（the entering into of the contract）」のうち，利益の供与に限定する趣旨なのか，他の類型も含むのか，法文上，明確ではない。

第2編　会　社　法　　第6章　機関・業務運営

5. 取締役の報酬及び取締役又は関係者に対する利益

(1)　取締役の報酬等の決定

　本法上，会社の取締役会は，定款，本法の適用ある規定，及びその他の適用ある法において規定される規制に従い，次の事項を承認することができるとされている（187条(a)）。

(i)　取締役としての職務のため又はその権能に関して，取締役又は取締役の関連当事者（related party）に対する会社からの報酬の支払又はその他利益の供与

(ii)　取締役又は元取締役に対する地位の喪失に関する塡補のための会社からの支払

(iii)　取締役又は関連当事者に対する会社からの貸付

(iv)　取締役又は関連当事者に生じた負債に関する会社による保証の提供

(v)　上記(i)〜(iv)（187条(a)(i)〜(iv)）に規定される事項を行う契約の締結，又は本法において規律されていない何らかの経済的利益の取締役又は関連当事者に対する供与

(vi)　取締役会が次の事項を認めるかどうか

　(A)　当該行為が会社の最大限の利益に資すること

　(B)　当該行為が当該環境下において合理的であること

　(C)　支払，利益，貸付，保証，又は契約（以下「利益等」という。）が会社の観点から，アームズ・レングスよりも悪くない条件において実施されていること

(2)　利害関係簿への記載

　さらに，本法上，取締役会は，支払の実施，利益の供与，貸付の実施，保証の提供，又は契約の締結（以下「利益供与等」という。）の承認（authorising）後直ちに，取締役会は，当該利益等の内容について，189条に基づき会社にて保持される利害関係簿（register of interests）に記載しなければならないものとされている（187条(b)）。

224

(3)　取締役の報酬等の決定に賛成した取締役の義務

　187条(a)に基づき利益等の決議に賛成した取締役は，自己の意見として，利益供与等が会社の最大の利益となるものであること，当該状況下において合理的であること，及び関連条件が当該会社にとってアームズ・レングスよりも悪い条件ではないこと，並びに当該意見に関する根拠を記載した証明書に署名しなければならないものとされている（187条(d)）。

(4)　違反の場合の取締役等の責任

　前記(1)（187条(a)）が適用される支払が行われ，他の利益が供与され，又は保証が提供された場合で，且つ，(1)及び(3)（同条(a)及び(d)）が遵守されなかった場合，又は(3)の証明書に記載の意見に関して合理的な根拠が存在しなかった場合，支払，利益供与，保証の提供が行われた取締役若しくは元取締役又は関連当事者は，個人として，支払額，利益の金銭的換算額，又は保証に基づく会社の支払額について会社に対して債務を負担するとされている。

　但し，支払，利益，又は保証が会社にとって，当該時点において公正であったと当該者が証明した限度において，その限りではない（同条(e)）。

　また，同様に，前記(1)（同条(a)）が適用される貸付が実施された場合で，且つ，(1)及び(3)（同条(a)及び(d)）が遵守されなかった場合，又は(3)の証明書に記載の意見に関して合理的な根拠が存在しなかった場合，貸付の実施に関する契約の規定にかかわらず，取締役又は関連当事者から会社に対する返済期限が直ちに到来するとされている。

　但し，当該貸付が会社にとって，当該時点において公正であったと当該者が証明した限度において，その限りではない（同条(f)）。

(5)　利益等のメンバーへの開示

　なお，取締役会は，次の年次総会において，利益等の詳細がメンバーに開示されるようにしなければならないものとされている（187条(g)）。

第2編　会　社　法　　第6章　機関・業務運営

6. 取締役の報酬，取締役又は関連当事者への利益の提供に関する株主による承認

(1)　利益供与等に関するメンバーによる承認

　本法上，本条に基づきメンバーによって承認された場合，取締役会は，定款，本法の適用ある規定，及びその他の適用ある法において規定される規制に従い，取締役又は関連当事者に対する利益等を承認する（authorise）ことができるものとされている（188条(a)）。

(2)　関連書類の提出義務

　関連する総会の招集通知の交付前において，会社は，次の各書類を提出しなければならないものとされている（188条(b)）。

(i)　議案が記載された総会の招集通知案
(ii)　当該議案の議決に関する判断に重要な，会社が認識している情報（利益等を受ける取締役又は関連当事者の詳細，及び利益等の詳細を含む。）を記載した説明書案
(iii)　総会の招集通知に添付されることが予定される，議案に関連する他の書類

(3)　登記官による招集通知発送の可否に関する判断

　書類の提出を受けた登記官は，28日の間に，会社が当該招集通知をメンバーに発送することができるか否かを判断するものとされ，登記官が，当該招集通知の発送が可能であると判断した場合，又は当該期間において判断がなされなかった場合には，会社は，当該招集通知を発送することができるとされている（188条(c)）。

　当該決定を行うに際し，登記官は，会社に対して，前記(2)（同条(b)）に基づき提出された書類の内容の釈明，又は変更を求めることができるとされている。

　但し，当該釈明又は変更がメンバーの権利保護のために合理的に必要と考

えられる場合に限る（同条(d)）。

一方で，(2)②（同条(b)(ii)）に定める要件を具備しないと合理的な理由に基づき判断した場合又はそれに類似する重大な理由がある場合，登記官は招集通知の発送を行ってはならないと判断することができるものとされている（同条(e)）。

(4) 決議の参加への制限

なお，当該取締役又は関連当事者は，原則的に総会において決議に参加することはできないとされている（188条(f)）。

(5) 決議の写しの提出義務

また，会社は，決議の日から14日以内に，(1)（188条(a)）に基づく決議の写しを登記官に対して提出しなければならないとされている（同条(g)）。

7. 経営判断の原則

取締役が18節（160条～191条）に定める義務又は同等の一般法理（general law）上の義務に違反したか否かを決定する訴訟において，情報又は専門家（professional or expert）の助言に対する取締役又は役員の信頼の合理性が問題とされた場合には，取締役又は役員による当該情報又は助言に対する信頼は，次の(a)及び(b)の条件を具備する場合，合理的なものとみなされるとされている（191条(a)）[28]。

(a) 情報又は助言が次のいずれかの者によって提供されたこと

  (A) 取締役が合理的な根拠に基づき，関連事項につき信頼に足り，適任であると信じた会社の従業員

  (B) 取締役が合理的な根拠に基づき，関連事項につき専門家のその専門性（professional or expert competence）の範囲内であると信じた場合における，当該専門家（professional adviser or expert）

---

28) 191条(a)における推定は，反証され得るものであり訴訟を提起した者によって，誤りであると証明され得るものであるとされている（同条(b)）。

227

第2編　会　社　法　　第6章　機関・業務運営

(C)　関連事項につきある取締役又は役員の授権の範囲内の場合における，当該取締役又は役員

(D)　関連事項につき取締役会の委員会の授権の範囲内の場合で，当該取締役が当該委員会に属しない場合における，当該委員会

(b)　当該信頼が善意にて，且つ当該情報又は助言の第三者による評価の実施後に築かれたものであること（取締役の会社への理解，並びに会社の構成及び運営の複雑性を考慮する。）

8. 株主の権利及び救済方法：抑圧の場合におけるメンバーその他による訴え

(1)　会社業務における抑圧的行為

裁判所は，後記(a)のいずれかの事項が，後記(b)のいずれかの状況にある場合，193条に基づく命令（後記(2)）を発することができるとされている（192条）。

(a)　事項

(i)　会社業務の運営（conduct of a company's affairs）

(ii)　会社による又は会社を代表した，現にある又は予定された（actual or proposed）作為又は不作為

(iii)　会社のメンバー又はある種類のメンバーによる決議又は決議案

(b)　状況

(i)　メンバーの全体としての利益に反する場合

(ii)　1名又は複数のメンバー（当該メンバーとしての資格か，又はそれ以外の資格か否かにかかわらず）に対して，抑圧的である，不当に悪影響を与える，又は不当に差別的である場合

(2)　裁判所が発することができる命令

①　裁判所が発することができる命令

裁判所は，裁判所が会社に関して適切であると判断した命令を本条に基づ

228

き発することができるとされ，当該命令には，次に関するものを含むとされている（193条(a)）。

（ⅰ）　会社の清算
（ⅱ）　会社の既存の定款の変更又は廃止
（ⅲ）　将来における会社業務の運営の規制
（ⅳ）　メンバー，又は遺言により若しくは法律の効果として株式を承継した者による株式の購入
（ⅴ）　株式資本の適切な減資を伴う株式の買取
（ⅵ）　特定の訴訟の提起（institute），告訴（prosecute），防御（defend），又は取り下げ（discontinue）
（ⅶ）　メンバー，又は遺言により若しくは法律の効果として株式を承継した者に対して，会社として，且つ会社を代表して，訴訟の提起，告訴，防御，又は取り下げる権限の授権
（ⅷ）　会社資産の一部又は全部を受領する者の選定
（ⅸ）　ある者が特定の行為に従事すること又は特定の行為を行うことの抑制
（ⅹ）　ある者に対して，特定の行為を行うことの要請
（ⅺ）　損害賠償（damages）

②　会社清算に関する命令

　本条に基づき会社清算に関する命令が発せられた場合，清算に関する本法及び他の法令の規定が必要に応じて変更され，適用される（193条(b)）。

③　定款の変更又は廃止の命令

　本条に基づく命令により，会社定款の変更又は廃止が行われた場合，当該変更又は廃止が命令の規定と矛盾するときは，会社は，当該命令の規定と矛盾する変更又は廃止を行う17条に基づく権限を有しない。但し，命令によって認められた場合，又は裁判所から許可を取得した場合は，この限りではない（193条(c)）。

(3)　命令の申請者

　次のいずれかに該当する者は，会社に関して193条に基づく命令（前記(2)）

第2編　会　社　法　　第6章　機関・業務運営

に関する申立てを行うことができるとされている（194条）。

- (a) メンバー（申立てが，(ⅰ)メンバーとしての地位（capacity）以外の地位を有する
者としての当該メンバー，又は(ⅱ)メンバーとしての地位を有する者としての他の
メンバーに対する，作為若しくは不作為に関する場合も含む）
- (b) 選択的減資のために，メンバー名簿から削除された者
- (c) （申立てがメンバーでなくなった事情に関係するものである場合）メンバーでな
くなった者
- (d) 遺言により又は法律の効果として株式を承継した者
- (e) 登記官が実施している又は実施した会社業務又は会社業務に関する事項に
対する調査を考慮し，登記官が適切と考えた者

(4) 命令の登記官への提出

193条に基づき命令が発せられた場合，申立人は，当該命令の発せられた
後21日以内に，登記官に対して当該命令の写しを提出しなければならない
とされている（195条）。

9. 株主の権利及び救済方法：代表訴訟

(1) 会社を代表した法的手続の提起又は訴訟参加

① 次のいずれかに該当する者は，会社を代表して訴えを提起し，又は会社
が当事者となる訴訟（legal proceeding）において，会社を代表して，当
該訴訟上又は当該訴訟の特定の過程（例えば，和解，清算等）を追行す
る責任を負担することを目的として，訴訟に参加（inter vene）するこ
とができるとされている（196条(a)）。

- (a) 当該会社又は関連事業体のメンバー，元メンバー，又はメンバーとして登
録される権利を有する者
- (b) 当該会社の取締役，元取締役，役員，又は元役員
- (c) 197条に基づく許可により認められた行為（後記(2)）を行う者

230

② 会社を代表して提起される訴訟は，会社の名前によって提起されなければならない（同条(b)）。

③ 会社を代表して訴訟を提起し，又は参加する一般法理に基づく権利は，無効とする（同条(c)）。

(2) 許可の申立て及び付与

① 前記(1)(ア)①（196条(a)(ⅰ)）に記載の者は，訴訟を提起し，又は参加するための許可に関して裁判所に申立てを行うことができるとされている（197条(a)）。

② 裁判所は，次の事項の全てを充足した場合，申立てを認めなければならない（197条(b)）。

(ⅰ) 会社自らが訴訟を提起しない，又は当該訴訟の全て若しくは一部につき適切に責任を果たさないことが確実である（probable）こと
(ⅱ) 申立人が善意であること
(ⅲ) 申立人に許可が付与されることが会社の最大の利益に合致すること
(ⅳ) 申立人が訴訟の提起のために許可を申し立てている場合，審理されるべき深刻な問題が存在すること
(ⅴ) 次のいずれかの場合であること
　(A) 申立ての少なくとも14日前において，許可の申立てに関する意思及び申立ての理由について，申立人が会社に対して書面により通知を行った場合
　(B) 前記(A)がなされていなくとも，許可の付与が適切な場合

③ 次の(a)〜(c)を充足した場合，許可を付与することは，会社の最大の利益に合致しないとの反証可能な推定が行われる（197条(c)）。

(a) 該当訴訟が当該会社によって第三者に対して提起されたか，又は第三者によって当該会社に対して提起されたこと
(b) 会社が次のいずれかの事項を決定したこと

第2編　会　社　法　　第6章　機関・業務運営

- (A)　該当訴訟を提起しないこと
- (B)　該当訴訟につき防御しないこと，または
- (C)　当該訴訟について，取下げ(discontinue)，清算(settle)，又は和解(compromise)を行うこと
- (c)　上記(b)の決定に参加した全ての取締役において次の各事項を満たすこと
  - (A)　適切な目的のため善意にて行動したこと
  - (B)　当該決定に重大な個人的利害を有していなかったこと
  - (C)　取締役が合理的に適切であると信じた限度で，決定の主な事項について取締役会に報告を行ったこと
  - (D)　当該決定が会社の最大限の利益に合致するものであると理性的に(rationally)信じていたこと

④　前記③(c)(D)に関して，前記③(b)（197条(c)）の決定が会社の最大の利益に合致するとの取締役の信頼は，当該信頼が当該取締役の有する地位（position）にある合理的な者であれば有しなかったであろう信頼でない限り，理性的なものとする（197条(d)）。

⑤　前記③（197条(c)）の適用において，当該会社の関連当事者でない者は，第三者とし，また，会社による訴訟，又は会社に対する訴訟には，会社による又は会社に対して行われた訴訟において出された決定に対する上訴を含むものとする（同条(e)）。

(3)　代 替 命 令

①　次のいずれかに該当する者は，197条に基づき許可が付与された者に代わる旨の命令（以下「代替命令」という。）につき裁判所に対して申立てを行うことができるとされている（198条(a)）。

- (i)　当該会社又は関連事業体のメンバー，元メンバー，又はメンバーとして登録される権利を有する者
- (ii)　当該会社の取締役，元取締役，役員又は元役員

②　次の事項の全てを満たす場合，裁判所は代替命令を発することができる

（198 条(b)）。

（i）申立人が善意であること
（ii）あらゆる状況下において代替命令を発することが適切であること

③　代替命令は，次の効力を有する（198 条(c)）。

（i）代替された者のために許可が付与されていたものと取り扱う
（ii）別の者が訴訟を提起し，又は訴訟に参加していた場合，代替者は，当該訴訟を提起していた，又は参加していたものと取り扱う

(4)　メンバーによる追認の効果

①　メンバーが行動を追認又は承認した場合，当該追認又は承認の効力は，次のとおりであるとされている（199 条(a)）。

（i）197 条に基づく許可が付与された訴訟を提起し，若しくは訴訟に参加すること，又は同条に基づく許可を申し立てることを妨げるものではない
（ii）197 条に基づく許可をもって提起又は参加された訴訟が，被告の勝訴として決定されるべき，又は同条に基づく許可の申立てが却下されるべきとの効力を有するものではない

②　メンバーが行動を追認又は承認した場合，裁判所は，197 条に基づく許可を取得して提起又は参加された訴訟において，又は同条に基づく許可の申立てに関して，発する命令又は判決（損害賠償に関するものを含む）を決定する際に，当該追認又は承認を考慮することができる。この場合，次の事項を考慮しなければならない（199 条(b)）。

（i）当該行動を追認又は承認することを決定するに際して，メンバーが当該行動について，どの程度情報の開示がなされたか
（ii）当該行動を追認又は承認したメンバーが適切な目的に基づき行為したものであるか否か

第2編　会　社　法　　第6章　機関・業務運営

(5)　裁判所の一般権限

①　裁判所は，許可を得て提起された又は参加された訴訟又は許可の申立て
　　に関して，裁判所が適切と考える命令（orders）及び指示（directions）
　　を発することができ，当該命令及び指示には次のものが含まれるとされ
　　ている（200条(a)）。

　(i)　中間命令（interim orders）
　(ii)　訴訟行為（調停の要求を含む。）に関する指示
　(iii)　会社又は役員に対して作為又は不作為を求める命令
　(iv)　次の事項に関する調査及び報告を裁判所に対して行うための第三者を選任
　　　する命令
　　(A)　会社の財務
　　(B)　請求原因（訴訟の主題／趣旨）を形成する事実又は状況
　　(C)　訴訟の当事者又は許可を付与された者に生じた訴訟上の費用

②　前記①(iv)（200条(a)(iv)）に基づき裁判所によって選任された者は，会社
　　に対して合理的な通知を送付した場合，選任に関連するあらゆる目的の
　　ために会社の記録簿（books）を閲覧する権利を有する（200条(b)）。

③　裁判所が前記①(iv)に基づき調査・報告を行う者を選任した場合，次のと
　　おりとする（200条(c)）。

　(i)　裁判所は，選任された者に関する報酬及び費用を負担する者を規定する命
　　　令を発しなければならない
　(ii)　裁判所は，いつでも命令を変更することができる
　(iii)　命令（変更された命令を含む。）に基づき債務を負担する者は，次の全ての
　　　者である
　　(A)　訴訟又は申立ての当事者の全員又は一部
　　(B)　会社
　(iv)　命令（変更された命令を含む。）が2名以上の者に対して債務を負担させる
　　　ものである場合，当該命令は，当該各負担者の債務の性質及び範囲を決定

Ⅶ　役員等の責任

することができる
.

④　200 条(c)は，費用に関する裁判所の権限に影響を与えるものではない(同条(d))。

(6)　費用に関する命令を発する裁判所の権限

①　裁判所は，いつでも，197 条に基づく許可を得て提起された若しくは参加された訴訟又は同条に基づく許可の申立てに関して，次の者にかかる費用について，適切と考える命令を発することができるとされている (201 条前段)。

  (a)　許可を求めて申立てを行った者又は許可を付与された者
  (b)　会社
  (c)　訴訟又は申立てにおけるその他の当事者

②　201 条に基づく命令は，費用に関する補償を求めることができる (201 条後段)。

ポイント

〔株主代表訴訟の創設と実務対応〕

　本法において旧法には存しなかった代表訴訟制度が初めて認められたことから，当該制度の運用等については，今後の実務の集積を待つ必要がある。しかし，少なくとも，提訴権者として列挙されている者には，現在のメンバーや取締役のみならず，元メンバーや元取締役なども含まれることからすれば，株主としての持分を手放す時点や取締役を辞任する時点等のタイミングにおいて，将来の提訴権の行使に関して予め一定の対処を施しておく等の必要性が生ずる場合もあるものと考えられる。

| 第7章 | 公開会社による
株式の募集に関する事項 |

本章では，株式の公募に関する規定を解説する。会社法の下では，株式の公募に際して，原則として目論見書の発行が必要となることを前提に，当該目論見書の記載事項や目論見書の記載内容に関する取締役等の責任等について解説を行い，その他株式の割当て等についても説明を行う。また，日系企業を含む海外コーポレーションにおけるミャンマー連邦内での株式の公募についても併せて解説を行う。

I 目論見書に関する規制

1. 総　論

　本法20節（202条～222条）は公開会社による株式その他の有価証券（以下本章において「株式等」という。）の公募[1]に関して適用があるものとされており（202条(a)），その場合，目論見書の作成が義務付けられ，株式の割当てに際しても一定の規制が適用される（202条～222条）。他方，公開会社以外の会社は株式等の公募又は公募を意図した割当て若しくは割当ての約束をすることが禁止されている（202条(b)）。なお，公開会社による株式の公募に関しては，別途証券取引法をも遵守することが必要となる（証券取引法35条等[2]）。

　上記に加え，海外コーポレーションに関しても，後記**IV**に記載のとおり，会社法上，一定の要件を満たした場合に，ミャンマー連邦内で株式の公募を行うことが認められている。しかしながら，公表されている海外コーポレーションによる公募の実例は見当たらず，また，海外コーポレーションが発行する株式等の有価証券が証券取引上の対象とされているのか明確ではないため，実際に海外コーポレーションがミャンマー連邦内で公募を行うことが認

---

1)　公募（offered to the public）の具体的な内容は本法上明示的に定められてはいない。

2)　2017年12月現在，ヤンゴン証券取引所に上場されている会社は4社のみである。

Ⅰ　目論見書に関する規制

められるかは明確ではない。

2.　目論見書の様式・記載事項等

⑴　目論見書の提出様式

　会社（設立予定の会社を含む。以下，目論見書の提出に関する解説において同じ。）により若しくは会社を代理して発行される目論見書は日付入りでなければならず，別途発行日として証明された場合を除き，当該目論見書に記載の日付が目論見書の発行日付であるとみなされる（203条(a)）。また，取締役若しくは取締役となろうとする者又は書面により授権されたそれらの者の代理人として目論見書に記載されている全ての者による署名が付された当該目論見書の写しを，当該発行日までに登記官に提出しなければならず[3]，当該写しの提出までは，目論見書は発行してはならない（同条(b)）。

　登記官は，上記の様式を満たす写しが提出されなければ，目論見書を登記することはできない（同条(c)）[4][5]。

⑵　目論見書の記載内容等

　会社等により発行された目論見書には，概要以下の事項を記載しなければならないこととされている（205条(a)各号）[6][7]。なお，公募株式の引受けにあたり，申込人に対して，かかる目論見書の記載内容に関する規制の遵守を放棄させることはできない（207条(a)）。

---

3)　なお，増資を行う場合は，目論見書内に所定の報告事項（原則として会社の監査人作成に係る①子会社（もしあれば）を含む会社の利益に関する，目論見書発行前直近3事業年度分の損益計算書，②各種発行済種類株式の直近3事業年度分における配当（もしあれば）の割合，配当を行った種類株式の種類及び配当の源泉，あるいは配当が支払われた財源，配当が行われなかった場合の詳細に係る監査済報告，③株式等の払込金の全額又は一部が何らかの事業の購入に直接的又は間接的に充てられる場合における，会計士により作成される直近3事業年度分の事業から生じた利益に関する報告等。）に関する記載がなされていなければならない（205条(b)）。

4)　全ての目論見書には，その表紙に，その写しが203条の規定に従い登記用に提出されている旨が記載される（203条(d)）。

5)　目論見書の写しが203条の規定に従って提出されずに，目論見書を発行した場合，当該会社及び故意に目論見書発行の当事者となった全ての者は1000万チャットの罰金に処される（204条）。

237

第2編　会　社　法　　第7章　公開会社による株式の募集に関する事項

(a) 定款の内容（205条(a)(i)）

(b) 当初株主に関する事項（名前，役職名，国籍，住所，及び引受株式数）（同(i)）

(c) 設立者及び経営者に関する事項（両者の数（同(i)），発起人に対し直近2年以内に支払われた又は支払うことが意図された金額（同(xii)）

(d) 種類株式に関する事項（発行されている種類株式それぞれについての株主総会で行使可能な議決権及び資本金と配当に関し付与されている権利，劣後株式や払戻請求権付株式に関する事項等）（同(i)及び(xvi)）

(e) 取締役（取締役になろうとする者を含む）に関する事項（取締役の名前，役職名，国籍，住所，定款で取締役資格要件として一定の株式保有を定めた場合の当該株式数，報酬に関する事項，割当株式数，払込金額，会社と取締役の利害関係に関する事項[8]等）（同(ii)(iii)(iv)(xv)）

(f) 監査人に関する事項（名前及び住所）（同(xiv)）

(g) 過去2年以内に発行された株式等に関する事項（株式等の数，払込金額等）（同(v)）

(h) 引受人の名前及び引受人の資力が引受義務を果たすために十分であることに関する取締役の意見（同(vi)）

(i) 調達資金の使途に関する事項（購入予定資産の売主，支払額等）（同(vii)）

(j) 株式等の引受けにかかる手数料又は引受額の割引分等として過去2年以内に支払われた又は今後支払われる予定の金額（但し，復引受人（sub-underwriters）に支払われるものを除く。）（同(x)）

(k) 創業費用又は見積創業費用（同(xi)）

(l) 目論見書発行に先立つ2年以内に締結された全ての重要契約（material contract）（前記(i)に規定する増資の調達資金により取得される財産にかかる契約を含む。）の日付，当事者，及び当該重要契約を閲覧することができる合理的な時間と場所に関する事項（同(xiii)）

(m) 会社の定款において，メンバー対して，会議に参加し，議論し，議決権を

---

6) なお，一部の記載事項については，一定の要件を満たした場合には記載が不要である。

7) 会社設立の場面における株式の募集と設立後に行われる増資の場面が区別されずに規定されている。

8) 会社の設立又は会社が取得することが想定される財産に対して各取締役が有する利害関係の性質及び範囲の完全な詳細事項，又は取締役が企業のパートナーであることを理由として利害関係を有する場合における，当該企業の利害の性質と範囲の詳細（取締役となるよう誘引するため又は就任資格を付与するため，その他会社の発起又は設立に関して取締役又は企業が提供する役務に対して，現金，株式その他の手段により，取締役又は企業へ支払われたか，又は支払うことを合意した全額に関する説明資料と併せて）を指す（205条(a)(xv)）。

238

行使する権利若しくは株式を譲渡する権利を制限する場合，又は取締役に
対して，会社経営に関与する権利を制限する場合には，当該制限に関する
内容と程度（同(xvii)）

3. 目論見書提出の効果等

　前記 **2.**(2)で記載した要件を満たす目論見書が発行されない限り，株式等
の申込書を発行することは違法とされている[9][10]。但し，当該申込書が(1)株
式若しくは社債に関する引受契約（underwriting agreement）の締結に向け
た個人への真正な（*bona fide*）勧誘に関するもの，(2)公募が行われていない
株式等に関するものである場合には，この限りではないとされている（207
条(b)）。なお，上記目論見書の発行規制に違反した場合は，1000万チャット
の罰金に処される（208条）。

4. 目論見書記載事項にかかる責任等

　目論見書の信頼性を維持し，投資家の保護を図るべく，記載事項の不遵守
や，誤解を招く記載又は不実の記載が行われた場合に，そのような記載につ
き帰責性のある発起人，取締役等が個人責任を負う旨が規定されている（210
条・214条）。

---

9)　なお，会社設立に際し，目論見書を発行しない会社は，目論見書に代わる書類であって，当該
　書類に記載された取締役，推薦された取締役又は書面で授権された代理人が署名する大臣の定め
　る様式及び記載事項による書類を，株式等の最初の割当てまでに登記官へ提出しない限り，株式
　等その他の有価証券の割当てを行ってはならない（211条）。
10)　また，公開会社が一般公衆に販売を募集する株式等の全部又は一部について，その割当てを
　行い，又は割当てを合意した場合，一般公衆への販売募集を行うための書面は，会社が発行した
　目論見書とみなされ，原則として，当該募集を行ったものに対し，当該目論見書の内容及び目論
　見書の記載事項等についての法規制が及ぶこととされている（212条(a)）。

第2編 会 社 法 第7章 公開会社による株式の募集に関する事項

Ⅱ 株式等の割当て

1. 割当てに関する制限

　以下の資金使途（215条(b)）のための最低調達金額として目論見書に記載された額又は連邦大臣により別途規定される金額が引き受けられないか，又は当該金額の最低5％若しくは連邦大臣により別途規定される割合に相当する金額につき会社が支払を受け又は現金の交付を受けられない場合には（215条(a)），前記Ⅰの手続に従って公募された株式等の割当てを行ってはならないこととされている。

(i) 当該株式発行により調達される資金の全額又は一部の金額を充てて購入された又は購入予定のあらゆる所有資産にかかる購入価額（215条(b)(i)）
(ii) 会社により支払可能なあらゆる予備的支出及びあらゆる株式についての引受けの対価として支払可能となる手数料（同(ii)）
(iii) 上記事項に関し会社により借り入れを受ける金銭の返済金（同(iii)）
(iv) 運転資本（同(iv)）

　上記規制に違反して行われた申込人に対する会社による割当ては，創立総会開催後28日以内に申込人の申出がなされた場合（但し，会社が創立総会の開催を要しない場合又は創立総会開催後割当てが行われる場合には，割当てから28日以内に申込人からの申出がなされた場合）には無効とされ，これは会社が清算中であっても同様である（217条(a)）。

2. 事業開始に関する制限

　非公開会社と異なり，公開会社の設立の場合については，事業開始のための一定の要件が定められている。具体的には，本法20節（202条〜222条）の適用がある会社は，以下に定める全ての条件を満たした場合でなければ，いかなる事業も開始できず，また，いかなる借り入れを行うこともできない

ととされている（218条(a)）[11]。

 (i) 全額現金での支払を条件とする株式について，最低引受額に達する金額まで割り当てられたこと（218条(a)(i)）

 (ii) 会社の取締役が引受け又は引受契約を締結した株式で，公募引受の申込み及び割当ての際に払込義務を負担する割合と同等の割合を現金にて払込義務を負う株式（公募引受を勧誘する目論見書を発行しない会社の場合，現金にて払込義務を負う株式）に関して，当該取締役全員が会社に対して払込みを行っていること（同(ii)）

 (iii) 秘書役又は取締役のうちの1名が所定の書式に基づき，上記条件が遵守されていることに関する適法に作成された宣誓書を登記官に提出していること（同(iii)）

 (iv) 株式の公募引受を勧誘する目論見書を発行しない会社の場合，当該会社が目論見書に代わる書面を登記官に提出していること（同(iv)）

Ⅲ　手数料及び割引の支払にかかる権限等

　前記Ⅰ，Ⅱの規制に従って株式の公募を行う場合に，当該株式の引受け若しくは引受合意又はそれらの媒介若しくは媒介の合意の対価として会社が第三者に販売手数料を支払うことは，手数料の支払が定款で授権されており，支払われた又は支払を合意した手数料が当該授権された金額又は割合を超過しない場合であって，目論見書（公募引受の対象とされない株式の場合，目論見書に代えて発行される書面）に規定される金額・割合を遵守して行われるものである場合に限り適法となる（220条(a)）[12]。但し，本法220条は，会社がこれまで適法に支払うことができた仲買手数料（brokerage）を支払う権限に対して何らの影響を与えないものとし，また，会社の売主，発起人又はその他の者で会社から金銭又は株式による支払を受けた者は，受領した金銭又

---

11) 218条に違反して会社が事業を開始するか，又は貸付を受けた場合，違反の責任を負う全ての者に対し，（他の責任に何ら影響を及ぼすことなく）100万チャットの罰金に処される（219条）。

12) なお，会社が，株式に関する手数料として支払った金額がある場合，支払総額等又は当該金額の全額が帳簿上から消去されるまで，貸借対照表に記載しなければならない（222条）。

第2編　会　社　法　　第7章　公開会社による株式の募集に関する事項

は株式を販売手数料に充当する権限を有し，当該支払は，本法220条上も適法であったものとする（221条）。

　上記に定める場合を除き，会社は，その株式の引受け又は引受合意を行った者に対してその対価としての販売手数料，割引分又は手当てとして，株式又は資本的金銭を充当することはできない（220条(b)）。

Ⅳ　海外コーポレーションによる株式の募集

1.　株式の売却及び売却の勧誘に関する制限

　前記Ⅰ1.記載の海外コーポレーションについては，株式の公募を行うことが例外的な場合にのみ許容される建付となっている。具体的には，以下の全ての条件を満たす場合を除き，海外コーポレーション（設立予定のものも含む。）に関する株式等を公募すること，又は株式等の引受け又は売却の募集を行う目論見書をミャンマー連邦内で発行し，回覧し，若しくは配布すること（当該コーポレーションが本法に基づき海外コーポレーションとして登記され，且つミャンマー連邦内において主たる事業所を設置しているか否か，又は設置する予定があるか否かを問わない。）は違法とされている（223条(a)(ⅰ)）[13][14]。

(a)　ミャンマー連邦内における募集又は目論見書の発行，回覧又は配布の前に，経営機関の決議に基づき最低2人の取締役によって認証された目論見書の写しを登記官に対して登記のために送付していること。

(b)　目論見書の表紙に，その写しが登記官に対して送付済みである旨記載されていること。

---

13)　なお，上記海外コーポレーションによる株式の公募に関する制限は，既存のメンバー又は社債権者への株式等の割当てに際しては適用されず，海外コーポレーションの組成時に若しくは組成に関連して又はその後において発行された目論見書又は申込用紙のみに対して適用される（223条(b)）。

14)　株式等にかかる公募，目論見書の発行，回覧若しくは配布，又は申込用紙の発行に関して，上記223条に違反することにつき，認識して責任を負担した者は，100万チャットの罰金に処される（224条）。

242

IV 海外コーポレーションによる株式の募集

- (c) 目論見書に日付が記入されていること。
- (d) 目論見書が本法第21節（223条～227条）のその他の規定に準拠していること。

また，当該海外コーポレーション又は設立予定の海外コーポレーションの株式等にかかる申込用紙（当該申込用紙が目論見書と一緒に発行されていない場合に限る。）をミャンマー連邦内で発行することも違法とされている。但し，当該申込用紙が株式等に関する引受契約の締結にかかる真正な勧誘とともに発行された場合には，この限りではない（223条(a)(ii)）。

2. 目論見書の記載要件

海外コーポレーションが目論見書を作成するに際しては，第21節及び前記 **1.**(2)及び(3)の記載事項を遵守することに加え，以下の各事項を遵守しなければならない（225条(a)）。

① 以下の事項に関する詳細を含むこと
- (A) 海外コーポレーションの目的
- (B) 海外コーポレーションの定款を構成する又は定義付ける法律的文書
- (C) 海外コーポレーションの設立が有効であることの根拠となる法規又はその効力を有する規定
- (D) 上記法律的文書，法規，規定又はそれらの写し，及びそれらが外国語で記載されている場合には，所定の方法によって認証されたミャンマー語又は英語の翻訳を閲覧することができるミャンマー連邦内における所在地
- (E) 海外コーポレーションが設立された日及び国
- (F) 海外コーポレーションがミャンマー連邦内で事業所を設置し，本法に基づき海外コーポレーションとして登記されているか否か，及びそうである場合，ミャンマー連邦内における主たる事務所の所在地

② 本法205条(b)（前掲注3）参照）に規定される報告を作成すること（一

243

第 2 編　会　社　法　　第 7 章　公開会社による株式の募集に関する事項

定の例外事由あり）。

　また，本**Ⅳ**（本法第 21 節）記載のいかなる要件についても，これを遵守せず又はこれに違反する事態が生じた場合，取締役又は目論見書の記載に責任を負う者は，自己が責任を負わない点につき一定の事項を証明したときでなければ，当該不遵守又は違反を理由とする責任を負うこととされている（225 条(c)）。

3.　株式の訪問販売に関する制限

　海外コーポレーションの株式等につき戸別訪問を行って公衆に対して引受け又は購入するよう勧誘を行うことは違法とされている（226 条(a)）[15]。なお，ここでいう戸別訪問とは，ミャンマー連邦内における事業用の事務所の訪問は含まないこととされている（同条(b)）。

---

15)　226 条に違反する行為を行ったいかなる者も 1000 万チャットの罰金に処される（227 条）。

244

第8章 会社により設定される担保権

本章では，会社法の下で会社が設定することのできる担保権につき，解説する。特に，会社法の下で設定することが可能な譲渡抵当（mortgage），チャージ（charge）及び浮動担保（floating charge）については，会社法の下で明確な定義付けがされておらず，その内容を理解するためには他の法律を参照する必要がある。そこで，まずは担保権の内容について概説し，その上で，本法において規定されている，担保権を設定する上で必要となる手続や，担保権の設定後に課せられる会社の義務等につき解説を行う。

I 担保法制に関する変更点

　担保法制に関する具体的な解説に入る前に，日本企業との関係で重要となる本法の改正点につき簡単に説明を行う。

　今般の改正では，本法の下で定められる譲渡抵当及びチャージの設定並びにこれらの権利の実行については1987年不動産移転制限法又は類似の効力を有する他のあらゆる適用法条の条項に対する違反を構成せず，またこれらの法律の制限を受けない旨が明記された（228条(b)(ii)）[1]。

　また，海外コーポレーションとしてミャンマー連邦内で登録されている会社がミャンマー連邦内に事業拠点を設ける場合（いわゆる支店を設置する場合）に，ミャンマー連邦内の所有資産に対して，本法に基づきチャージ[2]の設定を行うことが可能である点も新たに規定されており（254条），少なくとも法

---

[1]　不動産移転制限法においては，外国人又は外国人保有会社が，不動産を売却，贈与，担保提供その他いずれの形式によるかを問わず，譲渡する目的で取得することが禁止されていた（不動産移転制限法4条）。なお，不動産移転制限法上の外国人保有会社（foreigner owned company）とは，ミャンマー人によって管理及び支配されていない会社又はその過半数の権益若しくは株式がミャンマー人によって保有されていない会社とされている。もっとも，旧法下における当局の取扱い上，1名でもミャンマー人以外の株式等の保有者がいる場合には，「外国人保有会社」とみなす取扱いがなされていた。また，会社法の下における外国会社の定義が改正されたことに伴う影響については，**第2章 I 1.**を参照されたい。

245

第2編　会　社　法　　第8章　会社により設定される担保権

制度上は，日系企業が支店を開設する形でミャンマー国内に進出をしている場合であっても，ミャンマー国内に所在する資産に対して担保設定を行うことが可能となっている。

しかしながら，担保権を清算人及び債権者に対しても有効とするためには，後述のとおり，本法に基づき，登記官に登記の申請を行う必要があるところ，旧法下においては，譲渡抵当及びチャージ自体の権利内容が必ずしも明確でない点があることに加え，旧法上，登記することが必要となる担保権が法文上必ずしも明確でないことから，いかなる担保権を登記すべきかに関して，実務上混乱が見られたところである。この点，会社法においては，担保権の登記に関する規定は，旧法の規定をそのまま承継している点が多く見受けられるため，基本的に旧法下の運用が継続されるものと思われる。今後の運用上の明確化に期待したい。

Ⅱ　ミャンマーにおける担保の種類

1.　は じ め に

本法においては，担保権を示す用語として担保権（security interest）の用語が使用されており，当該担保権には，charge, lien, mortgage, pledge その他本法又は他の適用ある法に基づき定められ，若しくは認められているその他の形態の担保権が含まれることとされている（1条(c)(xxxiv)）[3]。このうち，担保権について規定している本法22節（228条～253条）においては，mortgage（以下「譲渡抵当」という。），charge（以下「チャージ」という。）そしてチャージの一種である floating charge（以下「浮動担保」という。）に関

2）　ミャンマー法上の意義は後述 **2.**(2)のとおりであるが，チャージとは英米法に由来する概念であり，広義には動産・不動産の担保権一般を指し，狭義では，担保権設定者がその財産を譲渡せずに自己又は第三者の債務のための担保としてその財産を保有することを引き受けることによって成立する equitable charge などの種々の担保権の総称として用いられる（田中英夫編集代表「英米法辞典」（東京大学出版会，1991 年）137 頁参照）。
3）　「担保権」については，付録Ⅰ(35)を参照。

246

する規定が定められているが，これらの具体的な内容については，本法では
なく，以下に示すとおり，他の法律に規定されている。

2. 譲渡抵当及びチャージの内容

　不動産に設定される譲渡抵当及びチャージについては，財産移転法（Transfer
of Property Act, 1882）においてその内容が定められており，その内容は以下
のとおりである。

(1) 譲 渡 抵 当

　財産移転法の規定によれば，譲渡抵当とは，金銭債務を発生させることに
なる貸付，現在若しくは将来における負債，債務の履行といった方法により
前払いされた又はされる金銭の支払を担保するために行われる特定の「不動
産」[4] における権利の移転をいうこととされている（財産移転法 58 条(a)）。そ
の上で，財産移転法は，譲渡抵当を 6 種類に分けて具体的な類型毎にその内
容を規定している。当該 6 種の類型の内容については以下のとおりである。

(2) チ ャ ー ジ

　財産移転法によれば，チャージとは，法令の適用又は当事者の行為により，
ある者の「不動産」[5] が相手方に対する金銭の支払を担保する場合で，かか
る取引が譲渡低当に該当しない場合に設定されるものをいい（財産移転法
100 条），一般に，権利が担保権者に移転しないという点に譲渡抵当との違い
があると理解されている[6]。
　また，本法上，個別の不動産に対するチャージとは別に，一定の範囲の資
産を担保の対象物とする浮動担保[7] が規定されている。浮動担保によって担

---

4) 　動産に譲渡抵当を付すことも可能と理解されているが（後記Ⅲ 1.(1)表「登記が必要となる譲
　渡抵当及びチャージ」を参照されたい。），財産移転法においては不動産上に設定される譲渡抵当
　に関する規定のみが存在する。
5) 　動産にチャージを付すことも可能とされているが（後記Ⅲ 1.(1)表「登記が必要となる譲渡抵
　当及びチャージ」を参照されたい。），財産移転法においては不動産上に設定されるチャージに関
　する規定のみが存在する。

247

第2編　会　社　法　　第8章　会社により設定される担保権

（表　譲渡抵当の類型）

各種類毎の名称	内容
担保物件の占有移転を伴うことが要求されているもの	
使用収益譲渡抵当 (usufructuary mortgage) （財産移転法58条(d)）	担保物件の占有の移転を行い，又は占有の移転を約し，被担保債権が支払われるまで，担保権者が担保物件を留置し，担保物件から生じた賃料又は利益を受領し，全部又は一部を債務の利子又は被担保債権に充当することを内容とする。
担保物件の占有移転を伴うことが要求されていないもの	
単純譲渡抵当 (simple mortgage) （同法58条(b)）	担保権設定者が担保物件の占有を移転させずに支払を約した状態で，債務不履行の場合は，担保物件の売却により，その代金を被担保債権の弁済に充てることを内容とする。
条件付売買型譲渡抵当 (mortgage by conditional sale) （同法58条(c)）	担保権設定者が外観上担保物件を売却した上で，以下のいずれかの条件に服することを内容とする（但し，条件が売却の効力を生ぜしめる書類に記載されていなければならない。）。 ・ある特定の日に被担保債権の支払の不履行があったことを条件として売却が決定的になるもの ・被担保債権の支払時に売却が無効となるもの ・被担保債権の支払がなされた時点で，買主から売主に財産が移転するもの
英国型譲渡抵当 (English mortgage) （同法58条(e)）	特定の日に被担保債権を支払うことを約して，担保物件を完全に担保権者に移転させた上で，被担保債権が履行された場合に，担保権者が担保権設定者に対し，担保物件を再度移転させることを内容とする。
権利証預託型譲渡抵当 (mortgage by deposit of title-deeds) （同法58条(f)）	ヤンゴン，モーラミャイン，パテイン，シットウェ又は大統領が官報で指定する都市に所在する者が，担保権者又はその代理人に担保権を設定することを意図して，不動産の権利を表象する証書を交付することを内容とする[8]。
変則型譲渡抵当 (anomalous mortgage) （同法58条(g)）	上記のいずれにも該当しない譲渡抵当をいう。

保された社債権者に代わって管財人が選任された場合又はチャージにより担保されている所有資産が当該社債権者自身により又は社債権者に代わって占有管理された場合には，会社が清算途中でない限り，浮動担保により担保さ

---

6)　なお，チャージと担保物件の権利移転を前提としない単純譲渡抵当との相違点は明文上不明瞭であり，ミャンマーにおける法制度において，譲渡抵当とチャージとを明確に区別するのは困難なものと思われる。

248

れる社債にかかる元本又は利息の請求権について直ちに優先的な弁済を受けることができる（253条(a)）。なお，本条の規定に基づく支払は，可能な範囲で，一般債権者への弁済原資である会社資産から回収される（253条(c)）。

Ⅲ 譲渡抵当及びチャージの設定等

1. 譲渡抵当及びチャージの登記

前記Ⅱで記載した譲渡抵当及びチャージのうち，次頁の表の目的に沿って担保権を設定する場合には，当該担保権を登記しなければならず，具体的には，譲渡抵当又はチャージに関する所定の明細書等を譲渡抵当又はチャージが設定されたこと又は当該権利の存在を証明する法律的文書とともに，権利の設定から28日以内[9]に，登記のために登記官に提出しない限り，清算人その他いかなる会社債権者に対しても効力を有さないこととされている[10]。但し，当該登記の効力如何にかかわらず，担保契約上，被担保債権に対する弁済義務は有効に生じることとされており，譲渡抵当又はチャージが無効となった場合には，直ちに被担保債権の弁済期が到来することとされている（229条(a)）。また，登記済の譲渡抵当又はチャージの条件，範囲若しくは運用が

---

7) 英米法系の国において認められる企業担保の一種であり，棚卸資産や売掛金等会社が永続的には保有しない資産に設定される担保権のことを指す（田中英夫編集代表「英米法辞典」・前掲注2）353頁を参照されたい。）。平時（デフォルト等担保権実行のトリガー事由が生じていないとき）は，被担保物権につき，（担保契約の定めに反しない限り）担保権の制約を受けず，自由に取引を行うことが可能であるが，デフォルト等が発生した場合には，担保権の範囲が固定化（crystallaisation）されて自由な取引も禁止され，担保権者による担保権の行使が可能となる（加納寛之『オーストラリア会社法概説』（信山社，2014年）242頁参照。

8) 実務上は，この形式によると思われる担保権の設定（具体的な態様としては，担保対象となる不動産の権利書類一式を担保権者に差し入れる形式により行われる。）が一般に行われている。

9) 旧法下では21日以内とされていたが（旧法109条(1)），本法の下では，28日の期間制限をとることとして規定が統一されている。なお，海外コーポレーションによる通知の場合には，期間制限の始期が書類又はその写しが適切に発送され，適切に配送された場合にミャンマー国内で受領されるべき日とされている（229条(c)(i)）。

10) 当該登記に必要な事項の明細を登記官に届け出ることを怠った場合，第三者の申請により登記がなされない限り，会社，並びに，当該違反につき悪意があった会社取締役その他の役員その他の当事者は，5制裁単位を超えない限度で罰金を支払う義務を負う（246条(a)(xiii)）。

249

第2編　会　社　法　　第8章　会社により設定される担保権

変更された場合はいつでも，会社は登記官に当該修正にかかる詳細を報告する義務を負う（238条(b)）。

表　登記が必要となる譲渡抵当及びチャージ

①社債発行を担保するための譲渡抵当又はチャージ（229条(a)(i)）[11]
②コールされていない株式資本に設定される譲渡抵当又はチャージ（同(ii)）
③不動産（及び不動産に関する権利）に設定される譲渡抵当又はチャージ（同(iii)）
④会社の債権に設定される譲渡抵当又はチャージ（同(iv)）[12]
⑤会社の動産（在庫を除く。）上に設定される，譲渡抵当又はチャージ（質権でないもの）（同(v)）
⑥会社の事業又は会社資産上に設定されている浮動担保[13]（同(vi)）

　また，ミャンマー国内で登記された会社が，本法の下で登記すべき譲渡抵当権又はチャージが設定された所有資産を取得したときは，当該会社は担保権に関する所定の明細書を法定書類の写しとともに，取得が完了してから28日以内に登記のために，登記官に送付しなければならないこととされている（230条(a)）。当該義務に違反した場合には，会社及び当該不履行につき認識し且つ意図的であった全ての取締役又は他の役員は，25万チャットの罰金に処される（231条）。
　なお，登記完了後，登記官は，登記の申請にあたって提出された法律的文書（もしあれば）又は証明書付写しを提出者に返却しなければならないこととされている（234条(b)）。

---

11)　社債権者のために設定される不動産上のチャージは，不動産上の権益とみなされない（229条(c)(iv)）。

12)　流通証券が会社の買掛金債務等事業上の債務の支払を担保するために交付される場合には，会社による支払を担保するための流通証券の預託は譲渡抵当又はチャージとは扱われない（229条(c)(iii)）。

13)　会社が清算手続にある場合，清算手続の開始から3か月以内に設定された会社の事業又は資産上への浮動担保は，当該浮動担保の設定直後において会社が支払可能であることを証明しない限り，無効となる。但し，当該浮動担保の設定時又はその後において，浮動担保の約因（consideration）として会社に対して支払われた金額及び年5％の利率による利息は，この限りではない（395条）。

250

2. 登記簿の記載事項等

　登記官は，上記登記申請を受けた際は，所定の手数料を受け取って，①当該譲渡抵当及びチャージの設定日，②被担保債務額，③譲渡抵当又はチャージが設定されている所有資産の概要及び④譲渡抵当権者又はチャージ権者の氏名を登記簿に記入しなければならない（234条(a)）。当該登記簿は，所定の手数料を支払うことで誰もが閲覧可能であり（同条(c)），また登記官は，当該登記にかかる被担保債務額が記載された譲渡抵当又はチャージの登記証明書を発行するものとし，当該登記証明書は本法の要件を満たした登記がなされていることについての終局的な証拠となる（236条）。

3. 担保登記の訂正等

　(1)前記 **1.** 及び **2.** に基づき義務付けられる時期に譲渡抵当若しくはチャージの登記がなされない場合，(2)譲渡抵当若しくはチャージに関する明細書の記載に欠落・虚偽がある場合，又は(3)譲渡抵当若しくはチャージの被担保債務の弁済につき登記官に対する通知がなされなかったことが，不慮の若しくは不注意による又はその他合理的な事由に基づくものであるか，又は債権者若しくは株主の立場に損害を与えるものではなく，あるいは救済を与えることについて公正な理由に基づくと判断できる場合には，裁判所は，会社又は利害関係者の申請により，また裁判所が公正で目的に適うと判断する条件で，登記期間の延期や，記載の欠落又は誤記の訂正を命令することができ，また裁判所が適切と考える当該申請手数料にかかる命令を行うことができることとされている（244条(a)）。なお，裁判所が譲渡抵当又はチャージの登記期間を延長した場合においても，当該命令は譲渡抵当又はチャージが実際に登記される前に関連する所有資産について権利を取得した者の利益を害してはならないこととされている（同条(b)）。

251

第2編　会　社　法　　第8章　会社により設定される担保権

4.　譲渡抵当又はチャージに関する弁済の登記

　会社により設定され，登記を必要とされる譲渡抵当又はチャージについて
弁済がなされたときは，会社は登記官に対して当該弁済から 28 日以内に当
該弁済にかかる通知を送付，登記を申請しなければならない[14]。その際，譲
渡抵当権者又はチャージ権者が当該債務の弁済又は充足を記録することにつ
いて同意していることを示す書面を，通知とともに送付しなければならない
（245 条(a)）。当該通知を受領した登記官は，特段の理由がなければ，直ちに
当該弁済について登記簿上に記載しなければならず，また必要に応じて，会
社にその写しを提供しなければならない（同条(b)）。

5.　会社による譲渡抵当及びチャージにかかる記録簿の作成義務等

　会社は，譲渡抵当及びチャージの記録簿を備えなければならず，会社所有
資産に関する譲渡抵当及びチャージ又は会社資産に設定された全ての浮動担
保を，当該記録簿に記入しなければならない。登記簿には，譲渡抵当又はチ
ャージが設定されている所有資産の簡単な説明，譲渡抵当又はチャージの金
額及び譲渡抵当権者その他権利者の名前を記載しなければならない（247 条）[15]。
　会社は，前記 **1.** により登記が必要とされる譲渡抵当又はチャージの設定
に必要となる法律的文書の写しを会社の登録事務所に保管しなければならな
い。但し，複数回に分けて発行される社債については，そのうちの 1 つに関
する写しのみを保管することで足りる（239 条）。
　会社は，合理的な時間帯においては常に，会社債権者又は会社のメンバー
による閲覧の対象として，無償で，(1)登記申請後登記官より返還を受けて会
社の登録事務所に保管されている譲渡抵当又はチャージの設定にかかる法定

---

[14]　当該登記に必要な事項の明細を登記官に届け出ることを怠った場合，第三者の申請により登
　　記がなされない限り，会社，並びに，当該違反につき悪意があった会社取締役その他の役員その
　　他の当事者は，25 万チャットの罰金に処される（246 条(a)）。
[15]　当該記載事項を記載しないことを認識しながら意図的に許容した会社の取締役その他の役員は，
　　25 万チャットの罰金に処される（248 条）。

252

書面の写し及び(2)譲渡抵当及びチャージの記録簿を開示しなければならない。また，他のいかなる者に対しても，会社所定の合理的な手数料を支払うことにより，閲覧のために開示しなければならない（249条）[16]。

6. 社債及び財産保全管理人選任時の特則について

(1) 社債の支払債務を被担保債務とする担保権の特則

　会社が発行し，またその支払義務が譲渡抵当又はチャージにより担保される旨登記された社債又は無償還社債証書については，前記 **2.**（236条）で規定された登記証明書の写しに裏書きを行って譲渡されることになる（237条本文）[17]。また，複数回に分けて発行される社債に同順位の担保権が設定される場合には，原則として，担保権を含む権利証書の締結から28日以内[18]に当該証書が登記官に提出されることにより担保権が登記される（232条）[19]。なお，会社が，社債の引受け若しくは引受合意又は社債の取得若しくは取得合意に際して，直接又は間接的に手数料若しくは手当を支払うか，割引を行う場合，当該手数料等の存在は，届出に際しての必要記載事項となる（もっとも当該記載事項の不履行があったとしても，社債の効力に影響を与えるものではないとされている。）（233条）。

　会社の社債原簿は，原則として登記された社債権者及び株主による閲覧に供される[20]。会社は，少なくとも1日に2時間は社債原簿の閲覧のために時間を設けなければならず，全ての社債権者又は株主は，会社が特定した合理的な手数料[21]を支払うことにより，登記簿の全部又は一部の写しを交付するよう要求することができる（251条(a)）。また，社債の発行を担保するための

---

16)　当該閲覧が拒絶されたときは，会社は，15万チャットの罰金に処される。また，当該拒絶の事実を認識しながら許容した全ての取締役その他の役員は同様の罰金を支払う義務を負う。裁判所は，上記罰金に加えて，当該写し又は記録簿をすぐに閲覧に供するよう命令を発することができる（250条）。

17)　当該社債，無償還社債証書を，登記証明書の写しの添付なしに発行することを認識し，且つ意図的に許容した場合には，いかなる者も，25万チャットの罰金に処される（246条(c)）。

18)　旧法下では21日以内とされていた。

19)　当該登記に必要な事項の明細を登記官に届け出ることを怠った場合，第三者の申請により登記がなされない限り，会社，並びに，当該違反につき悪意があった会社取締役その他の役員その他の当事者は，25万チャットの罰金に処される（246条(a)）。

第2編 会 社 法 第8章 会社により設定される担保権

信託証書の写しは，社債権者による要求に基づき，会社が特定する合理的な手数料を支払うことにより発行される（同条(b)）。閲覧を拒絶したとき，写しの交付を拒絶したとき又は写しの発行を拒絶したときには，会社は3制裁単位を超えない範囲で罰金に処せられ，会社取締役その他の役員が当該拒絶の事実に悪意がありながら許容した場合には，同様の罰金に処される。裁判所は，当該写し又は登記簿の即時の閲覧ができるよう命令を発することができる（252条）。

(2) 財産保全管理人選任時の特則

① 財産保全管理人の選任にかかる登記

会社の所有資産に対する財産保全管理人（receiver）の選任決定を得た者又は法定書面の効力によりかかる財産保全管理人を選任した者は，登記官に対し，当該選任決定又は法定書面に基づく選任の日から28日以内に，財産保全管理人選任の事実を通知しなければならず[22]，登記官は所定の手数料の支払を受けた後，譲渡抵当又はチャージの登記の欄に，当該財産保全管理人選任の事実を登記しなければならないこととされている。

② 財産保全管理人の取引記録の届出等

法律的文書の効力により選任され，占有管理権を取得した会社所有資産の財産保全管理人は，占有管理権を保持している限り，登記官に対し，半年毎に所定の書式による該当期間中の収入と支出の概要報告書を提出しなければならない。また，財産保全管理人でなくなった場合には，登記官に対し，その旨を通知しなければならず，登記官は，当該事項を，譲渡抵当又はチャージの登記簿に記入しなければならない（242条(a)）。さらに，会社所有資産の財産保全管理人が選任されたときは，会社若し

---

20) 但し，会社定款により，開示しない時期として特定されている期間（当該期間は通算で年に30日を超えない。）を除く。

21) 旧法下では，文字数に100分の6を乗じて算出される金額が手数料とされていたが（旧法125条(1)号），手数料の算出方法が柔軟化された（以下同様）。

22) 当該義務を怠った者は，25万チャットの罰金に処される（241条）。

254

くは会社を代理する者又は財産保全管理人により作成される，社名入りの請求書，商品発注書，事業文書に財産保全管理人の選任にかかる事実を示す文言を記載しなければならない（同条(b)）。

なお，上記に違反した場合，会社，並びに，当該違反の事実につき認識しており，且つ意図的に違反を許容した取締役若しくはその他役員又は財産保全管理人は，25万チャットの罰金に処される（243条）。

③　海外コーポレーションへの準用

前記①及び②の規定は，海外コーポレーションに対しても準用される（255条）。

第9章 会計報告及び監査

会社法では，ミャンマー会計協会法の制定に伴い，同法と会社法との適用関係の整理がなされている。また，小会社の特則が新しく定められ，小会社については財務諸表の作成，会計報告等に関する規制が緩和された。

Ⅰ 会計報告・監査

1. 会計報告に関する会社法と他の法律との適用関係

24節（257条～285条）に基づき，作成される会計帳簿，メンバーへ提供される財務諸表及び会計報告，会計帳簿及び会計報告の作成において準拠する会計基準，並びに会計監査において準拠する監査基準は，ミャンマー会計協会法及び全ての他の適用ある法に定められる要件に従い，適用されるとされており（257条(a)），また，同節及びミャンマー会計協会法に定められる要件の間に何らかの矛盾が生じる場合，同法に定める要件が優先するとされている（同条(b)）。

2. 小会社の特則[1]

次のいずれかの場合を除き，財務諸表の総会への提出義務，監査義務，財務諸表の記載内容，監査人選任義務等を定める規定（260条～268条，及び279条(b)）は，小会社に適用されないとされている（257条(c)）。

(ⅰ) 会社の定款において，当該条項を適用する旨又は類似の要件が規定されている場合
(ⅱ) 総会の普通決議によって，当該条項の適用が決定された場合

---

1) 「小会社」については，付録Ⅰ(38)参照。

256

Ⅰ　会計報告・監査

(ⅲ)　登記官が当該条項を適用すべきことを決定した場合

> **ポイント**
>
> 〔財務諸表作成に関する小会社の特則〕
> 　本法で新たに導入された「小会社」においては，各種財務諸表の作成及び監査役の選任に関する規定の適用が排除され，一定の義務の軽減が図られている。

3. 財 務 諸 表

(1)　財務諸表の作成のために会社によって保管されるべき記録

　各会社は，適用ある会計基準に従って，ミャンマー語又は英語による財務諸表を作成することができるよう，次の事項に関して，書面による会計記録を維持しなければならない（258条(a)）[2]。

(ⅰ)　会社によって受領及び支出された金銭の全ての金額，並びにその代価として受領及び支出が行われたことに関する事項
(ⅱ)　会社による商品の全ての販売及び購入
(ⅲ)　会社の資産及び負債
(ⅳ)　本法又は他の適用ある法において定められる，その他全ての会計に関する事項

　なお，会計記録は，登録事務所又は取締役が適切と考える他の場所において，保管され，営業時間中，取締役の閲覧に供されなければならないとされている（258条(b)）。また，これらの義務に従うことを作為又は不作為によって認識の上懈怠した全ての取締役又は役員は，当該違反行為に関して，75万チャットの罰金に処される（259条）。

---

2)　第258条の規定（帳簿の保存義務に関する規定）は，ミャンマー連邦外に設立され，ミャンマー連邦内に事業所を有し，本法の下で海外コーポレーションとして登記されている全ての会社に準用される。但し，ミャンマー連邦内における事業に関して受領・支出される金銭，販売及び購入，資産及び債務に関する当該条項により要求される財務記録を，ミャンマー連邦内における主な事業所において保管するよう要求する限度に留まる（256条）。

257

第 2 編　会　社　法　　第 9 章　会計報告及び監査

(2)　財 務 諸 表

①　財務諸表の総会への提出

　小会社を除く全ての会社の取締役は，会社の設立後 18 か月以内のいずれかの日において，また，その後においては各暦年において少なくとも 1 度，総会において本法又は他の適用ある法によって必要とされる財務諸表を総会において会社に提出しなければならない（260 条(a)，小会社が除外される点につき 257 条(c)）[3]。当該財務諸表には，次のものを含む。

- (i)　貸借対照表
- (ii)　損益計算書
- (iii)　会社が営利を目的としない会社の場合，前記(i)及び(ii)に代えて[4]，当該会計期間に関する収支計算書

　また，当該財務諸表は，最初の決算の場合，会社設立日[5]を起算日とし，又はその他の場合，前回の決算日（の翌日）[6]を起算日として，総会の日の前 9 か月以内の日（ミャンマー連邦外において事業を行い又は権益（interest）を有する会社の場合，総会の日の前 12 か月以内の日）を決算日とする期間に関するものでなければならない（260 条(a)）。

　さらに，財務諸表は，会社の監査人によって監査され，監査報告が添付されるか，又はその注記において監査報告を言及しなければならない。また，監査報告は，総会に提出され，メンバーの閲覧に供されなければならない（同条(b)）。

---

3)　但し，登記官は，特別の事由がある場合，3 か月以内で，当該提出にかかる期間を延長することができる（260 条(a)但書）。
4)　本法上，①貸借対照表，②損益計算書，及び③収支計算書の対応関係が必ずしも明らかではなく，③会社が営利を目的としない会社の場合に，貸借対照表と収支計算書が必要とされる可能性もある。
5)　条文上，"since the incorporation of the company" と記載されている。
6)　条文上，"since the preceding account" と記載されている。

I　会計報告・監査

②　財務諸表のメンバーへの送付

　小会社を除く全ての会社は，監査報告が添付された監査済み財務諸表の写しを，当該財務諸表が提出される総会の招集通知とともに，各メンバーの登録住所に対して送付しなければならない。また，当該会社は，メンバーの閲覧に供するために，当該総会の少なくとも 21 日前からその登録事務所において写しを備置しなければならない（260 条(c)，小会社が除外される点につき 257 条(c)）。

　なお，本法又は全ての他の適用ある法を制限することなく，会社の定款は，本法 260 条に基づく財務諸表を電子的に配布することについて定めることができるとされており（同条(c)），定款に定めることにより，メール等による財務諸表の配布が許容されている。

③　政府保有会社の特則

　政府保有会社の特則につき，前記**第 6 章Ⅴ 3.**参照。

(3)　取締役報告

　小会社を除く全ての会社の取締役は，会社の状況，取締役が推奨する配当金額（もしあれば），貸借対照表又は次期以降の財務諸表とともに提供される貸借対照表に計上される準備金，別途積立金及び積立金勘定とする金額（もしあれば）に関する報告を作成し，財務諸表に含めなければならないとされている（261 条(a)，小会社が除外される点につき 257 条(c)）。また，当該報告は，会社の主たる事業の説明，当該年度における会社の実績の分析，会社が直面するリスク及び不確実性，その他所定の事項を含む会社の公正なレビューが含まれなければならない（261 条(b)第一文）[7]。

　なお，会計記録の作成，保管及び閲覧提供義務違反に関する 259 条の規定は，財務諸表の提出及び報告に関する 261 条の遵守を認識しながら意図的に怠った取締役又はその他役員に準用されるとされており（261 条(c)），当該取締役又は役員は，259 条に基づき 75 万チャットの罰金に処される。

---

7)　取締役会を代表する権限が与えられた会長によって署名を行うことができるとされている（261 条(b)第二文）。

第2編　会　社　法　　第9章　会計報告及び監査

⑷　貸借対照表及び財務諸表の内容

　小会社を除く全ての会社の財務諸表に含まれる貸借対照表は，資産・財産，並びに資本金及び負債の概要（当該資産及び負債の一般的な性質，並びに固定資産の価値の評価方法を示す詳細を含む。）を含まなければならないとされている（262条(a)）。なお，貸借対照表は，適用ある会計基準によって必要とされる様式にて，又は適用ある法に従って必要とされる他の様式にて作成されなければならない（同条(b)，小会社が除外される点につき257条(c)）。

　また，小会社を除く全ての会社の財務諸表に含まれる損益計算書は，費用として支払われるか又はパーセンテージにて支払われるか等にかかわらず，各取締役に対して（総会の特別決議によって決議された場合には，役員に対して）その職務の対価として支払われる金額の合計額，及び減価償却のために損金処理された金額の合計額を示す詳細を含まなければならないとされている。なお，取締役が当該会社の直接又は間接の推薦に基づき他の会社の取締役に就任している場合，当該取締役が自己使用目的のために受領する報酬，その他給与（当該他の会社の取締役の地位に基づき受領するもの，又は経営に関連して受領するものか否かにかかわらない。）は，当該損益計算書に注記されるか，又は当該金額が記載された書面が損益計算書に添付されなければならない（262条(c)。小会社が除外される点につき，257条(c)）。

⑸　持株会社に関する特則[8]

①　貸借対照表への添付書類

　会社が持株会社の場合，ミャンマー会計審議会が発行する会計基準に従った当該持株会社の財務諸表に，本法又は他の適用ある法に基づき作成が必要とされる監査済の子会社の連結財務諸表を添付しなければならないとされている（263条(a)）[9]。

---

8)　小会社には適用されない（257条(c)）。
9)　いかなる理由であれ，持株会社の取締役が本⑸(a)（263条(a)）に記載のステートメントの作成に必要となる情報の取得ができない場合，貸借対照表に署名する取締役は，書面にその旨報告し，また，当該報告は，ステートメントの代わりに添付されなければならない（263条(b)）。

260

Ⅰ　会計報告・監査

②　持株会社による子会社へのアクセス

　持株会社は，決議によって[10]，決議中に名前を明示することにより，前記
(1)（258条）に従って，子会社において保管されている会計記録の閲覧を代
表者に授権することができ，かかる決議が承認された場合には，当該会計記
録は，営業時間中，当該代表者の閲覧に供されなければならないとされてい
る（263条(c)）。

　また，後記(9)（268条）に記載のメンバーが有する財務諸表の写しの交付
を受ける権利について，持株会社のメンバーは，その子会社に関して，当該
子会社のメンバーが当該子会社に対して行使するのと同様に，当該権利を行
使することができるとされている（同条(d)）。

(6)　貸借対照表の認証[11]

　本法24節（257条〜285条）が適用される会社によって作成することが必
要とされている貸借対照表は，1名の取締役及びその他の役員によって署名
されるか，取締役が2名未満の場合には，当該単独の取締役によって署名さ
れなければならないとされている（264条）。

(7)　財務諸表の作成，公表等の法令違反に対する罰則[12]

　本法24節において必要とされる財務諸表の総会への提出又は発行を行う
ことができない場合，又は，前記(2)，(4)，(5)及び(6)（260条・262条〜264条）
に記載の条件を遵守していない貸借対照表及び損益計算書若しくは収支計算
書，又はその他財務諸表のいずれかが発行・回付・公表された場合，会社及
び当該違反行為を認識しながら意図的に行った全取締役その他役員は，500
万チャットの罰金に処されるとされている（265条）。

(8)　公開会社の特則（財務諸表の届出）[13]

　総会において財務諸表を提出した後，取締役又は秘書役によって署名され

---

10)　"by a resolution" と記載するのみで，株主総会による決議なのか，取締役会による決議なのか
　　は必ずしも明確ではない。
11)　子会社には適用されない（257条(c)）。
12)　子会社には適用されない（257条(c)）。

261

第2編 会 社 法 第9章 会計報告及び監査

た財務諸表の写しは，メンバーの年次リストの写し及び97条の要請に従っ
て作成されたサマリーとともに，登記官に対して，届け出なければならない
とされている（266条(a)）。また，財務諸表が提出された総会において当該財
務諸表が承認されなかった場合，当該事実及びその理由が記載されたステー
トメントを財務諸表に添付しなければならず，また，当該ステートメントと
その写しも登記官に対して届け出なければならないとされている（266条(b)）。

　なお，ある会社が本(8)（266条）に定める要件の遵守を懈怠した場合，当
該会社及びその全取締役又は他の役員で，当該懈怠を認識しながら意図的に
当該懈怠を承認し又は許可した者は，25万チャットの罰金に処される（267条）。

(9)　財務諸表に関する謄写請求権[14]

　本法に別途定める場合を除き，会社のメンバーは，本法24節（257条〜
285条）に基づき作成が必要とされる財務諸表の写しの交付を受ける権利を
有する（268条）。

(10)　優先株式等の保有者における財務諸表等の閲覧権

　優先株式又は社債の保有者は，普通株式の保有者によって保有される権利
と同様に，財務諸表，監査報告及びその他の報告を受領し，閲覧する権利を
有する（285条）。

Ⅱ　当局による調査

1.　登記官による調査[15]

(1)　登記官による情報及び説明の請求

　登記官は，会社から登記官が必要と認める情報又は説明[16]を書面にて提出

---

13)　本(8)（266条）は，非公開会社に対して適用されない（266条(c)）。また，小会社にも適用さ
　れない（257条(c)）。
14)　小会社には適用されない（257条(c)）。

262

II　当局による調査

させるため，書面による通知を発することにより，当該通知において指定した期限までに，書類の提出を求めることができる（269条(a)）。

また，会社が当該通知を受領した場合，その取締役若しくは役員である者，又は取締役若しくは役員であった者全ては，最大限可能な限り，当該情報及び説明を提出しなければならない義務を負う（同条(b)）。

さらに，登記官が当該情報又は説明を受領した場合，登記官は，登記官に対して提出された元の書類に当該情報又は説明を添付することができ，登記官によって添付された追加書類は，元の書類について適用されていた閲覧・謄写に関する同一の規定に従うものとされる（同条(c)）。

なお，(1)情報若しくは説明が指定された期限までに提出されない場合，又は(2)当該情報若しくは説明の精査後において，①当該書類において不十分な事項しか開示されていない，若しくは②当該書類は当該書類が関連する事項に関して完全且つ公正なステートメントを開示していない，と登記官が考えた場合，登記官は，書面によって，当該事態の状況を連邦大臣に報告しなければならない（同条(d)）。

(2)　詐欺的目的での事業と登記官調査

債権者や会社と取引を行う者を欺罔し，又は詐欺的な目的のために会社の事業が実施されたものであると出資者又は債権者より証拠をもって登記官に対して表明された場合，登記官は，会社に対して書面による通知を発することにより聴聞の機会を与えた後において，当該通知にて特定された事項に関する情報又は説明を，当該通知において指定された期限までに提出するよう当該会社に対して求めることができる。この場合，前記(1)に記載の会社の取締役，役員等の情報及び説明の提出義務並びに登記官による連邦大臣への報告義務，並びに後記(3)に記載の罰則（269条(b)(d)・270条）は，当該通知に関して適用される。

---

15)　本 **1.**（269条）は，（必要な変更を加えて（*mutatis mutandis*））清算人が本法に基づき届け出ることが必要とされている書類についても準用される（269条(f)）。

16)　本法上，登記官において，本法の規定に基づき登記官に対して提出が必要とされる書類の精査を行い，当該書類に関係する事項の全ての詳細が当該書類に記載されるために必要と考えた情報又は説明の提出が命令の対象とされている（269条(a)）。

263

第2編　会　社　法　　第9章　会計報告及び監査

また，登記官は，調査を実施し，登記官が本(2)（269条(e)）に基づき取った行為が，根拠のない又は濫用的な表明に依拠していたと確信した場合，登記官は，当該情報提供者の識別情報を当該会社に開示しなければならないとされている（269条(e)）。

(3)　登記官調査の拒絶に対する罰則

いかなる者であれ，上記(1)（269条）に基づき要求された情報又は説明の提出について拒否又は無視した場合，当該者は，各違反行為に関して，500万チャットの罰金に処される。また，登記官より申請がなされ，会社に対して通知を行った場合，裁判所は，登記官の調査のために登記官が要求する書類の作成を義務付ける命令を会社に対して発すること，及び，裁判所が適切と考える条件に基づき当該書類の登記官による閲覧を認めることができる（270条）。

2.　検査官による調査

(1)　検査官による会社の状況の調査

次のいずれかの事由に該当する場合，連邦大臣は，会社の状況を調査し，連邦大臣が指定する方法にて調査報告を行う1名又は複数の担当検査官を選任することができる（271条(a)）。

(i)　株式資本を有する会社について，発行済株式の10分の1以上を有するメンバーにより申請された場合

(ii)　株式資本を有しない会社について，会社のメンバー名簿に記載の人数の5分の1以上の者により申請された場合

(iii)　あらゆる会社について，前記 1.(1)に記載の登記官による連邦大臣への報告（269条(d)）がなされた場合

(iv)　あらゆる会社について，当該調査が公共の利益のために必要であると登記官が合理的に信じて，当該登記官によって申請された場合

Ⅱ　当局による調査

　なお，上記において検査官を選任するためには，連邦大臣において次の全ての事由を合理的な理由に基づき信じる場合でなければならず（271条(b)），また，前記(i)又は(ii)の申請については，次の事由について証拠によって支えられていなければならないとされている（273条）[17]。

　　a.　会社又は取締役若しくは役員のうち1名が本法又は他の適用ある法に定める違反行為を行った可能性があること
　　b.　（適用がある場合において）上記(i)又は(ii)（271条(a)(i)又は(ii)）に記載の申請が合理的な理由に基づき善意で行われていること

(2)　連邦大臣による調査の指示

　連邦大臣は，公共の利益のために，いつでも，1名又は複数の担当検査官を選任することにより，会社の状況の調査を指示することができる（272条）。

(3)　検査官による帳簿閲覧及び審問

　取締役若しくは役員，又は取締役若しくは役員であった者の全ては，会社に関して保管し又は権限を有する帳簿及び書類を検査官に対して提出する義務を負うとされている（274条(a)）。

　また，検査官は，会社の事業に関して上記の者を審問することができる（274条(b)）。

　なお，ある者が，提出を義務付けられている帳簿又は書類の提出を拒否した場合，又は会社の状況に関する質問に対する回答を拒否した場合，当該者は，各違反行為に関して500万チャットの罰金に処される（275条）。

---

17)　本法273条では，本法271条に基づくメンバーによる申請は，(i)会社又は取締役若しくは役員のうち1名が本法又は他の適用ある法の違反行為を行った可能性があること，及び(ii)申請者が調査を行う正当な理由を有し，悪意ある動機（malicious motives）によって調査を求めたものでないことについて，連邦大臣の要請に基づき証拠によって支えられていなければならないとされている。また，同条では，連邦大臣は，検査役を選任する前に，申請者に対して，審査費用の支払のための保証金を支払うよう要求することができるとされている。

265

第2編　会　社　法　　第9章　会計報告及び監査

⑷　調 査 報 告

　調査が完了した場合，検査官は，連邦大臣に対して自己の見解を報告しな
ければならず，当該報告の写しは，連邦大臣から，登記官，対象とされた会
社の登録事務所，及び，調査を求めた申請者の請求があれば，当該申請者に
対して，送付されなければならないとされている（276条⒜）。この場合，登
記官は，登記官が有する記録とともに，当該報告の写しを保管しなければな
らないとされている（同条⒞）。

⑸　調査費用の負担

　調査に要した，又は付随する全ての費用は，申請者によって負担されなけ
ればならないとされている。但し，連邦大臣は，会社による負担を指示する
権限を有し，かかる指示を行った場合は，この限りではない（276条⒝）。ま
た，前記⑴ⅲ又はⅳ（271条⒜ⅲ又はⅳ）に従って行われた調査に要する，又
は付随する費用は，会社財産から支払われなければならないとされている（同
条⒝但書）[18]。

⑹　訴追機関及び公的手続の開始

　前記⑴又は⑵（271条又は272条）の調査の結果作成された報告書から，合
理的な理由をもって，いずれかの者が本法又は他の適用ある法に基づき会社
に関して違反行為を犯したものと窺われる場合には，所轄省は，連邦法務長
官府に助言を求めなければならない（277条⒜）。また，連邦法務長官府が当
該事案は訴追を開始すべき事案であると助言する場合，登記官は，公的手続
を開始しなければならない。この場合，会社の取締役，役員及び代理人並び
に取締役若しくは役員であった者[19]は，合理的に提供可能な，当該訴追に
関連する一切の支援を行う義務を負うものとされている（同条⒝）。

---

18)　当該費用は，収益の未払分として（as an arrear of revenue）回収可能（recoverable）なも
　　のとされる（276条⒝但書）。
19)　277条⒝の適用に関して，ある会社に関する「代理人（agents）」との表現は，当該会社の役
　　員に含まれるか否かにかかわらず，当該会社のバンカー（bankers）及び法律アドバイザー（legal
　　advisors），当該会社に監査人として雇用されている者を含むものとみなされる（同条⒞）。

266

Ⅱ　当局による調査

　なお，本(6)（277 条）に基づき開始された訴追の結果として有罪判決を受けた取締役又は役員は，当該有罪判決の日から 5 年間の間，裁判所の許可なくして，会社の取締役となることはできず，また，直接又は間接を問わず，いかなる形態によっても，会社の経営に関与，又は参加することはできないとされている（277 条(d)）。

(7)　検査官作成の報告書の証拠力

　本法に基づき選任された検査官の報告書の写しは，検査官が調査を行った会社の会社印が押印され，又は連邦大臣によって認証された場合，いかなる法的手続においても，当該報告書に含まれる事項に関する検査官の意見にかかる証拠として，証拠力を有する（278 条）。

267

第10章 組織再編等

会社法において，組織再編等については旧法から内容における実質的な変更はない。

Ⅰ 仲裁を選択する権限

会社が係争を解決するために取りうる他の方法を制限することなく，会社は，仲裁法又は他の適用ある法に従い，書面による契約によって，自己と他の会社又は個人との間の現在又は将来の紛争について，仲裁に付すことを選択することができる（286条）。

Ⅱ 債権者及びメンバーとの和解をする権限

1. 債権者・メンバー等会議

会社[1]と債権者又はメンバーとの間で，和解又は和議の提案がなされた場合において，会社，債権者，若しくはメンバー，又は清算中の会社の場合，清算人の簡易な方法による申立てが行われたときは，裁判所は，裁判所が指定した方法によって，債権者若しくは該当する種類の債権者，又はメンバー若しくは該当する種類のメンバーによる会議（以下「債権者・メンバー等会議」という。）を開催することを求めることができる（287条(a)）。

---

1) 287条において，「会社（company）」は，本法に基づき清算する義務を負う会社をいい，287条の適用に関して，裁判を申し立てた又は判決（decrees）を取得した無担保債権者は，他の無担保債権者と同一のクラスとみなされる（287条(e)）。

2. 和解・和議及び命令の効力

　債権者・メンバー等会議において，自ら又は委任状により出席した債権者若しくはメンバー又はそれらに類する者の4分の3以上の多数によって和解又は和議が承認された場合，当該和解又は和議は，裁判所の認可を取得することによって，全ての又は該当する種類の債権者，全ての又は該当する種類のメンバー，及び会社（清算中の会社の場合，清算人及び清算出資者）を拘束することとなる（287条(b)）。

　但し，上記に基づき裁判所から発せられた認可は，当該認可の認証済み写しが登記官に届け出られない限り，効力を有さない。なお，当該認可の写しは，当該認可が発せられた後に発行される会社の定款にすべて添付されなければならない（287条(c)）。

　会社がかかる義務の遵守を懈怠した場合，当該会社及び当該違反を認識しながら，意図的に懈怠した取締役又は役員には，15万チャットの罰金に処される（288条）。

3. 裁判又は法的手続の停止

　287条に基づき和解又は和議に関する申請が行われた後はいつでも，裁判所は，裁判所が適切と考える条件に基づき，当該申請が終局的に処理されるまでの間において，会社に対する裁判又は法的手続の開始又は継続を停止することができる（287条(d)）。

4. 控　　訴

　裁判所によって発せられた命令に関して，より上位の裁判所に対して，控訴することができる（287条(f)）。

269

第2編　会　社　法　　第10章　組織再編等

Ⅲ　和解及び和議の円滑化（いわゆるスキーム・オブ・アレンジメント）

1.　組織再編に関する裁判所の認可・命令

　裁判所は，(1)会社[2]と他の当事者（債権者若しくは該当するクラスの債権者，メンバー若しくは該当するクラスのメンバーであり，本法287条に示される者。）との間において提案された和解又は和議の裁判所による認可を受けるために，本法287条に基づき裁判所への申立てが行われ，(2)当該和解若しくは和議が1社若しくは複数の会社の再建計画又は2社以上の会社の合併計画のために，又はそれらと関連して提案されたものであり，且つ(3)及び当該各計画に基づき，会社（本Ⅲにおいて，以下「譲渡会社」という。）の事業又は資産の全部又は一部が他の会社（本Ⅲにおいて，以下「譲受会社」という。）に譲渡されることが裁判所に対して示された場合，和解又は和議を認可する命令によって，又はその後の命令によって，次の事項に関する条件を設定することができる（289条(a)）。

- (ⅰ)　譲渡会社の事業及び資産[3]又は債務[4]の全部又は一部の譲受会社への譲渡
- (ⅱ)　和解又は和議に基づき譲受会社から割り当てられる株式，社債，証券，その他会社に対する類似の権益に関する譲受会社による割当て
- (ⅲ)　譲渡会社による又は譲渡会社に対して係属中の法的手続に関し，譲受会社による又は譲受会社に対する法的手続としての承継
- (ⅳ)　清算手続によらない譲渡会社の解散
- (ⅴ)　裁判所が指定した時間内において，指定した方法により，和解又は和議に対して異議を申し立てた者のために設定される条件
- (ⅵ)　再建又は合併が完全且つ有効に実施されることを確保するために必要となる付随的，結果的及び補足的事項

---

2)　287条(e)の規定にかかわらず，本法289条において「会社（company）」には，本法において定義される会社（company）以外の会社は含まれない（289条(e)）。
3)　289条において，「資産（property）」には，各記述の資産（property），権利（rights），権限（powers）を含む（289条(d)）。
4)　289条において，「債務（liabilities）」には，義務（duties）を含む（289条(d)）。

270

2. 和解・和議及び命令の効力

上記 **1.** (289 条(a)) の命令の内容が資産の譲渡又は債務の引受である場合，当該資産及び債務は，命令の効力として，譲受会社に対して譲渡され又は引き受けられる。また，資産については，命令によって指定される場合，和解又は和議の効力として，いかなる担保も効力を失う (289 条(b))。

3. 登記官への届出

上記 **1.** (289 条(a)) の命令が発せられた場合，命令の対象となる会社は，当該命令の完了 (completion) 後 14 日以内に，登記を行うため当該命令の認証済み写しを登記官に対して送付しなければならない (同条(c))。

なお，かかる義務の遵守を懈怠した場合，会社及び当該違反を認識しながら意図的に懈怠した取締役又は役員は，15 万チャットの罰金に処される (290 条)。

Ⅳ 買収会社による反対株主からの株式買取

1. 買収会社による反対株主からの株式買取

他の適用ある法を制限することなく，公開会社 (本Ⅳにおいて以下「対象会社」という。) の株式又はある種類の株式にかかる他の会社 (本Ⅳにおいて以下「買収会社」という。) への譲渡に関する契約が，買収会社による申込後 4 か月以内に，対象となる株式の 4 分の 3 以上の価値の保有者によって承認された場合，買収会社は，当該 4 か月の期間の満了日から 2 か月以内にいつでも，所定の方法によって，反対株主[5]が保有する株式を購入する旨を反対株主に対して通知することができる。

当該通知がなされた場合，買収会社は，計画又は契約において賛成株主の

第2編　会　社　法　　第10章　組織再編等

株式が買収会社に対して譲渡される際に従う条件に従って，反対株主の株式
を取得する権利を有し，そのとおり拘束される。但し，当該通知がなされた
日から28日以内に反対株主が行った申立てに応じて裁判所が適切と認める
命令を発する場合はこの限りでない（291条(a)）。

2.　買収会社による譲渡価格の支払等

　前記 1. に基づき買収会社によって通知がなされ，且つ反対株主による申
立てにもかかわらず裁判所がそれに反する命令を出さなかった場合には，当
該通知がなされた日から28日の期間の満了日において，又は、その時点で
反対株主による裁判所に対する申立てが審理中の場合には，全ての他の適用
ある法を遵守して，当該申立てが処理された後において，買収会社は，対象
会社に対して当該通知の写しを送付しなければならず，本法の効果として買
収会社が取得する権利を有する株式に関する，譲渡価格，又はそれに相当す
る対価を対象会社に対して支払わなければならない。この場合，対象会社は，
当該譲渡対象株式に関して，買収会社を当該株式の保有者として登録しなけ
ればならない（291条(b)）。

　また，上記に基づき対象会社が受領する代金は，独立した銀行口座に払い
込まれなければならず，対象会社が受領した代金その他の対価は，当該株式
の代金その他の対価を受領する権利を有する者のために信託されたものとし
て，対象会社によって保有されなければならない（291条(c)）。

---

5)　291条において，「反対株主（dissenting shareholder）」には，契約に同意しなかった株主，及
び計画又は契約に従って譲受会社に対して自己の株式を譲渡することができなかった又は譲渡す
ることを拒絶した株主を含む（291条(d)）。

第11章 清算・解散

本章では，会社法に定める清算・解散に関するルールのうち，実務上，利用されることが多い手続を中心に解説する。なお，本法における清算・解散に関するルールは，旧法からの大きな変更点は見受けられない。

I 清算・解散の種類

会社法上，会社の清算手続には，以下の(i)から(iii)の３種類がある（292条(a)）。

(i) 裁判所による強制清算（Winding up by Court）
(ii) 任意清算（Voluntary Winding up）
　① メンバーによる任意清算（Members' Voluntary Winding up）
　② 債権者による任意清算（Creditors' Voluntary Winding up）
(iii) 裁判所の監督に基づく任意清算（Winding up subject to Supervision of Court）

この点，旧法下におけるミャンマーにおける実務では，最も手続的に簡便な，債務超過を前提としないメンバーによる任意清算（前記(ii)①）が選択されることが多いため，以下では特段の明示がない限り，株式会社におけるメンバーによる任意清算にかかる手続及び関連規定について解説する。

> **ポイント**
>
> 〔撤退方法〕
> 　外資企業のミャンマーからの撤退の方法として，実務上採り得る手段としては，株式譲渡及び会社清算の方法が考えられる[1]。
> 　株式譲渡により撤退を行う方法は，外資企業にとって簡便な方法ではある。しかしながら，そもそも株式の譲渡先を見つけることに困難が伴うことが予想され，また，MIC を始めとする当局の許可を要しないか，株式譲渡後において合弁比率に関する規制に抵触しないか等について考慮する必要がある。

第2編　会　社　法　　第11章　清算・解散

　そのため，ミャンマーからの撤退に関するミャンマーにおける実務では，清算手続の中で最も手続的に簡便なメンバーによる任意清算（前記(ⅱ)①）が選択されることも多いものと窺われる。

ポイント

〔倒産法制の見直し〕

　ミャンマーにおける倒産法制については，会社法上の清算・解散に関する規定の他，一定の法律が存在しているものの，再建型又は清算型倒産手続のいずれについても，裁判所が関与する手続については，ほとんど機能していないものと理解されている。

　この点，現在，連邦最高裁判所の主導の下，倒産法制の全面的な見直しが計画されている。会社法上の清算・解散に関する規定への影響も少なからず考えられるものの，その詳細は，現時点では不明である。

Ⅱ　メンバーによる任意清算手続の主な流れ

　メンバーによる任意清算にかかる手続は，旧法下における手続を踏まえると，概要次のとおり進められると考えられる。

Step 1　取締役会において，清算手続開始後3年以内に会社の債務の全てを弁済することができる旨，宣誓供述書[2]により宣言（以下，「弁済宣言」という。）を行う（350条(a)）[3]。

Step 2　総会招集通知の送付前に，弁済宣言に関する届出を監査人の確認書とともに登記官に対して提出する（350条(b)）[4]。

---

1)　なお，旧法上も，裁判所の関与の下，会社と株主や債権者との間の利害を調整する（株式譲渡，事業譲渡，合併等の組織再編等を含む。），いわゆるスキーム・オブ・アレンジメント（**第10章Ⅲ**参照）に関する規定があったものの（旧法153条，153A条及び153B条），実務上利用されていない。

274

Ⅱ　メンバーによる任意清算手続の主な流れ

Step 3

Step 4 の総会の 21 日前[5]までに，総会招集通知を発送する（345条, 152条(a)(ⅰ)）。但し，議決権を有するメンバー全ての同意があれば，招集通知の省略が可能（152条(a)(ⅰ)）。

Step 4

総会により，次の事項を決定する。
- ・任意清算の開始（特別決議）（345条(b)）[6][7]
- ・清算人の選任及びその報酬の決定（普通決議）（352条(a)）

なお，任意清算開始後は，会社は，原則として全ての事業を停止することが必要である（347条）。また，清算人が選任された場合，総会又は清算人によってその継続が認められた場合を除き，取締役の一切の権限は終了する（352条(b)）。

---

2)　宣誓供述書は，ミャンマー連邦内においては，裁判所，裁判官，又は宣誓供述書を受領する権限を有する者の面前にて，また，ミャンマー連邦外においては，ミャンマー連邦の領事，副領事，又は大使の面前にて宣誓されなければならない（411条(a)）。なお，ミャンマー連邦における裁判所，裁判官，司法官，弁務官又は司法上の代理人は，当該宣誓供述書又は第5章の目的のために使用される書類に添付又は記載された，前述の裁判所，裁判官，授権者，領事，副領事，又は大使の押印又は署名に関して，裁判所による確知（judicial notice）の対象としなければならない（同条(b)）。

3)　弁済宣言を行うことができない場合，債権者集会の開催（361条）等が必要となる「債権者による任意清算（Creditors' Voluntary Winding up）」となり，手続が煩雑化する。従って，実務上，事前に会社の財務状態を調査・検討の上，3年以内に弁済できることの目処が立ってから清算手続に入ることが必要となる。

4)　弁済宣言は，任意清算を決議する総会の招集通知の送付前に登記所に登記されなければ，本法の目的において効力を有しない（350条(b)）。

5)　公開会社の場合は，28日前（152条(a)(ⅰ)）。

6)　(1)定款に定める会社の存続期間が満了した場合又は定款に定める会社の終了事由が発生した場合で，且つ総会の普通決議によって，任意清算により会社を清算することが決定された場合（旧法203条1項）（345条(a)），及び(2)総会の特別決議によって，債務のために事業の継続が不可能なことを理由として，任意清算により会社を清算することが決定された場合（旧法203条3項）（345条(c)）についても任意清算の開始事由とされているが，旧法下における実務上，(3)旧法203条2項（345条(b)に相当）に基づき任意清算を決定するものが散見される。

7)　任意清算開始の総会決議が行われた時点で任意清算が開始したものとみなされる（346条）。

275

第2編　会　社　法　　第11章　清算・解散

Step 5	任意清算開始の総会決議から10日以内に，任意清算開始について，官報[8]及び日刊新聞に公告を行う（348条）[9)10]。

Step 6	**Step 4**の決議から15日以内に，当該決議に関する届出を登記官に対して行う。[11]

Step 7	清算人の選任後21日以内に，当該選任に関する届出を登記官に対して行う（376条(c)）。[12]

Step 8	最終総会の28日前までに，官報及び日刊新聞において，当該総会にかかる時間，場所及び議題を掲載した公告を行う（357条(b)）。

---

8)　官報に公告を掲載するまでに1か月程度の期間が必要とされる場合があるため，清算手続を開始するに先立ち，想定する期限までに官報掲載が可能か確認することが必要である。

9)　本法上，債権届出期間に関する定めはないが，実例では，約1～3か月等の債権届出期間を定めるものがある。

10)　かかる公告を懈怠した場合，当該会社，及び，当該不履行を認識し，意図的に関与した当該会社の全ての取締役及びその他の役員は，25万チャットの罰金に処される（349条）。

11)　旧法下においては，特別決議（extraordinary resolution）又は特殊決議（special resolution）が行われた場合，当該決議の日から15日以内に登記官への届出が必要とされていた（旧法82条1項）。これに対して，本法下では，旧法82条に相当する規定は存在せず，その他清算開始の特別決議について登記官への届出を義務付ける規定も存在しない。本法におけるこれらの規定内容に鑑みれば，当該特別決議は登記官への届出の対象とはされていないようにも見受けられるものの，他方で，旧法82条の削除に伴う関連規定の調整が不十分な可能性もあり，清算開始の特別決議に関する登記官への届出の要否については，実務の運用につき注視する必要がある。

12)　清算人の選任に関する届出の規定である本法376条(c)は，裁判所による清算人の選任に関する規定の一部として規定されているように見受けられ，他方，総会決議によって清算人が選任された場合（352条(a)）における届出の規定が別途規定されていない。これに対して，本法376条(c)に相当する旧法214条1項では，登記官への届出が必要とされる清算人については，特段，裁判所により選任された場合に限定していないため，実務上，総会決議によって選任された清算人についても，清算人の選任後21日以内に当該選任に関する届出を登記官に対して行うことが必要とされていた。この点，本法の関連規定の調整が不十分な可能性もあり，清算人の選任に関する登記官への届出の要否については，実務の運用につき注視する必要がある。

II　メンバーによる任意清算手続の主な流れ

Step 9
会社財産の処分等の必要な清算手続の完了後[13]，清算人は，最終総会を招集して，次の事項を決定する。
・最終決算報告（普通決議）（357条(a)）
・会社関係書類・清算人関係書類の管理方法（特別決議）（405条(a)(ii)[14]

Step 10
最終総会後7日以内に，清算人は，最終決算報告の提出とともに，最終総会の開催及びその日付に関する最終決算報告に関する届出を登記所に対して行う（357条(c)）[15]。

Step 11
最終総会から15日以内に，当該総会決議に関する届出を登記官に対して行う。[16]

Step 12
Step 10 の届出から3か月経過後，会社は解散されたものとみなされる（357条(d)）[17][18]。

Step 13
Step 9 の最終総会において決定した管理方法に従い，会社関係書類・清算人関係書類を管理する。会社の解散後3年経過により，清算人，会社，その他の者における会社関係書類等の保管に関する義務が消滅する（405条(b)）。

---

13)　清算手続が1年以上続く場合には，清算人は，清算開始から1年を経過する日又は当該年度末日から90日以内に，総会において清算報告を行わなければならない（355条）。清算人がかかる義務を懈怠した場合，50万チャットの罰金に処される（356条）。また，清算人は，清算手続が完了するまで，少なくとも1年に1度，12か月以上の期間を空けることなく，清算手続の状況等に関する届出を登記官に対して行わなければならない（408条(a)）。かかる届出を行わない場合，25万チャットの罰金に処される（409条）。

14)　条文上，特別決議が必要とされている。

277

第2編　会　社　法　　第11章　清算・解散

ポイント

〔清算手続のスケジュール〕

清算手続の開始から完了（会社の解散）までの期間に関しては，会社法上，明示的に定められた省略のできない期間として，**Step 8** の公告の 28 日間，及び **Step 12** の解散までのみなし期間の 3 か月間の定めがある。また，各 **Step** に定める取締役会・総会における会社清算決議，公告の掲載までに要する期間，債権者が存在する場合の対応に要する期間，資産・負債の状況を清算人が検証する期間等が必要となり得るため，最低でも 5〜6 か月は必要になることが想定される[19]。さらに，**Step 10** の届出の必要書類として，実務上，当局が発行する納税証明書(Tax Clearance Letter/Certificate)を求められることがあるところ，かかる納税証明書は，当局における作業の多忙度，清算対象会社の個別事情等により発行までに相当の期間を要することがある。これらの事情から，実際に会社の清算手続が開始されてから手続が円滑に進められたとしても，解散の完了までの期間は事前に予測がつきがたい点に留意されたい。

---

15) なお，当該最終総会において定足数が満たされない場合，清算人は，上記の届出に代わり，総会が適切に招集されたこと，及び定足数が満たなかったことに関する届出を行わなければならず，かかる届出により，上記最終決算報告に関する届出が行われたものとみなすとされている（357条(c)但書）。また，最終決算報告書の写し又は本法 357 条(c)に基づく届出を提出しない場合，清算人に 15 万チャットの罰金に処される（358 条）。
16) 旧法 82 条の削除に伴う関連規定の調整が不十分な可能性もあり，清算開始の特別決議に関する登記官への届出の要否については，実務の運用につき注視する必要がある（前掲注11）参照）。
17) 裁判所は，清算人又はその他利害関係人による申立てにより，裁判所が適切と考える時点まで会社の解散の効力発生日を遅らせる旨の命令を発することができる（357 条(d)但書）。なお，357 条(d)に基づく裁判所の命令を申請した者は，当該命令が発行された後 21 日以内に，当該命令の認証済み写しを登記所に提出する義務を負う。かかる義務を懈怠した場合，15 万チャットの罰金に処される（359 条）。さらに，会社が清算された場合であっても，裁判所は，当該解散の日から 2 年以内であれば，当該会社の清算人又はその他の利害関係人の申請によって，裁判所が適切と判断する条件により，当該解散が無効であったものとする命令を発することができる（406条）。この場合，当該裁判所へ申請した者は，当該命令の発行後 21 日以内に当該命令の認証済み写しを登記官に届け出なければならず，かかる届出を懈怠した場合，25 万チャットの罰金に処される（407 条）。
18) なお，実務上は，登記官から終了・登記抹消に関する通知（Termination Letter/De-registration Letter）が発行され，かかるレターの受領により清算・解散手続の完了の確認を取ることができることとなる。
19) MIC から投資許可を取得した会社は，会社の解散決議，会社財産の処分等については，MIC による事前の承認等が必要となる。

278

Ⅲ 清算出資

1. メンバーの清算出資者としての責任

会社が清算手続に入った場合，全ての現在及び過去のメンバーは，会社の責任，債務，清算手続に要するコスト，費用等の支払，及びメンバー間の清算出資にかかる調整のために，清算出資を行う義務を負担する。但し，主に次の例外事項が定められている（293条(a)）。

① 過去のメンバーのうち，清算手続の開始の1年以上前にメンバーでなくなった者は，清算出資にかかる義務を負担しない（同条(a)(i)）。
② 過去のメンバーは，メンバーでなくなった後に生じた債務・責任に関して，清算出資にかかる義務を負担しない（同(ii)）。
③ 裁判所が，現在のメンバーが清算出資にかかる義務を果たすことができないと判断した場合を除き，過去のメンバーは，清算出資にかかる義務を負担しない（同(iii)）。
④ 有限責任株式会社の場合，現在又は過去の株主として負担する金額は，株式に関する未払額を超えない（同(iv)）。
⑤ 保険約款その他の契約においてメンバー個人の責任を制限する規定，又は当該約款その他の契約に関して会社財産のみを責任財産とする規定は，本法のいかなる規定によっても無効とされるものではない（同(vi)）。
⑥ 配当，利益等に関するメンバーとしての地位に基づく会社のメンバーに対する支払義務は，会社のメンバーではない債権者との間で債権回収の順位で問題となる場合には，会社のメンバーに対する債務とはみなされない。但し，清算出資者間の権利の最終調整において考慮され得る（同(vii)）。

2. 無限責任を負う取締役の責任

有限責任会社の清算手続において，現在又は過去を問わず，いかなる取締役であっても，その責任が本法又は当該会社の定款に基づき無限責任である

第2編　会　社　法　第11章　清算・解散

場合，（仮に，当該取締役がメンバーである場合には，当該メンバーの清算出資義務に加えて）当該取締役が清算手続の当初より無限責任会社のメンバーであったときと同様に，追加清算出資を行う義務を負担する。但し，次の例外事項が定められている（294条）。

(a) 過去の取締役のうち，清算手続の開始の1年以上前に取締役でなくなった者は，追加清算出資にかかる義務を負担しない（同条(a)）。

(b) 過去の取締役のうち，取締役でなくなった後に生じた債務・責任に関して，追加清算出資にかかる義務を負担しない（同条(b)）。

(c) 裁判所が会社の債務・責任及び清算手続に関するコスト，費用その他負担を果たすために清算出資が必要と判断する場合又は定款において別途定める場合を除き，取締役は，追加清算出資にかかる義務を負担しない（同条(c)）。

3.　その他清算出資義務

(1)　清算出資義務の性質

　清算出資者の義務は，清算人によってコールされた時点において，支払う必要がある債務となる（295条）。

(2)　メンバーが死亡した場合における清算出資

　清算出資者が清算出資者リストに掲載される前後を問わず死亡した場合，清算出資者の法定代理人又は相続人は，必要な手続に従い，当該清算出資義務の履行として，会社財産への清算出資にかかる義務を負担し，清算出資者となるとされている（296条(a)）。

　また，当該法定代理人又は相続人が負担する金銭の支払を懈怠した場合，被相続人の財産管理のために，動産又は不動産を問わず，また，両資産から当該金銭の支払を強制するか否かを問わず，必要な手続を取ることができる（296条(b)）。

280

(3) メンバーが支払不能となった場合における清算出資

　清算出資者が清算出資者リストに掲載される前後を問わず支払不能と判断された場合，次のとおりとされている（297条）。

- (a)　破産管財人（assignees）は，清算手続の目的のために当該清算出資者を代理するものとし，清算出資者となる。また，当該破産管財人は，会社財産に清算出資すべき義務に関して支払不能者が負担する金銭について，支払不能者の財産により支払可能であることを証すること，又は法律に基づき当該財産より支払うことを許諾することが必要となり得る（同条(a)）。
- (b)　さらに，支払不能者の財産に対し，将来のコール及び既にコールされた金額について，支払債務の見積額であると証することができる（同条(b)）。

Ⅳ　清　算　人

1.　清算人の選任及び報酬

　清算人は，会社の清算事務及び会社財産の分配を行う者として，総会によって選任されることが必要とされ，また，その報酬は，総会によって決定されなければならない（352条(a)）（**Step 4** 参照）。

ポイント

〔清算人の選定〕

　清算手続においては清算人の選任が必要とされるところ，実務上，現地の弁護士又は会計士が清算人に選任される例が散見される。この点，債権者への支払，会社財産の処分，従業員の解雇，その他清算事務の処理については，できる限り十分なコントロールが利く者が望ましいところ，実務上，現地の清算人を会社の意向に沿って活動するようコントロールすることは困難であることが想定されるため，実務上の工夫としては，必要な清算事務については全て実質的に終了させ，現地の清算人が実質的な清算事務を行う必要がない状況にして

第2編　会　社　法　　第11章　清算・解散

> から，清算手続を開始することが考えられる。

2.　清算人の欠員

　会社によって選任された清算人の死亡，辞任その他の事由により，清算人が欠員となった場合，会社は，総会において，当該欠員を補充することができる（但し，債権者との間で取決めがあれば，それに従うものとする。）（353条(a)）。かかる目的のために，清算出資者によって，又は複数の清算人が選任されている場合には，存続している清算人によって，総会を招集することができる（同条(b)）。なお，当該総会は，本法若しくは定款に規定された方法によって，又は清算出資者，存続する清算人若しくは裁判所が申請した方法によって，開催されなければならない（同条(c)）。

3.　裁判所による清算人の選任

　何らかの理由により清算人を務める者がいない場合，裁判所は，清算人を選任することができる。また，裁判所は，理由を示して，清算人の解任及び別の清算人の選任を行うことができる。なお，清算人は，その選任後21日以内に，登記のために登記官に，所定の様式に基づく選任に関する届出を行わなければならない（376条）[20]。

4.　清算人の権限及び責任

(1)　清算人の権限

① 清算人は，会社の特別決議により，次の事項に関する権限を行使することができる。但し，かかる清算人の権限は，裁判所のコントロールに服するものとし，債権者又は清算出資者は，当該権限の行使又は行使の提

---

[20]　上記届出が行われない場合，清算人は，15万チャットの罰金に処される（377条）。

282

IV 清 算 人

案に関して裁判所に申立てを行うことができる（375条(a)(i)）。

(a) 会社を代表して，一切の行為を行うことができ，ディード，受領書及び他の書面並びに必要な場合において会社印について，調印・使用を行うこと（321条(d)）。

(b) 清算出資者が倒産した場合において，未払金額に関して，その財産に対して，立証，送達及び請求すること，また，当該倒産から生じた債務とは別に，当該未払金額に関して，他の債権者と比例して当該倒産手続において配当を受けること（同条(e)）。

(c) 会社を代表して，当該会社が通常の事業の一環として行う場合と同様のものとして，為替手形，小切手，又は約束手形を発行，受領，作成又は裏書すること（同条(f)）。

(d) 清算人の名前において，死亡した清算出資者の遺産管理状（letters of administration）を受け取ること，及び会社の名前において受領することができない場合に清算人の名前において，清算出資者又はその相続財産から支払を受けるために必要な行為を行うこと。なお，いずれの場合であれ，支払期限が到来した金員は，清算人に対して支払義務が生じたものとみなされる。但し，連邦会計検査院長官の権利，権限又は特権に何らの影響を与えるものではない（同条(h)）。

② 前記①に加え，清算人は，次の事項に関する権限を行使することができる。

(a) 裁判所による強制清算における清算人が有する以下の権限[21] を行使すること（375条(a)(ii)）。

a 会社を代表して裁判，訴追，その他の民事又は刑事の法的手続を提起し又は防御すること（321条(a)）。

b 会社の有益な清算手続にとって必要な範囲で会社の事業を遂行すること（同条(b)）。

c 公的競売又は私的契約により，会社の不動産及び動産の全部又は一部を

---

21) 本法321条において，裁判所による強制清算における清算人が有する権限として列挙されているものを記載している。なお，清算人の権限については，明文上，必ずしも321条に記載の権限に限定されるものではないが，同条の権限は会社財産の処分権限を含む，広範な権限が定められている。

283

第2編 会 社 法 第11章 清算・解散

売却すること（同条(c)）。

 d 会社の資産を担保として，必要な資金調達を行うこと（同条(g)）。

 e 会社の清算事務及び会社財産の処分に必要なその他の事項を行うこと（同条(i)）。

(b) 本法に定める裁判所の清算出資者リストを作成する権限（325条参照）を行使すること（なお，この場合，清算出資者リストは，当該リストに記載された者の清算出資者としての責任に関する一応の証拠となる。）（375条(a)(iii)）。

(c) 裁判所のコールを行う権限（327条参照）を行使すること（375条(a)(iv)）。

(d) 必要と判断した場合において，特別決議による会社の承認を取得する等の目的で総会を招集すること（同条(a)(v)）。

③ 清算人が複数選任された場合，本法に定める権限は，当該選任時の定めに従い，1名以上によって行使され得る。なお，選任時において何らの定めがなされなかった場合には，2名以上の清算人によって行使され得る（375条(c)）。

(2) 清算人の責任

 清算人は，会社の債務を支払わなければならず，且つ清算出資者間の権利の調整を行わなければならない（375条(b)）。

 清算手続中の会社の清算人は，特別の銀行口座を開設し，清算人として受領する金銭を当該口座に払い込まなければならない（410条(c)）。

5. 清算人による清算会社の事業・財産の譲渡等

(1) 清算人の権限

 任意清算されることが提案され，又は任意清算手続中の会社（本5.において，以下，「譲渡会社」という。）において，その事業又は財産の全部又は一部を他の会社（本法に基づく会社か否かを問わない。本5.において，以下，「譲受会社」という。）に譲渡又は売却する場合，譲渡会社の清算人は，特定の取決めに関して当該清算人又は他の授権者に対して包括的な授権を行う特別決議[22]を得ることにより，譲渡会社のメンバーへの分配を目的として，譲受会

284

社の株式，保険証券（policies）又はその他の権益を受領することができる。また，当該清算人は，譲渡会社のメンバーが現金，株式，保険証券その他の権益を受領する代わりに，又はそれらに追加して，譲受会社の利益を受け，又はその他の利得を受ける取決めを行うことができる（354条(a)）。

なお，本5.に従った売却又は取決めは，譲渡会社のメンバーを法的に拘束する（同条(b)）。

(2) 反対メンバーの買取請求権

前記(1)の特別決議に対して賛成票を投じなかった譲渡会社のメンバーが，当該特別決議から7日以内に清算人宛とする異議を唱える書面を登録事務所に提出した場合，当該メンバーは，清算人に対して，当該決議事項の発効を控えること，又は合意若しくは本法に定める仲裁[23]によって決定した金額にて当該メンバーの権益（interest）を買い取ることを求めることができる（354条(c)）。

なお，清算人が当該メンバーの権益を買い取ることを選択した場合，買取価額は，会社の解散前に支払われなければならず，また，特別決議によって決定される方法に従い，清算人によって調達されなければならない（同条(d)）。

Ⅴ 会社財産の処分

本法に定める支払順位[24]に従い，会社財産は，平等に（*pari passu*）分配されなければならない。但し，定款において別途定められた場合には，当該メンバーの権益に従い，メンバーに分配されなければならない（374条）。

---

22) 任意清算にかかる決議又は清算人選任の決議の前又は同時に行われた場合であっても，本5.の目的において，特別決議は無効にはならない。但し，1年以内に裁判所による強制清算又は裁判所の監督に基づく任意清算に関する命令が発行された場合，当該特別決議は，裁判所が別途定める場合を除き，無効となる（354条(e)）。

23) 仲裁法の規定は，仲裁の目的事項に関して仲裁法の適用を制限するものを除き，本5.に定める仲裁に適用される（354条(f)）。

24) 詳細な内容は，391条に規定される。

第2編　会　社　法　　第11章　清算・解散

Ⅵ　取決めの効力

1.　債権者を拘束する取決め

　清算しようとする又は清算手続中の会社とその債権者との間の取決めは，後記 **2.** に定める抗議申立て（appeal）に関する権利に従うことを条件として，(i)特別決議による承認がなされた場合において当該会社に対して，また，(ii)債権者の数及び債権額の4分の3による承認がなされた場合において債権者に対して，それぞれ効力が生じる（378条(a)）。

2.　債権者又は清算出資者による抗議申立て

　前記 **1.** に記載の場合，当該取決めの完了から21日以内に，債権者又は清算出資者は，裁判所に対して当該取決めに関する抗議申立てを行うことができる。また，裁判所は，かかる申立てに基づき，適切と考える内容に従い，当該取決めを変更，修正又は確認することができる（同条(b)）。

Ⅶ　裁判所による問題の決定等

　清算人，清算出資者又は債権者は，清算手続中の会社に関して生じた問題を決定するため，また，コールの執行，手続の停止その他の事項に関して，裁判所による強制清算手続において裁判所が行使し得る権限の行使を求めて，裁判所に対して申立てを行うことができる（379条(a)）。また，清算人，債権者又は清算出資者は，清算手続開始後の会社の財産に対する仮差押え，差押え，又は強制執行を停止する命令を求めて申立てを行うことができる（同条(b)）。なお，当該申立ては，当該会社の清算を管轄する裁判所に対して行われなければならない（同条(c)）。また，裁判所は，前述の問題の決定，裁判所の権限行使，又は求められた命令が公正且つ有益と判断した場合，適切と考える条件に従い，その申立ての全部又は一部を承認すること，又は適切と考える

286

他の命令を発することができる（同条(d)）。

Ⅷ　清算費用

　清算に関して適切に生じた全てのコスト，手数料，及び費用（清算人の報酬を含む。）は，担保債権者の権利に従うことを条件として，他の債権に優先して会社の財産から支払われなければならない（380条）。

Ⅸ　裁判所による強制清算手続を求める権利等

　会社の清算によって，債権者又は清算出資者による当該会社の裁判所による強制清算手続を求める権利は禁止されない。但し，清算出資者によって申立てがなされた場合，清算出資者の権利が任意清算手続によって害されるものと裁判所が判断することが必要とされている（381条）。

　任意清算手続中の会社に関して，裁判所による強制清算に関する命令が発せられた場合，裁判所は，適切と認める場合において，当該命令又は事後の命令にて，任意清算における手続の全部又は一部を採用することができる（382条）。

Ⅹ　そ　の　他

1. 清算会社の株式の譲渡

　任意清算の場合，清算会社の株式の譲渡（清算人に対する譲渡又は清算人によって承認されたものを除く。）及び会社のメンバーのステータスの変更は，無効とされている（389条(a)）。

第 2 編　会　社　法　　第 11 章　清算・解散

2.　清算会社に対する偶発債務等に関する金額の証明

　（債務超過に関する本法の規定に従い申請がなされた債務超過会社の場合を除き）清算手続において，全ての偶発債務，会社に対する現在債権，将来債権，確定債権，又は不確定債権は，不確実性を有する又は特定の額を明示できない理由を有する債務若しくは債権の金額に関して，可能な限り公正な見積額を会社に対して証明されなければならない（同条(c)）。

3.　清算会社における取締役等の責任等

(1)　違反行為等による取締役等の責任

　会社の清算手続中において，当該会社の設立又は発起を担当した者，現在又は過去の取締役又は清算人，その他会社の役員が会社の金銭又は財産に関して，横領，留保その他何らかの責任を負う場合，職権濫用を行った場合，又は会社に対する信認義務に違反した場合，裁判所は，清算人，債権者又は清算出資者の申立てにより，清算手続において清算人が選任された日又は横領，留保，職権濫用若しくは信認義務違反の日のいずれか遅い日から 3 年間において，発起人，取締役，清算人，又は役員の行為を検証し，当該者に対して，当該金銭若しくは財産，若しくは裁判所が公正と考える割合によるそれらの一部の支払を求めること，又は横領，留保，職権濫用若しくは信認義務違反に関する塡補として裁判所が公正と考える出資を求めることができる（397 条(a)）。なお，本規定は，刑事上の責任の有無にかかわらず，違反行為等を行った者に適用される（同条(b)）。

(2)　帳簿の改ざん等に関する責任

　清算会社の取締役，役員又は清算出資者が，帳簿，文書，又は有価証券を破壊，損傷，変更，改ざん，若しくは不正に隠匿した場合，又は第三者を欺くことを意図して，虚偽又は不正に登録簿，会計帳簿その他会社の書類を作成又は作成しようとした場合，当該取締役，役員，又は清算出資者は，7 年

288

X その他

以下の懲役及び罰金に処される（398条）。

(3) 取締役の訴追等

清算手続において，過去若しくは現在の取締役若しくは役員又はメンバーが刑事責任を負担する犯罪行為を行っていた者と判明した場合について，登記官に対して報告し，登記官による調査に協力する清算人の義務のほか，連邦大臣又は裁判所による調査，それらに代わる清算人による調査，登記官による告発，裁判所による清算人等に対する調査協力命令等について規定されている（399条）。

(4) 清算手続及び法的手続における罰則

① 虚偽の証拠

ある者が本法に基づく宣誓下における尋問，宣誓書，証言録取書（deposition）又は厳粛な確約（solemn affirmation）において，清算手続において又は清算手続に関して，意図的に虚偽の証拠を提供した場合，当該者は，7年以下の懲役及び罰金に処される（400条）。

② 取締役その他の役員の責任

違反行為の実行時において清算手続中にある会社における現在又は過去の取締役又はその他の役員が以下のいずれかの事由に該当する場合，当該役員は，後記(xiii)，(xiv)及び(xv)に該当する場合には，7年以下の懲役に，また，その他の事由に該当する場合には，2年以下の懲役に科せられる。但し，被疑者に欺罔する意図がない場合には，後記(ii)，(iii)，(iv)，(vi)，(xiv)及び(xv)の違反に対する抗弁となり，また，会社の状況を隠匿し，法を侵害する意図がない場合には，後記(i)，(viii)，(ix)及び(x)の違反に対する抗弁となる（401条）。

(i) 最大限知り，信じる限りにおいて，会社の動産，不動産その他の資産に関して，会社がその全部又は一部を処分したことに関し，その処分方法，処分先，対価の種類及び処分の時期について，清算人に対して，完全且つ真実な内容を開示しない場合

289

第2編　会　社　法　　第11章　清算・解散

(ii) 第三者の管理又はコントロール下にある会社の動産及び不動産について，清算人に対して引き渡さない場合，又は清算人の指示に従い，法律上引渡しが必要となる者が清算人に引き渡さない場合

(iii) 第三者の管理又はコントロール下にある会社に帰属する帳簿その他の文書に関して，清算人に対して引き渡さない場合，又は清算人の指示に従い，法律上引渡しが必要となる者が清算人に引き渡さない場合

(iv) 清算開始前12か月以内又は清算開始以降において，会社の財産のいずれかの部分について，また，会社が有する債権又は会社が負担する債務について隠匿した場合

(v) 清算の開始前12か月以内又は清算開始以降において，詐欺的に会社の財産のいずれかの部分を持ち去った場合

(vi) 会社の状況に関するステートメントにおいて重要な部分を欠落させた場合

(vii) 清算手続において不正な債権が第三者により示されたものと知りながら又は信じながら，その旨を1か月以内に清算人に対して報告することを懈怠した場合

(viii) 清算手続の開始後において，会社の財産又は状況に影響を与える又はそれらに関する帳簿又は書類の作成を妨害した場合

(ix) 清算の開始前12か月以内又は清算開始以降において，会社の財産又は状況に影響を与える又は関する帳簿又は書類を隠匿，破壊，損壊，若しくは偽造を行った場合，又はそれらへ関与した場合

(x) 清算の開始前12か月以内又は清算開始以降において，会社の財産又は状況に影響を与える又はそれらに関する帳簿又は書類への虚偽の記載又はそれらへ関与した場合

(xi) 清算の開始前12か月以内又は清算開始以降において，会社の財産又は状況に影響を与える又はそれらに関する書類の詐欺的な処分若しくは変更し又は欠落させた場合，又はそれらへ関与した場合

(xii) 清算の開始後又は清算開始前12か月以内の会社の債権者会議において，架空の損失又は費用によって，会社の財産のいかなる部分をも利用しようとした場合

(xiii) 清算の開始前12か月以内又は清算開始以降において，虚偽の表明又は他の欺罔行為により，会社のために又は会社を代表して，会社がその代金の支払を行わないにもかかわらず，買い掛けにて何らかの財産を取得した場合

290

X　そ　の　他

(xiv) 清算の開始前 12 か月以内又は清算開始以降において，会社が事業を行っているものと虚偽に見せかけて，会社のために又は会社を代表して，会社がその代金の支払を行わないにもかかわらず，買い掛けにて何らかの財産を取得した場合

(xv) 清算の開始前 12 か月以内又は清算開始以降において，会社が買い掛けにて取得し且つその代金の支払を行っていない会社の財産に関する質入れ（pawn），質権設定（pledge），又はその他の処分を行った場合（但し，当該質入れ，質権設定，その他の処分行為が会社の通常の事業として行われる場合を除く。）[25]

(xvi) 会社の状況又は清算手続に荷担して債権者からの同意又は合意を取得することを目的として，虚偽の表明又はその他の欺罔行為を行った場合

4. 裁判所の指令による債権者集会又は清算出資者会議の招集

　債権者又は清算出資者の要請に応じて，裁判所は，裁判所が適切と考える場合において，債権者集会又は清算出資者集会の招集及び開催に関する指令を発することができ，また，議長となり，裁判所への結果の報告を行う者を選任することができる（402 条(a)）[26]。

5. 会社関連書類の証拠力

　会社又は清算人の全ての書類は，清算出資者間において，当該書類に記載されている事項が真実であるものとして，一応の証拠（*prima facie*）となる（403 条）。

---

25) 当該質入れ，質権又はその他の処分に関して，本(xv)の事情を認識のうえ，会社の財産を質入れ，質権その他の処分により取得した者は，3 年以下の懲役に科せられる（401 条(b)）。
26) 債権者による要請については，各債権者の債権額を（402 条(b)），また，清算出資者による要請については，本法，定款又は株式の内容に従い，清算出資者が有する議決権の数を考慮する（同条(c)）。

第2編 会 社 法 第11章 清算・解散

6. 債権者又は清算出資者による閲覧謄写

　会社の債権者又は清算出資者であると書面にて主張する者は，自ら又は代理人を介して，合理的な時間において，所定の費用を支払うことにより，清算財務諸表を閲覧又は謄写することができる。但し，偽って自らを債権者又は清算出資者であると主張した者は，刑法182条の犯罪[27]を構成するものとし，清算人の申請により，刑罰が科せられるものとされている（408条(b)）。

---

27)　刑法182条では，公務員に対して虚偽の事実を伝えることにより，当該公務員が真実を知っていれば行わなかった作為又は不作為を行わせること，又は，当該公務員の法的権限を行使させ第三者を害し又は迷惑を及ぼすことを犯罪としている。この場合，6か月以下の懲役若しくは1000チャット以下の罰金又はそれらの併科とされている。

292

| 第12章 | 登　　　　記 |

本章では，会社法に基づく登記の受付機関である登記官の役割等ほか，会社法に定める各登記手続に関する共通事項の規律について取り扱う。

I　登　記　官

1.　登記官としての DICA

　本法の施行時点においては，DICA が登記官としての権限を有し，その機能及び義務を履行するものとされている（419条(a)）。DICA が登記官である限り，DICA の局長（Director General）（又は名称の如何に関わらず同等の官職〔office〕）が登記官としての権限を行使等することができ，それらを局長による支配のもと DICA の他の職員に委任することができる（同条(e)）。

2.　登記官の権限

　登記官は本法その他適用ある法に随時定められる権限，機能及び義務を有し，それらの履行に必要な又はこれと関連し若しくは付随する全てのことを行う権限を有する（419条(b)）。
　また，本法に定める DICA，登記官，又は連邦大臣の権限等（同条(a)～(c)）を制限することなく，登記官は，本法の運用につき，ガイダンスを発行する権限を有する（同条(d)）。
　但し，連邦大臣は，登記官に対して，その権限，機能及び義務の履行につき指示を与えることができるものとされている（同条(c)）。
なお，同条の定めは，適用ある法の下において，他の方法により登記官が選任され，又は，登記官の権限が委任されることを妨げないものとされている（同条(f)）。

293

第2編 会 社 法 第12章 登 記

Ⅱ 登 記 所

　本法に基づく会社の登記のため，連邦大臣が適切と考える場所に登記所が設けられるものとし，いかなる会社も登記所以外で登記してはならない（420条(a)）。

　連邦大臣は，会社の登記に必要又は関連する文書の認証のために印章を作成することを指示することができる（同条(b)）。

Ⅲ 登 記 手 続

1. 登記・記録の維持等

(1) 登記・記録の維持

　登記官は，本法に基づき維持されることが必要とされる登記及び本法に基づき届出が必要とされる記録を作成，保管及び維持しなければならない（421条(a)）。登記官は，かかる義務を適切と考える方法により履行しなければならず，その履行の方法には，記録及び登記の電子的認証，提出，届出，保管及び維持のための，また，本法に基づき登記可能な全ての事業体とコミュニケートするための，システム及び手続を創設することが含まれる（同条(b)）。なお，連邦大臣は，これらの事項，特に文書の電子登記及び電子的コミュニケーションに係るシステムの開発に関する規則等を制定することができるものとされている（同条(d)）。

ポイント

〔電子登記制度の導入〕

　旧法下では，設立登記申請などのDICAへの全ての申請・届出は，紙ベースで実施する必要があり，また登記されている情報をデータベースにより閲覧するシステムも十分には整っていなかった（DICAのウェブサイトでは，登記済企業のリストが公開されているものの，タイムリーなアップデートはなされていなかった。）。

294

III 登記手続

> 2017年12月公表された当局のPress Statementによれば，本法下では，電子登記システムが導入される予定であることが示されており，また，同月に実施されたThe Official Briefing On The Myanmar Companies Law（以下「公式説明会」という。）における当局担当者の説明によれば，電子登記システム導入後は，DICAへの各種の申請・届出や情報の閲覧が電子的に実施可能とされ（なお，紙ベースの届出も並行して可能とのことである。），その導入は本法の施行（2018年8月1日予定）と同時を予定しているとのことである。
>
> また，公式説明会における説明によれば，現在，システム上電子登記システムへの移行が難しい情報や新たに追加すべき情報の検証を行っており，新しい情報の追加，既存情報の確認等一定の情報に関して再登記が必要となるとのことであり，その再登記の期間は本法の施行から6か月間を予定しているとのことである。

(2) 登記又は登記拒絶の効力

登記官による文書の登記又は登記の拒絶は，当該文書の有効性若しくは正確性又はそれに含まれる情報に影響を与え又は推定を付与するものではない（421条(c)）。

(3) 登記の閲覧

全ての者は，連邦大臣が定めうる（もしあれば）費用の支払により，登記官が保管する登記及び記録を検査することができる（421条(e)）。

(4) 登記官による登記事項等の認証

全ての者は，全ての会社の設立証明（certificate of the incorporation），又は，本法に基づき登記官に届出がなされ会社の記録とともに保管されることが要求されるその他の全ての文書又はその一部の写し若しくは抄本につき，連邦大臣が定める費用の支払により，登記官による認証を求めることができる（421条(f)）。かかる認証された文書は，補正，訂正等の一定の場合を除き，全ての手続において原本と同じ有効性を持つ証拠として認められる（同条(g)）。

295

第2編　会　社　法　　第12章　登　　　　記

⑸　登記官に提出されるべき文書の書式

①　書　　　式

　本法において所定の書式にて登記官への提出が必要とされる文書は，以下の書式であることを要する（424条(a)）。

　(ⅰ)　書式が本法に基づく規則，細則又は告示にて定められている場合，次の条件を具備することが必要である。
　　　(A)　所定の書式に従うこと
　　　(B)　当該書式が要求する情報，ステートメント，説明又はその他の事項を含むこと
　　　(C)　当該書式が要求するその他の資料が添付されていること
　(ⅱ)　書式が規則，細則又は告示にて定められていないが，登記官が当該文書の書式の書式として承認した場合，次の条件を具備することが必要である。
　　　(A)　承認された書式に従うこと
　　　(B)　当該書式が要求する情報，ステートメント，説明又はその他の事項を含むこと
　　　(C)　当該書式が要求するその他の資料が添付されていること

②　そ　の　他

　本法において届け出られた文書（前記①が適用される文書であること。）には，他の意図がある場合を除き，当該文書とともに届け出られた全てのその他の資料を含む（424条(b)）。

　また，本法において，(ⅰ)ある文書につき所定の書式で登記官に届け出ることが必要とされ，且つ，(ⅱ)本法の規定が当該文書に含まれることを要する情報，ステートメント，説明若しくはその他の事項又は当該文書の添付資料が特定され，又は，これらを特定するための規則，細則又は告示につき定められている場合，当該他の規定は，所定の書式に関する前記①の適用を除外又は制限するものと解されてはならない（424条(c)）。

Ⅲ　登記手続

⑹　文書の登記

①　登記官による登記

　本法に基づき維持されている登記簿に追加するために文書を受領した場合，登記官は，⒤後述する不適式な場合を除き，当該文書を適用ある登記簿に登記し，ⅱ文書が年次報告書でない場合には当該文書を提出した者に対し当該登記に係る通知書面を与えなければならない（425条⒜）。

②　不適式な文書の取扱い

　本法に基づき登記のために登記官が受領した文書が以下のいずれかに該当する場合，登記官は，当該文書の登記を拒絶することができ，かかる場合には，⒜当該文書を適切に修正若しくは完成させた上で再度登記のために提出すること，又は，⒝新しい文書と差し替えることを要求しなければならない（425条⒝）。

(ⅰ)　所定の書式（もしあれば）に準拠していないこと
(ⅱ)　本法又は本法に基づく規則，細則又は告示に適合していないこと
(ⅲ)　印刷又はタイプライトされていないこと
(ⅳ)　登記簿の全部又は一部が電子的に保管されている場合には，（記載）事項が電子的方式により直接入力可能な書式でないこと
(ⅴ)　適切に完成されていないこと
(ⅵ)　明確に判読することができない資料を含んでいること

2.　登記の補正又は訂正

⑴　登記事項の補正

①　補　　正

　何らかの情報が登記に誤って含まれている又は含まれていないと登記官が認めた場合には，登記官は，いずれかの者による申請により，本法に基づき登記官が維持する登記を補正することができる（422条⒜⒤）。

297

第 2 編　会　社　法　　第 12 章　登　　記

②　補 正 手 続

　登記官は，登記を補正する前に以下の各事項を行わねばならない（422 条(b)）。

（ⅰ）　当該会社に対し，当該会社に関連して当該登記を補正する申請がなされた旨（当該申請の詳細を含む。）を書面により通知すること（422 条(b)(ⅰ)）

（ⅱ）　当該申請が譲渡抵当又はチャージの登記に関連してなされた場合には，当該譲渡抵当権者又はチャージ権者に対し，当該会社に関連して当該登記を補正する申請がなされた旨（当該申請の詳細を含む。）を書面により通知すること（同条(b)(ⅱ)）

（ⅲ）　以下の各事項を記載した公示を行うこと（同条(b)(ⅲ)）

　　（A）　当該申請者の名称

　　（B）　当該会社の名称

　　（C）　要求されている当該登記になされる変更の理由及び詳細

　　（D）　提案された補正に対する書面による異議が提出されるべき日。当該日は公示の日から 28 日以後でなければならない

　いかなる者も，上記(D)により特定された日よりも前に，提案された登記の補正に対して書面による異議を提出することができ，当該登記官は申請者に対して当該異議の写しを渡さなければならない（422 条(c)）。

　但し，登記官は，特定された日までに提案された補正について書面による異議を受領した場合には，当該異議が撤回されたと判断しない限り，当該登記を補正してはならない（同条(d)）。

③　補 正 命 令

　422 条(c)に基づき登記官が提案された補正に対する異議を受領した場合，当該登記の修正の申請者は，裁判所に対して補正命令を申請することができる（423 条(a)）。

　かかる命令の申請が行われた場合には，(ⅰ)申請者は，実行可能な限り早く，当該申請に係る通知を登記官に送達しなければならず，且つ，(ⅱ)登記官は当該申請に関し出廷し尋問を受けることができる（同条(b)）。

　補正命令の申請がなされた場合，裁判所が当該登記につき何らかの情報が誤って含まれ又は含まれなかったと判断した場合には，裁判所は，登記を補

正するよう命令することができる（同条(c)）。

(2) 登記事項の訂正

① 誤記の訂正

　登記官による誤記により何らかの事項が誤って登記に含まれていると登記官が認めた場合には，登記官は当該事項を訂正することができる（422条(a)(ii)）。

② 会社が維持する登録簿の訂正命令

　登記官は，会社による誤記により何らかの事項が誤って会社により維持されている登録簿に含まれていると登記官が認め，且つ，かかる誤記の訂正がいかなる者にも不利益にならない可能性が高い場合には，いずれかの者の申請により，会社との協議の後，当該会社に対してその維持する登録簿における当該事項の訂正を命ずることができる（422条(a)(iii)）。

3. 登記官の検査権限

(1) 登記官の権限

　連邦大臣，適用ある法に基づく機関若しくは当局又は類似の者若しくは主体が有する権限を制限することなく，登記官は後記①の目的のために，登記官がその行為を行うことが公共の利益に適うとの見解である場合には後記②のいずれかの行為を行うことができる（426条(a)）。

① 目　的

(A) 会社又は会社の取締役が本法を遵守しているか又は遵守していたかを確かめること

(B) 登記官が本法に基づく登記官の権利又は権限のいずれかを行使すべきかを確かめること

(C) 本法に対する違反行為を探知すること

第 2 編　会　社　法　　第 12 章　登　　　記

②　行　　為

(A)　ある者に対し，当該者の占有又は支配下にある関連する文書を検査のために提出するよう要求すること

(B)　関連する文書を検査すること及びその写しを取ること

(C)　写しを取る目的で，関連する文書を占有し，それが保管されていた場所から移動させ，合理的な期間それらを保持すること

(D)　関連する文書につき，それが違反行為の証拠であると信ずるに足る合理的な根拠がある場合，全ての事情に照らして合理的な期間保持すること

　なお，上記の権限の行使の目的が，指定銀行又は適用ある法に基づきミャンマー中央銀行の監督下にあるその他の銀行若しくは金融機関である会社に関連する場合には，登記官は，上記登記官に対して付与された権限（426 条(a)）を行使する前にミャンマー中央銀行と協議しなければならない（同条(b)）。

(2)　妨 害 禁 止

　登記官又は登記官により授権された者が前記(1)により与えられた権限（426 条(a)）を行使している間，これを妨害してはならない（同条(c)）。

(3)　訴　　追

　登記官が前記(1)に定める何らかの行為を行った後，登記官が訴追がなされるべきであると判断した場合には，登記官は，連邦法務長官府の助言の検討後に，手続を開始しなければならない（426 条(d)）。本(3)は，当該事項に関連して登記官が本法に基づき有しうるその他の権限を制限することなく適用される。

(4)　検査忌避に係る罰則

　認識し，意図的に，(a)前記(1)①(A)（426 条(a)(ii)(A)）に基づく要求を満たすことができなかった者，又は，(b)前記(2)（同条(c)）に反する行為をした者は，各違反行為に関連して 1000 万チャットの罰金に処される（427 条）。

300

Ⅲ　登記手続

4. 登記官の判断に対する上訴

　本法に基づく登記官の判断により被害を受けた者は，当該判断の通知の日から 28 日以内に連邦大臣に上訴することができる（428 条(a)）。

　連邦大臣は，上記上訴がなされた場合，登記官の判断を確認し変更し，又は修正することができる（同条(b)）。

5. 費　　用

　本法に基づき費用が支払われるべき事項に関しては，連邦大臣が定めうる費用を登記官に対して支払わなければならない（429 条(a)）。

　本法に基づき登記官に支払われた全ての費用は，ミャンマー連邦の歳入とされる（同条(b)）。

6. 登記官への提出義務の不履行

(1)　裁判所による是正命令

　報告書，帳簿又はその他の文書に関して，登記官への届出，提出若しくは送付又は何らかの事項の登記官への通知を要求している本法のいずれかの規定の遵守を履行しなかった会社が，当該不履行の是正を要求する当該会社に対する通知の送達後 21 日以内に不履行を是正しなかった場合には，裁判所は，当該会社のいずれかのメンバー若しくは債権者又は登記官の裁判所に対する申請により，当該会社及びそのいずれかの役員に当該不履行を特定された期間内に是正することを指示する命令を発することができる（430 条(a)）。なお，当該命令において，当該会社又は当該不履行に責任を有する当該会社の役員が当該申請に係る及びこれに付随するコストを負担しなければならない旨を定めることができる（同条(b)）。

　本条のいかなる事項も，上記の不履行に関して会社又はその役員に罰則を科する本法のいかなる規定又は他の法令の適用を害するものと解されてはな

301

第2編 会 社 法 第12章 登 記

らず，又は，会社又は他の者の本法の不遵守に関連して登記官がとりうる他のいかなる行為を制約するものではない（同条(c)）。

(2) 年次報告書の不提出・虚偽等による文書の提出による会社登記の中断

① 会社登記の中断

97条に基づき要求される年次報告書の届出を懈怠した場合，又は，登記官に対して提出されたいずれかの文書が，詐欺的若しくは虚偽の表明・情報を含み，且つ，当該事項が当該会社，その債権者又は公衆に対して重大な損害を生じうると登記官が合理的に信ずる場合には，登記官は，当該会社に対し，登記官が当該会社の登記を中断することを意図している旨及び当該中断は会社が当該不履行を是正（全ての未払費用及び所定の罰金を支払うことによる場合を含む。）しない限り28日以内に効力を発する旨を通知することができる（430条(d)）。

なお，かかる会社登記の中断は，文書の検査，調査，休眠会社の抹消，処罰通知の交付，手続への介入若しくは開始の試み，又は会社若しくは本法が規定するその他の関連する者に対する命令（会社に関して，清算及び登記抹消に関する命令を含む。），その他本法のいかなる規定も制限することなく適用される（同条(h)）。

② 中断の撤回

上記の中断後，登記官は，会社からの申請により，以下の措置を講ずることを要する（430条(e)）。

(i) 中断が年次報告書の届出の不履行に基づく場合
登記官は，当該申請が全ての未提出の年次報告書及び関連する届出費用及び所定の遅延届出費用又は各未提出の年次報告書に係る罰金を伴ってなされた場合には，当該中断を撤回し，当該会社を登記簿に復しなければならない（同条(e)(i)）。

(ii) 中断が詐欺的若しくは虚偽の表明・情報を含み，且つ，当該事項が当該会社に対して重大な損害を生じうる場合

当該申請が登記官が合理的に満足するよう修正され且つ正しい情報を含む文書及び関連する届出費用及び各未提出の文書に係る所定の遅延届出費用又は罰金を伴ってなされた場合には，当該中断を撤回し，当該会社を登記簿に復しなければならない（同条(e)(ⅱ)）。

③　会社登記の抹消

　前記①の登記の中断（430条(d)）が効力を生じた日から6か月以内に当該中断が撤回されない場合，登記官は，反対の原因が会社により示されない限り，その名称を登記から抹消することができ，その旨の通知を官報において公表しなければならず，当該通知の官報による公表により，当該会社は解散する。但し，当該会社の全ての取締役及びメンバーの責任（もしあれば）は，会社が解散しなかったものとして，有効に存続し，執行され得るものとされている（同条(f)）。

　会社又はそのメンバー若しくは債権者が，当該会社が登記から抹消されたことにより損害を被ったと感じる場合には，裁判所は，当該会社又はメンバー若しくは債権者の申請により，当該会社がかかる抹消時に事業を遂行し若しくは運営をしている場合，又は，当該会社が登記簿に回復されることが正しいと判断した場合には，当該会社の登記簿への回復を命令することができ，爾後，当該会社はその名称が抹消されなかったものとして存在を継続していたものとみなされる。また，裁判所は，命令により，会社の名称が抹消されなかったものとして，当該会社とその他全ての者を可能な限り従前と近い地位に復するため適切と思われる指示を行い，規定を定めなければならない（同条(g)）。

7.　休眠会社の登記抹消

(1)　休眠会社に対する通知

　登記官が合理的理由に基づき会社が事業を行っていないものと信じた場合，登記官は，郵便，電子的方法，又はその他の方法にて，当該会社が事業を行

第2編　会　社　法　　第12章　登　　　記

っているか否かを問う通知（本 **7.** において以下，「第一回通知」という。）を発することができる（431 条(a)）。

　上記通知の発送から 28 日以内において，登記官が何らの回答を得られない場合，登記官は，当該期間の満了から 60 日以内において，当該会社に対して郵便，電子的方法，又はその他の方法にて，第一回通知を参照する更なる通知（本 **7.** において以下，「第二回通知」という。）を発して，第一回通知に対する回答がなされなかった旨，及び第二回通知の日から 28 日以内に何らの回答がない場合には，当該会社の名称を登記簿から抹消することを官報に公表する旨の通知を行わなければならない（同条(b)）。

　登記官が当該会社から事業を行っていない旨の回答を得た場合，又は第二回通知から 28 日以内に何らの回答を得られなかった場合，登記官は，反対の事情を示さない限り，当該公表の日から 3 か月の期間の満了をもって，当該会社が登記簿から抹消され，解散されるものであることを官報において公表し，且つ郵便，電子的方法，又はその他の方法にて当該会社に対して通知することができる（同条(c)）。

(2)　清算手続にある会社に対する通知

　会社が清算手続にある会社に関して，登記官が清算人が活動していない又は当該会社の現務が結了したものと合理的理由をもって判断した場合で，且つ登記官が郵便，電子的方法，又はその他の方法にて当該会社又は当該清算人に対して報告書の提出を要求した最新の知れたる事業所宛ての通知後，連続する 6 か月の期間において，清算人によって作成することが必要とされる報告書が提出されなかった場合，登記官は，第一回通知と同様な通知[1]を官報において公表し，当該会社に対して発することができる（431 条(d)）。

　上記通知期間の満了時点において，登記官は，当該会社から反対の事情が示されない限り，当該会社の名称を登記簿から抹消することができ，かかる場合，官報においてその旨を公表し，かかる公表によって，当該会社は解散

---

1)　本法では，431 条(a)が参照されている。しかしながら，当該通知後，通知期間の満了をもって当該会社が登記簿から抹消されるとの効果からすると（同条(b)），第二回通知（同条(c)）が参照されるべきものとも思われる。

304

されるものとする。但し，当該会社の全ての取締役及びメンバーの責任（も
しあれば）は，会社が解散しなかったものとして，有効に存続し，執行され
得るものとされている（430条(e)）。

(3) 登記抹消に関する通知

本 **7.** における通知（431条に定められる通知）は，次のいずれかの方法又
は宛先に送付することができる（431条(g)）。

- ① 登録事務所宛て
- ② 会社によって登記官に対して届け出られた電磁的方法
- ③ ミャンマー連邦において一般に発行されている日刊新聞に掲載する方法
- ④ その他の方法
- ⑤ 会社の取締役若しくは役員宛て
- ⑥ 登記官に届け出られた当該取締役又は役員の名前及び住所がない場合には，
  定款に記載された設立時のメンバーの名前及び住所宛て

(4) 会社登記の回復

会社又はそのメンバー若しくは債権者が，当該会社が登記から抹消された
ことにより損害を被ったと感じる場合には，裁判所は，当該会社又はメンバ
ー若しくは債権者の申請により，当該会社がかかる抹消時に事業を遂行し若
しくは運営をしている場合，又は，当該会社が登記簿に回復されることが正
しいと判断した場合には，当該会社の登記簿への回復を命令することができ，
爾後，当該会社はその名称が抹消されなかったものとして存在を継続してい
たものとみなされる。また，裁判所は，命令により，会社の名称が抹消され
なかったものとして，当該会社とその他全ての者を可能な限り従前と近い地
位に復するため適切と思われる指示を行い，規定を定めなければならない（431
条(f)）。

(5) 登記抹消通知の効力

本 **7.** に定める事項（431条）は，前記 **6.** に記載の登記官の権限，その他

305

第2編 会 社 法 第12章 登 記

本法に定める権限を制限することなく適用される（同条(h)）。

ポイント

〔休眠会社の登記抹消〕

　休眠会社に対する登記抹消に関する手続は，DICA によって定期的に行われ
ており，実務上，DICA からのミャンマー国内の会社全社宛てに通達が発せられ，
一定の期限までに DICA に対して事業を行っている旨の回答をすることが求め
られることがある。

　近時の例では，2015 年 8 月下旬に，DICA より，同年 9 月中旬までに事業を行っ
ていることを報告するよう通達が公表された。その後，DICA に対して回答の
ない会社のリストが逐次公表され，最終的には，2016 年 4 月 21 日付けで，
会社登記を抹消した 1355 社（うち，外国会社 260 社）のリストが公表された[2]。
この通達に対する DICA への回答の方法に関しては，具体的な様式は定められ
ていなかったものの，実務上の対応としては，正式な商号，登記番号，登録事
務所の住所等の当該会社を特定する情報を記載し，事業を行っている旨を記載
したレターを，その裏付け資料として設立証明書（Certificate of Incorporation）
その他の会社関連資料とともに DICA に対して提出することが行われた。

　（特に事業自体が停滞しているような状況の場合，）時間とコストを掛けて設立し
た会社の登記抹消を避けるためにも，適切に DICA からの情報を取得の上，必
要な対応を取ることが必要となる点について留意が必要である。

2）　http://www.dica.gov.mm/sites/dica.gov.mm/files/uploads/winding_up_1st.pdf

306

第13章 違反行為

本章では，本法違反に関する裁判所の権限，罰則等について取り扱う。

I 法的手続の開始

1. 管　轄

　本法に基づき管轄権を有する裁判所とは，ミャンマー連邦の管区及び州の高等裁判所（High Court）をいう。但し，連邦最高裁判所は地方裁判所（District Court）に管轄権を与えることができる（432条）。

　刑事訴訟法の規定にかかわらず，本法に対する違反行為は，刑事訴訟法に基づく法的手続の対象となるものではない（433条）。

2. 罰金・手続費用

　有限責任会社が裁判又はその他の法的手続において原告又は申立人となる場合において，被告がその防御に成功したにもかかわらず当該会社がその手続費用を支払うことができないと信じる理由があるものと裁判所が判断したときは，裁判所は，当該会社に対して当該手続費用を確保するために十分な担保の提供を要求することができ，また，当該担保が提供されるまで当該法的手続を停止することができる（434条）。

3. 違反行為等の免責

(1) 免責の対象者

　以下の者（本 3. において，以下「役員等」という。）は，本 3. に定める免責に関する規定の適用を受ける（435条(c)）。

307

第2編　会　社　法　　第13章　違　反　行　為

　（i）　会社の取締役

　（ii）　会社の秘書役（もしいれば）

　（iii）　その他会社役員

　（iv）　（当該者が役員か否かにかかわらず）監査人として選任された者

（2）　裁判所による免責

　役員等における過失行為，不履行，違反（本法に基づく義務に関するものも含む。），義務違反又は信任違背に関する法的手続に関して，当該者が過失行為，不履行，義務違反又は信任違背に関する責任を負う又は負う可能性があり，当該者の選任に関する事情を含み諸般の事情を考慮し，当該者が当該過失行為，不履行，義務違反又は信任違反に関して免責されることが公正であると審理を行った裁判所が認めた場合，当該裁判所は，適切と考える条件に基づき当該者の責任の全部又は一部を免除することができる（436条(a)）。

（3）　役員等による免責の要請

　役員等が自己宛に過失行為，不履行，違反（本法に基づく義務に関するものも含む。），義務違反又は信任違背に関する請求が行われること又は行われる可能性があるものと懸念するに足る理由を有する場合，当該者は，裁判所に対して救済を求めることができ，裁判所は，かかる申請により，当該者に対して過失行為，不履行，義務違反又は信任違背に関する法的手続が継続しているものとして，本法436条に基づき当該者の責任を免除することができる（436条(b)）。

4.　訴えの提起等

（1）　訴え等の申立権者

　本法に対する違反行為に関する法的手続に関して，告訴，告発，訴え，又は申立ては，以下の者によって行うことができるものとする（436条）。

308

I　法的手続の開始

(a) 登記官（登記官自身の行為として，又は申請若しくは要求に基づくもののいずれかを問わない。）

(b) 本法に基づく救済を申請することが認められた役員等（で，本法違反に関して要求等を行われたものと懸念するに足る理由を有する者）

(c) 連邦大臣によって当該法的手続を主宰する権限を授権された者

(2)　登記官による法的手続への参加

登記官は，本法違反に関する法的手続に参加することができる（437条(a)）。

登記官が本法違反に関する法的手続に参加した場合，登記官は，法的手続の当事者とみなされ，本法に従い，当該当事者としての権利，義務及び責任を負担することとなる（同条）。

(3)　法的手続の期間制限

適用ある法にかかわらず，違反を構成する作為又は不作為後6年間に限り，本法違反に関する法的手続の開始を求めることができる（438条）。

5.　罰　金　警　告

(1)　罰金警告の様式

ある者が本法で罰金（又はその上限）が明文で規定されている違反（以下「所定の違反」という。）を犯したと信じる理由が登記官にある場合には，登記官は，本条(b)に従いその者に対して，所定の様式により以下の各事項を警告（本5.において以下，「罰金警告」という。）することができる（439条(a)）。

(i) 所定の違反を犯した旨の指摘及び当該違反に関する詳細

(ii) 所定の違反に対する法定の罰金（又はその上限の範囲内で登記官の決定した罰金）の記載

(iii) 以下の各事項

(A) 行為又は事柄の懈怠による所定の違反の場合

(I) 警告の送達の有無又は法定の罰金（又はその上限の範囲内で登記官の決定した罰金）の支払の有無にかかわらず，行為又は事柄を履

309

第2編　会　社　法　　第13章　違反行為

行する義務が継続していること

(Ⅱ)　警告に定められた期間（最短21日間）内に，法定の罰金（又はその上限の範囲内で登記官の決定した罰金）を警告に記載された当局に支払い，行為又は事柄を履行する義務を果たした場合には，当該違反に関してさらなる責任の追求はしないこと

(Ⅲ)　警告に記載された期間の末日において，法定の罰金（又はその上限の範囲内で登記官の決定した罰金）を警告に記載された当局に支払っておらず，行為又は事柄を履行する義務も果たしていない場合には，手続を開始できること

(B)　行為又は事柄の懈怠によるものではない所定の違反の場合

(Ⅰ)　警告に定められた期間（最短21日間）内に，法定の罰金（又はその上限の範囲内で登記官の決定した罰金）を警告に記載された当局に支払った場合には，当該違反に関してさらなる責任の追求はしないこと

(Ⅱ)　警告に記載された期間の末日において，法定の罰金（又はその上限の範囲内で登記官の決定した罰金）を警告に記載された当局に支払っていない場合には，訴訟手続を開始できること

(2)　登記官の権限の範囲

前記(1)（439条(a)）は，登記官に以下の権限を与えるものではない（同条(b)）。

(i)　（警告で）指摘されている所定の違反行為について，複数の警告を発すること

(ii)　前記 **4.**(3)（438条）に定める期間内において手続を開始しうる場合以外に，所定の違反に関して罰金警告を発すること

(3)　罰金警告の送付方法

罰金警告は，自然人に対しては，直接，郵送又は電子機器により発することができる（439条(c)）。

I　法的手続の開始

⑷　所定の行為等の懈怠による違反

　罰金警告が，所定の行為又は事柄の懈怠による所定の違反に関して発された場合には，以下のとおりとする（440条⒟）。

（ⅰ）　罰金警告に記載された期間内に，法定の罰金（又はその上限の範囲内で登記官の決定した罰金）を罰金警告に記載された当局に支払い，且つ行為又は事柄を履行する義務を果たした場合には，当該所定の違反に関し法的手続を行わないことができる。

（ⅱ）　罰金警告に記載された期間の末日において，法定の罰金（又はその上限の範囲内で登記官の決定した罰金）を罰金警告に記載された当局に支払ったが，行為又は事柄を履行する義務を果たしていない場合には，当該所定の違反に関し，法的手続を行わないことができる。この場合，法定の罰金（又はその上限の範囲内で登記官の決定した罰金）を支払った日において，行為又は事柄を履行することを懈怠し，違反行為を継続しているものとして，送達に関する規定（449条）が適用される。

（ⅲ）　罰金警告に記載された期間の末日において，法定の罰金（又はその上限の範囲内で登記官の決定した罰金）を罰金警告に記載された当局に支払っていないが，行為又は事柄を履行する義務は果たしている場合も，当該所定の違反に関し法的手続を行うことができる。

（ⅳ）　罰金警告に記載された期間の末日において，法定の罰金（又はその上限の範囲内で登記官の決定した罰金）を，罰金警告に記載された当局に支払っておらず，行為又は事柄の履行義務も果たしていない場合には，行為又は事柄の履行義務は継続し，当該所定の違反に関し法的手続を行うことができる。

⑸　所定の行為等の懈怠以外による違反

　罰金警告が所定の行為又は事柄の懈怠によるものではない所定の違反に関して発せられた場合には，以下の通りとする（439条⒠）。

（ⅰ）　罰金警告に記載された期間内に法定の罰金（又はその上限の範囲内で登記官の決定した罰金）を罰金警告に記載された当局に支払った場合には，当該

311

第2編　会　社　法　　第13章　違反行為

所定の違反に関し法的手続を行わないことができる。

(ⅱ) 罰金警告に記載された期間の末日において，法定の罰金（又はその上限の範囲内で登記官の決定した罰金）を罰金警告に記載された当局に支払っていない場合には，当該所定の違反に関し法的手続を行うことができる。

(6)　そ　の　他

所定の違反に関して罰金警告を受けた者が，これに従って行う金銭の支払をもって，その者が指摘された所定の違反に関して何らかの目的で責任を認めたものと受け取られることはない（439 条(f)）。

また，前記(**4**)(ⅰ)(ⅱ)及び前記(**5**)(ⅰ)（同条(d)(ⅰ)(ⅱ)及び(e)(ⅰ)）に規定されている場合を除き，本 **5.**（同条）は，本法のいかなる規定，又は本条の対象である所定の違反に関する法的手続の開始に関連して適用される他のいかなる法律の運用にも影響を与えないとされている（同条(g)）。

6. 訴 追 支 援

(1)　訴追支援の対象者

ある者（以下「被告人」という。）に対して，本法違反について訴追が開始された場合，又は登記官が本法違反について訴追が開始されるべきと考える場合，登記官は，以下のいずれかの者に対して，当該訴追の支援を要請することができる（440 条(a)）。

(ⅰ) 被告人が自然人である場合には，被告人のパートナー，従業員又は代理人[1]であるか，そのような立場にあった者

(ⅱ) 被告人が事業体である場合には，被告人の役員，従業員又は代理人であるか，そのような立場にあった者

---

1)　本条において，被告人に関連する「代理人」とは，被告人の従業員か役員かを問わず，被告人の銀行及び被告人の下で監査人に従事した者を含む（440 条(d)）。

312

かかる要請を受けた者は，訴追に関連して合理的に可能な限りのあらゆる支援を行わなければならない。

(2) 訴追支援の制限

登記官は，自身の考えるところ，その手続の被告人であるか又は被告人になりそうである者，及び被告人の弁護士であるか又は被告人の弁護士であった者に対して，前記(1)（441条(a)）の定める要請を行ってはならない（同条(b)）。

(3) 訴追支援の義務違反

前記(1)(i)又は(ii)（441条(a)(i)又は(ii)）に関係する者が，前記(1)（同条）に定める義務に違反した場合，かかる違反に対する責任についてその者に課される罰金とは別に，裁判所は，登記官の申請により，その者に対して裁判所が命ずる時間及び方法の範囲内で要請に従うよう命令することができる（同条(c)）。

Ⅱ 確認判決・命令

1. 義務違反に関する確認判決

(1) 裁 判

ある者に関して，本法の規定に違反した可能性を示す根拠として裁判所が十分と考えた場合には，裁判所は，本 **1.**（441条）により，取締役の権限及び職務を規定する第18節（160条～191条）の違反に基づき課される罰金（190条）の代替措置として，下記(i)の判決及び(ii)又は(iii)の命令を定めることができる（441条(b)）。

- (i) 本 **1.**（441条）に基づく確認判決
- (ii) 本法442条による罰金命令
- (iii) 本法443条による賠償命令

313

第2編　会　社　法　　第13章　違反行為

(2)　申 立 権 者

登記官は，違反宣言，罰金命令又は賠償命令を申し立てることができる（441
条(a)）。

なお，前記(1)（同条(b)）による確認判決がなされた場合において，登記官
が未だ上記の賠償命令の申立てを行っていないときは，会社は，賠償命令を
申し立てることができる（同条(c)）。

(3)　申 立 期 間

確認判決，罰金命令又は賠償命令のための手続きは，違反行為時から6年
を経過しない間，これを開始することができる（442条(d)）。

(4)　民事訴訟に係る準則

裁判所は，確認判決，罰金命令又は賠償命令のための審理の際は，適用あ
る法に従い，その証拠及び民事訴訟に関する法準則を適用しなければならな
い（441条(d)）。

また，裁判所は，ある者が違反行為と実質的に同一の行為による違反が確
定しいる場合には，その者に対して確認判決，罰金命令又は賠償命令を発令
してはならない（同条(f)）。

2.　罰 金 命 令

裁判所は，次の各条件を充足する場合，違反者に対して，1000万チャッ
トの罰金をミャンマー連邦の国庫に納付するよう命令を発令することができ
る（442条(a)）。

（i）　前記 1. に基づき違反者に対して確認判決が下されたこと
（ii）　当該違反が，(A)会社又はそのメンバーの利益に実質的な損害を与えること，
　　　又は(B)会社の債権者に対する弁済能力に実質的な損害を与えること

なお，罰金は，ミャンマー連邦のために登記官に対して支払う債務を構成

314

する。また，登記官は，支払期限の到来している債務を回収するための民事手続上の判決と同様に，罰金命令を違反者に対して執行することができる（443条(b)）。

3. 賠償命令

罰金命令が本法442条に従ってなされた場合，裁判所は，次の各条件を充足する場合には，損害を受けた会社に当該損害を賠償するよう違反者に対して命令を発することができる（443条(a)）。

(i) 前記 **1.** に基づき違反者に確認判決が下されたこと
(ii) 当該違反から損害が発生したこと

なお，賠償命令においては，賠償額を明示しなければならない（同条(b)）。また，賠償命令を発する目的で会社に生じた損害を決定するにあたり，裁判所は，違反又は反則の結果として他のいずれかの者に生じた利得も考慮することができ（同条(c)），賠償命令は，裁判所による判決と同様に執行することができる（同条(d)）。

4. 禁止命令

(1) 禁止命令の要件

以下の(i)から(iii)のいずれかの場合に該当し，且つ以下の(i)から(iii)のいずれかにおいて言及されている者（本 **4.** において，以下「違反者」という。）が，ある者（本 **4.** において，以下「被害者」という。）に対して負債，損害賠償，損失補償又はその他財産上の責任を負担している，負担する可能性がある又は負担することになる可能性がある場合において，被害者の権利を保護するために必要又は望ましいと裁判所が考えるときには，裁判所は，登記官又は被害者の申立てにより，後記(2)に挙げられている命令を1回又は複数回発令することができる（444条(a)）。

第2編　会　社　法　　第13章　違反行為

- (i) 本法に対する違反となる又はなる可能性のある者の作為又は不作為に関連して，本法に基づいて捜査が行われる場合
- (ii) 本法の違反につきある者に対して起訴が開始した場合
- (iii) 本法に基づいてある者に対して民事訴訟が開始した場合

(2)　禁止命令の内容

　裁判所は，前記(1)に従って，次に挙げる命令を1回又は複数回発令することができる（444条(b)）。なお，当該命令は，絶対的に禁止するものであっても，条件付で禁止をするものであってもよい（同条(c)）。

- (i) 違反者又はその関係者に対して債務を負担している者が，その債務を負担している違反者等又はかかる違反者等が指示若しくは要請した第三者に対して，債務の全部又は一部を弁済し消滅させることを禁じる命令（445条(b)(i)）
- (ii) 違反者又はその関係者のために金銭又はその他の財産を所持している者が，違反者等又はそれらの者が指示若しくは要請した第三者に対して，金銭の全部又は一部を支払い又はその他の財産を譲渡若しくはその所持を手放すことを禁じる命令（同(ii)）
- (iii) いかなる者も違反者又はその関係者の金銭をミャンマー連邦から外部に持ち出し又は送金することを禁じる命令（同(iii)）
- (iv) いかなる者も違反者又はその関係者の財産をミャンマー連邦から外部に持ち出し，発送し又は運び出すことを禁じる命令（同(iv)）
- (v) 次の者を選任する命令（同(v)）
  - (A) 違反者が自然人である場合，その財産の全部又は一部について，裁判所の命ずる権限を有する管理人又は財産保全管理人
  - (B) 違反者が事業体である場合，その財産の全部又は一部について，裁判所の命ずる権限を有する管理人又は清算人
- (vi) 違反者が自然人である場合，そのパスポートその他裁判所が適切と考える書類を裁判所に提出することを要求する命令（同(vi)）
- (vii) 違反者が自然人である場合，裁判所の同意なしにミャンマー連邦外に出国（同(vii)）することを禁じる命令

II 確認判決・命令

(3) 中 間 命 令

　裁判所に対して前記(1)による禁止命令の申立てのあった場合において，裁判所は，望ましいと考えるときには，申立てを審理する前に，申立てに対する結論が出るまでの効力という条件で，申立書に記載されたものと同種の命令である中間命令を発することができる（444条(d)）。なお，前記(1)による申立てに対して，裁判所は，上記中間命令を発令する条件として，申立者又はその他の者に対しても，損害賠償の保証を要求してはならない（同条(e)）。

(4) 命令の取消及び追加命令

　申立てに基づき本 **4.**（444条）に定める命令を発した場合，裁判所は，申立人又は命令の影響を受けたその他の者からの申立てにより，当初の命令を取消又は変更する追加命令を発することができる（同条(f)）。

(5) 命令の効力

　前記(1)又は(2)（444条(a)又は(c)）に基づく命令には，一定の期間又はかかる命令が前記(4)に基づく追加命令により取り消されるまでの間，効力を有する旨を明示することができる（同条(g)）。

5. 差 止 命 令

(1) 禁止的差止命令

　以下に該当していたか，該当しているか，又は該当するであろう行為に従事していたか，従事しているか，又は従事することを意図している者（本(1)において，以下「違反者」という。）に対して，裁判所は，登記官又はかかる行為に利害関係を有していたか若しくは有するであろう者からの申立てにより，裁判所が適切と考える種類と内容で，違反者がかかる行為をすることを制限する差止命令を発することができる。この命令は，裁判所が望ましいと考える場合には，違反者に一定の行為又は事柄を要求する内容とすることもできる（445条(a)）。

317

第2編 会 社 法 第13章 違反行為

- (i) 本法に対する違反
- (ii) 本法に対する違反の未遂
- (iii) 本法に対する違反の幇助，促進，共謀又は教唆
- (iv) 強迫によるか約束によるかその他の方法によるかを問わず，本法に対する違反の誘発又はその未遂
- (v) 直接，間接その他方法を問わず，本法に対する違反への意識的な関与又は共犯
- (vi) 本法に対する違反の共謀

(2) 作為命令的差止命令

本法で要求されている行為又は事柄について，拒絶したか若しくは遵守できなかった者，拒絶しているか若しくは遵守していない者，又は拒絶するか若しくは遵守しないことを意図している者（本(2)において，以下「違反者」という。）に対して，裁判所は，登記官又は当該行為又は事柄について拒絶され又は遵守されないことにつき利害関係を有し又は有するであろう者からの申立てにより，裁判所が適切と考える種類と内容で，違反者にかかる行為又は事柄を要求する差止命令を発令することができる（445条(b)）。

(3) その他の差止命令

前記(1)又は(2)（445条(a)又は(b)）に基づく差止命令の申立てが裁判所に対してなされた場合，裁判所は，適切と考える場合には，同条(a)又は(b)の適用がなされると考えるか否かにかかわらず，手続の全当事者の合意をもって，差止命令を発令することができる（同条(c)）。

(4) 差止命令の取消・変更

裁判所は，前記(1)又は(2)（445条(a)又は(b)）に基づく差止命令を取消又は変更することができる（同条(d)）。

318

Ⅱ　確認判決・命令

⑸　中間差止命令

　登記官が裁判所に対して本 **5.** に基づく差止命令の申立てを行った場合，裁判所は，かかる申立人又はその他の者に対して，中間差止命令を発令する条件として損害賠償の保証を要求してはならない（445 条⒠）。

⑹　禁止命令の発令

　本 **5.** に基づく手続において，裁判所は，前記 **4.** の禁止命令（444 条に基づく命令）を発することができる（445 条⒡）。

⑺　損害金の支払

　本 **5.**（445 条）に基づいて裁判所がある者が特定の振る舞いをなすことを制限したり，あるいは特定の行為又は事柄を行うことを要求したりする差止命令を発する権限を有する場合，裁判所は，かかる差止命令の発令に加えて又はこれに代えて，その者に他のいずれかの者に対する損害金の支払を命ずることができる（同条⒢）。

6.　裁判所の権限の非制限

　本法第 29 節（432 条～451 条）のいかなる条項も，本法第 29 節とは別に裁判所が有する権限を妨げることはない（446 条）。

319

第2編 会 社 法 第13章 違反行為

Ⅲ 法的手続における帳簿の使用及び帳簿の様式

1. 帳簿の証拠能力

　本法の要件に基づき会社が作成する帳簿の原本は，あらゆる法的手続において証拠能力を有し，当該帳簿に記載又は記録された全ての事項についての一応の証拠とする（447条(a)）。

　会社の帳簿原本として作成された文書は，反証が挙げられない限り，上記に基づき作成された帳簿として取り扱う（同条(b)）。

2. 帳簿の様式及び証拠価値

(1) 帳簿の作成方法

　本法に基づく帳簿は以下のいずれかの方法により作成することができる（448条(a)）。

(ⅰ) 綴込帳簿又はルーズリーフ式帳簿に記録する方法

(ⅱ) 機械的，電磁的又はその他の機器による方法によって記載すべき事項を記録する方法

(ⅲ) 登記官が承認するその他の方法

(2) 機械的，電磁的等による帳簿の作成方法

　前記(1)（448条(a)）に定める機械的，電磁的又はその他の機器による方法によって作成される帳簿は，以下のいずれかの条件を満たすものとする（同条(b)）。

(ⅰ) 記録した事項が，いつでも，書面形式により複製可能であること

(ⅱ) 記載すべき事項の複製物が登記官が承認する書面形式により，保管されること

III 法的手続における帳簿の使用及び帳簿の様式

(3) 毀損等に対する予防措置

会社は，本法に基づき会社が作成する全ての帳簿について，毀損，破棄，偽造又は改ざんを防止し，偽造又は改ざんを発見するための，合理的なあらゆる予防措置（別段の定めがある場合の当該予防措置を含む。）を講じなければならない（448 条(c)）。

(4) 閲覧・謄写に関する義務

会社が機械的，電磁的又はその他の機器による方法によって，何らかの事項を記録し又は保管する場合において，当該事項を含む帳簿を閲覧に供し，又は当該事項を含む帳簿の全て又は一部の写しを提供するために本法に基づき課されるあらゆる義務は，事案に応じて，書面形式にて閲覧可能とし，又は鮮明な複製を含む文書により当該事項の全て又は一部を提供することを目的とするために課される義務と解するものとする（448 条(d)）。

(5) 最新情報の提供に関する指令

登記官は，前記(4)（448 条(d)）に基づき作成された文書に含まれている情報が最新のものでなければならない旨を定める指令を発することができる（同条(e)）。

(6) 帳簿の複製の証拠価値

以下の各要件を具備する場合，帳簿に記録された事項の書面による複製は，当該事項の一応の証拠であるものとする（448 条(f)）。

(i) 本法に従い作成が必要とされる帳簿が，本法に基づき記載された事項の一応の証拠であること
(ii) 帳簿（当該帳簿の一部を含む。）が，機械的，電磁的又はその他の機器による方法によって記載事項を記録して作成されたものであること

なお，機械的，電磁的又はその他の機器による方法によって記録された事項を複製する目的で作成された書面は，反証が確立されない限り，当該事項

321

第2編　会　社　法　　第13章　違反行為

の複製として取り扱われる（同条(g)）。

Ⅳ　文書の送達及び認証

1.　会社に対する文書の送達

　会社に対する文書は，以下のいずれかの方法により送達することができる。なお，以下のいずれかの方法に限定されるものではない（449条）。

- (a)　会社の登記上の本店における差置き又は登記上の本店宛の郵便による送付
- (b)　**第12章Ⅲ1.**（421条）に基づき登記官が作成する登記簿に会社の取締役として記載された者への引き渡し
- (c)　会社の主たる事業の場所における会社の従業員への引渡し
- (d)　法的手続における裁判所の指示に基づく送達
- (e)　会社との合意に基づく送達

2.　登記官に対する文書の送達

　登記官に対する文書は，登記官宛の郵便による送付，登記官への引渡し又は登記官の事務所への差置きの方法によって送達することができる（450条）。

3.　文書の認証

　会社の認証を要する文書又は手続は，会社の取締役，秘書役，又は権限を有するその他の役員による署名をもって認証することができ，会社印を要しない。なお，会社による文書又は手続の認証方法を制限するものではなく，また，会社と取引を行った者が31条[2] に基づき認証権限の存在を前提とすることを制限するものでもない（450条）。

322

Ⅴ　違反及び防御

1.　違反行為（各論）

(1)　虚偽記載に対する罰

　本法の要件又は本法の定めに基づく報告書，証明書，財務諸表又はその他の文書において，重要な事項について虚偽であることを認識しながら意図的に虚偽又は誤認される記載を行い又は記載を指示した者，又は記載事項を省略することにより虚偽又は誤認される文書となることを認識しながら，それらの文書における記載事項を省略し又は省略を指示した者は，現存する法に基づき決定する罰金に処する（452条）。

(2)　財産の不法な隠匿又は損壊に対する罰

　会社の財産を不法に所有する会社の取締役その他の役員若しくは従業員又は定款において明示され又は指図された目的及び本法に定める目的以外の目的のために，所有する会社の財産を不法に隠匿又は意図的に処分する者は，会社，会社債権者又は会社清算出資者の訴えにより，現存する法に基づき決定する罰金に処せられるべきものとする。当該違反を審理する裁判所は，裁判所が定める期間内に，不当に取得され，又は不法に隠匿又は意図的に処分された財産を引渡し又は償還することを命令することができる（453条）。

(3)　雇用主による証券の悪用に対する罰

①　従業員が預託した金銭又は証券

　会社との雇用契約に従い従業員が会社に預託した金銭又は証券は，指定銀行において会社が開設する特別口座に保管又は預託されるものとする。雇用契約において別段の合意がなされない限り，会社は当該金銭又は証券を使用してはならない（454条(a)）。

---

2)　本法31条では，会社との取引において前提とすることができる事項が列挙されている（前記**第4章Ⅰ3.**参照）。

323

第2編　会　社　法　　第13章　違反行為

②　退職金準備基金

会社が，会社の従業員又は会社のある特定の従業員のために退職金準備基金を組成した場合，（会社又は従業員により）当該基金に拠出された金銭及び基金から生じる利息等は，ミャンマー中央銀行の適法な認可を受けた金融機関の口座に預託され，又は全ての適用ある法に従い，信託法（Trusts Act）20条(a)～(e)に定める証券に対して投資されなければならないものとする（454条(b)）。

③　従業員の権利の範囲

前記②（455条(b)）の基金に適用されるルール又は会社及び従業員間のあらゆる契約の定めにかかわらず，前記②に従い支払われた従業員による基金への拠出金について，従業員は，前記②の投資から派生した利率を超える部分の利率の適用によって生じた利息を受領する権利を有しない（454条(c)）。

また，従業員は，会社を代理して要請した場合，前記①及び②（同条(a)及び(b)）に定める金銭又は証券の銀行による受領を確認する権利を有する（同条(d)）。

④　違反に対する罰則

本(3)（454条）に違反することを認識しながら違反し，又は違反することを承認した会社の取締役又はその他の役員は，適用ある法に基づき決定する罰金に処する（同条(e)）。

(4)　「有限」の不適切な使用に対する罰

適法に有限責任を有する法人として設立された場合ではない限り，名称又は商号の末尾に「有限（Limited）」を付して事業を行った者は，適法に有限責任で設立された者でなければ，適用ある法に基づき決定する罰金に処する（455条）。

(5)　帳簿の偽造に関する違反

会社の証券又は所有物，又は会社に関するあらゆる帳簿について隠匿，破

棄，毀損，又は偽造行為に従事した役員，役員であった者，従業員，従業員
であった者，会社のメンバー又はメンバーであった者は，本法に定める違反
の責めを負うものとする（456条(a)）。

会社の業務に関する事項で帳簿を作成する目的で記載された事項が機械的，
電磁的又はその他の機器による方法によって不明瞭な形で記録された場合に
おいて，以下の者は本項に違反するものとする（同条(b)）。

(i) 重要な事項について虚偽の又は誤認されるものと認識しながら，当該事項
を機器による方法によって記録した者

(ii) 機器による方法によって記録され，又は記録のために供され，若しくは記
録のために編集し又は復元された事項の破棄，削除，又は偽造行為に従事
した者

(iii) 機器による方法によって記録する義務を負う者であって，以下のいずれか
に該当する場合に当該方法による記録を怠った者

　(A) 記録された事項の全て又は一部を改ざん又は編集する意図をもってい
た場合

　(B) 記録を怠ることにより，記録されたその他の重要な事項が虚偽の又は
誤認されるものになると知っていた場合

但し，被告が誠実に行為したことを証明することをもって，本(5)の罪（456
条(a)(b)）に対する防御とし，全ての事情に照らし，違反を構成する行為又は
懈怠は免除される（同条(c)）。なお，本(5)は，前記(1)（452条）を制限するこ
となく適用される（456条(d)）。

---

2. 違反行為（総論）

---

(1) 罰 則 総 則

ある者（会社を含む。）が次のいずれかの事由に該当する場合，457条の効
果として，違反の責を負う。但し，本法の当該規定又は他の規定がその者に
ついて違反の責を負う又は負わないものと定める場合はその限りではない（同
条(a)）。

第 2 編　会　社　法　　第 13 章　違 反 行 為

⒤　本法の規定に基づきその者が禁止されている行為又は事柄を行った場合

⒤⒤　本法の規定に基づき要求又は指示されている行為又は事柄を懈怠した場合

⒤⒤⒤　本法の規定にその他の方法で違反した場合

　本法違反の責を負う者は，458 条⒜の効果又はその他の方法によるかにかかわらず，当該違反に適用される罰を上限とする罰に処せられる（同条⒝）。

　本法の規定（本条を除く。）が本法の特定の規定の違反に適用される罰として特定の罰（金銭的なものであるか否かを問わない。）を規定している場合は，当該ある特定の規定の違反により構成される違法行為に適用される罰をもって当該特定の罰とする（同条⒞）。

⑵　管轄内外における違反

　ある者のミャンマー連邦外における作為又は不作為がミャンマー連邦内において行われたものと仮定した場合に，当該作為又は不作為が本法違反となる場合，その者は，違反の責を負う（458 条）。

⑶　違反状態の継続

①　履行義務の継続

　本法の規定に基づき，所定の期間内又は所定の時期までに履行しなくてはならない又は履行しなくてはならなかった行為であり，所定の期間内又は所定の時期までのその行為の懈怠が違反を構成する場合に，所定の期間内又は所定の時期までに当該行為が履行されなかったときは，⒤当該行為の履行義務は，その者が行為の懈怠による違反と判断されたか否にかかわらず，履行されるまで所定の期間満了後又は所定の期限徒過後も継続し，⒤⒤後記②（459 条⒞）が適用される（同条⒜）。

　本法の規定において，履行しなくてはならない又は履行しなくてはならなかった行為の履行期間又は履行時期が規定されていない又は規定されていなかった場合に，その行為の懈怠が違反を構成し，ある者が当該行為の懈怠に関し違反と判断されたときは，⒤当該行為の履行義務は，違反との判断にかかわらず，履行されるまで継続し，⒤⒤後記②（同条⒞）が適用される（同条⒝）。

326

V 違反及び防御

② 更なる違反

所定の時点において，ある者が行為の懈怠に係る違反について初めて違反と判断され，当該行為の懈怠がその時点後も継続した場合，(i)当該行為の懈怠に関し，初めての違反との判断時点から更なる違反と判断される日までの懈怠の継続又は期限徒過の期間について，その者は更なる違反の責を負い，(ii)本法及びその他の適用ある法の適用に関して，期限の徒過後の期間中における行為の懈怠により，更なる違反が継続しているものとみなされる（459条(c)）。

③ 罰金の計算

前記②（459条(c)）に基づき，ある者が所定の期間の全て又は一部に関する違反について責を負う場合，当該違反に適用される罰則は，その期間の日数ごとに2万5000チャットの罰金とする（同条(d)）。

3. 抗弁及び免責

(1) 取締役会又は取締役若しくは役員の義務に関する抗弁

取締役又は役員が次のいずれかの事項を証明した場合には，会社の取締役会に課せられた義務又は取締役若しくは役員に課せられた義務に関する違反で訴えられた取締役又は役員の抗弁となる。なお，かかる抗弁は，前記 I 3.（違反行為等の免責）（435条）を制限するものではない（460条(a)）。

(i)（取締役会に課せられた義務に関する違反である場合）本法に基づく要件の遵守が確保されるよう取締役会が全ての合理的及び適切な措置を講じたこと

(ii)（取締役会に課せられた義務に関する違反である場合）取締役会による本法に基づく要件の遵守が確保されるよう取締役又は役員が全ての合理的及び適切な措置を講じたこと

(iii)（取締役又は役員に課せられた義務に関する違反である場合）本法に基づく要件の遵守が確保されるよう取締役又は役員が全ての合理的及び適切な措置を講じたこと

(iv)（場合に応じて）取締役会又は取締役若しくは役員に課せられた本法に基づ

327

第2編　会　社　法　　第13章　違反行為

く要件の取締役会又は取締役若しくは役員による遵守が確保されるための
措置を講ずることにつき，取締役又は役員に対して合理的に期待すること
ができない状況であったこと

⑵　会社の義務に関する抗弁

取締役又は役員が次のいずれかの事項を証明した場合には，会社に課せら
れた義務に関する違反で訴えられた取締役又は役員の抗弁となる。なお，か
かる抗弁は，前記Ⅰ **3.**（違反行為等の免責）（435条）を制限するものではな
い（460条⒝）。

(ⅰ)　本法に基づく要件の遵守が確保されるよう会社が全ての合理的及び適切な
措置を講じたこと
(ⅱ)　会社による本法に基づく要件の遵守が確保されるよう取締役及び役員が全
ての合理的な措置を講じたこと
(ⅲ)　会社による本法に基づく要件の遵守が確保されるための措置を取締役又は
役員が講ずることを合理的に予測することができない状況であったこと

⑶　違反に関する判決からの免責

本法第7章に基づき，ある者に対し法的手続が提起され，その法的手続の
中で裁判所が，その者が本法に違反した又は違反の可能性があると判断した
場合であっても，以下の各事由に該当する場合には，裁判所は，違反により
その者が対象となる又はその者に課せられる可能性のある責任の全て又は一
部を免責することができる。なお，かかる抗弁は，前記Ⅰ **3.**（違反行為等の
免責）（435条）を制限するものではない（461条⒜）。

(ⅰ)　その者が誠実に行動したこと
(ⅱ)　（状況に応じて，その者の会社の役員としての選任又は会社の従業員として雇用
された事情も含み）事件の全ての事情に鑑み，その者が違反から厳正に免
れるべきであること

(4)　免責の申立て

本法の規定違反の可能性に関し，本条に基づき法的手続が開始される又は開始される可能性があるものと考える場合，その者は，裁判所に対し免責を申立てることができる（461条(b)）。かかる申立てに対し，裁判所は，裁判所で法的手続が開始されたものとして，前記(3)（同条(a)）に基づく免責を認めることができる（同条(c)）。

(5)　裁判所の権限の非制限

461条（前記(3)(4)）は，裁判所が救済（relief）を認めるその他の権限を制限するものではない（同条(d)）。

第14章 雑　　　則

本章では，本法の下位の規範である規則等の制定権限及び本法と旧法を調整する移行規則について取り扱う。

I　規　則　等

1．規則等の制定権限

　本法及び他の適用ある法に基づきある者に付与された又は保有される権限を制限することなく，以下の者は，それぞれ以下の権限を有する（432条(a)）。

(i)　所轄省は，本法の適切且つ効率的な適用，運用及び執行のために，細則，規則又は附則を発行することができる。

(ii)　登記官は，連邦大臣の承認のもと，本法の適切且つ効率的な適用，運用及び執行のために，告示，指令及び手続，表及び書式を発行することができる。

(iii)　所轄省及び登記官は，上記(i)及び(ii)に基づく権限の行使にあたって，関連する経済団体に諮問することができる。

　上記に基づき作成された全ての規則，細則，附則，告示，命令，指令又は手続は，官報において公表されなければならず，かかる公表により，それらは本法に基づき制定されたものとして効力を有する（同条(b)）。

2．専門家の裁判所，審判所，委員会

　連邦大臣は，連邦政府の許可を得て本法の運用及び適用を支援するために専門家の審判所又は委員会を組織するための全ての必要な規則，細則，命令，告示，指令及び手続を発行することができる。かかる必要な規則，細則，命令，告示，指令及び手続は，本法と矛盾してはならないが，制限なく以下に

330

関する規定を含むことができる（463条(a)）。

(i) 当該審判所又は委員会が制定することができる命令を含む，審判所又は委員会の権限，義務，機能及び手続（本法又はその他適用ある法に基づき裁判所に付与された権限，義務及び手続を超えてはならない。）

(ii) 審判所又は委員会が審理又は決定することができる本法の一般的事項又は個別の事項，及び当該審判所又は委員会の決定の再審理又は上訴の方法

(iii) 審判所又は委員会における，メンバー又は委員の数及びその要件

(iv) メンバー又は委員の選任，解任又は中断及び空席の補充のための手続き

(v) 審判所又は委員会におけるメンバー，委員又は従業員の契約又は雇用の条件

(vi) 審判所又は委員会の期間（臨時，常置又は特別（ad-hoc）な性質を有する審判所又は委員会を含む。）

(vii) 審判所又は委員会の資金の調達，及び審判所又は委員会が費用を徴収し，手数料，科料又は罰金に処すための権限

　連邦大臣は，連邦政府の許可を得たうえで，本法の運用及び適用を支援する専門家の裁判所を組織することを最高裁判所に対して提案することができる（同条(b)）。

Ⅱ　移行期間等

1.　旧法の廃止

　本法の施行により，旧法はその別表を含み廃止される（465条(a)）。

　また，旧法の廃止以降，旧法に基づき行われ又は手続中の全ての事項は，本Ⅱ（本法32節（465条〜476条））により規定されているところに従い，本法に基づき行われた事項又は本法に基づく手続中のものとして取り扱われる（465条(b)）。

第2編　会　社　法　　第14章　雑　　　則

2.　旧法の廃止の例外

⑴　係属中の清算手続に係る例外

　清算に関する本法の規定は，本法の施行前に清算が開始されたいかなる会社にも適用されず，全ての当該会社は本法が施行されなかったものとして，同様の方法により，且つ同じ付随条件にて清算される（466条）。

⑵　文書に係る例外

　本法の施行前に作成された全ての移転に係る文書又はその他の文書は，本法により廃止される全ての法令の遂行にあたり，本法が施行されなかったものと同じ効力を有し，それらの文書の為に廃止された法令は完全に効力を有し続けるものとみなされる（467条）。

⑶　従前の登記所，登記簿及び登記官の継続

　本法の施行時に存在する会社の設立のための登記所は，本法に基づき設置された登記所として継続する（468条(a)）。かかる既存の登記所に保管されている会社の登記簿はそれぞれ本法に基づき保管されるべき会社の登記簿の一部とみなされる（同条(b)）。

　また，既存の登記官及びそれらの事務所の事務員は，それらの義務の遂行に関する連邦大臣の規則に従い，それらが保持していた事務所を保持し，受領していた給与を受領する（同条(c)）。

⑷　既存の登記された会社の登記

　会社又はその他の主体が旧法に基づき登記されており，本法の施行の直前に当該登記が有効である場合，当該会社の又はその他の主体の登記は，本法の前記**第2章**（第2章〔2条〜59条〕）に基づき相当する種類の会社の又はその他の主体の登記であったものとして，施行後も効力を有する（そしてそのように取り扱われる。）。但し，文書の電子登記及び電子的コミュニケーショ

332

ンに係るシステムの開発に関する規則等（421条(d)）に従う必要がある（469条(a)）。なお，上記の適用がある会社は，ミャンマー連邦に通常居住する取締役を移行期間の満了までに選任することができる（同条(b)）。また，上記適用がある海外コーポレーションは，移行期間の満了までに授権役員を選任することができる（同条(c)）。

(5) 処理中の申請

旧法に基づき開始され本法の施行までに完了していない会社の又はその他の主体の登記申請は，申請者により取り下げられない限り，本法に基づいてなされた申請として取り扱われる（470条(a)）。

但し，本法に基づく申請の要件に適合するために必要又は望ましい場合には，上記処理中の申請の変更を申請者が求め又は登記官は要求することができる（同条(b)）。

(6) 旧法に関連する規則等の効力

旧会社細則[1] 8〜30条（これを含む。）及び旧会社細則の別表（schedules）中書式1から9（これを含む。）は，本法の施行により廃止される（472条(a)）。

旧会社規則[2]は，本法の施行により廃止される（同条(b)）。

上記を除き，本法の規定に実質的に相当する旧法の規定のために作成された諸規則であって，本法の施行の直前に効力を有し適用がなされていたものは，(i)475条に基づき効力を有する規則，且つ，(ii)本法の相当する規定のために作成されたものとして，すべての必要な変更がなされた上で，本法の施行後もその効力を有し続け，有効なものとして取り扱われる（471条(c)）。

(7) 旧法下で行われた事項の効力

本Ⅱ（第32節〔465条〜476条〕）のいかなる規定を制限することなく，(i)本法の規定に実質的に相当する旧法の規定により，基づき又はその目的のために本法の施行の前になされた事項，及び，(ii)本法の施行の直前に旧法の目

---

1) Myanmar Companies Rules, 1940.
2) Myanmar Companies Regulations, 1957.

第2編　会　社　法　　第14章　雑　　　則

的のために継続中の関連各事項は，それぞれ本法の相当する規定により，基づき又はその目的のためになされたものとして，本法の施行後もその効力を有し，有効なものとして取り扱われる（472条）。

⑻　既発生の権利の効力

本Ⅱ（第32節〔465条～476条〕）のいかなる規定をも制限することなく，ある者が，本法の施行前に，本法の規定に実質的に相当する旧法の規定に基づき（裁判所の命令に基づくものを除く。）権利又は義務を取得し，発生し又は負担した場合には，かかる権利又は義務は，当該本法の実質的に相当する規定が当該権利又は義務を発生させた行為又は状況に適用されたものとして，当該本法の規定に基づき存続するものとみなされる（473条）。

⑼　法律的文書における参照

全ての適用ある法における，旧法の参照，又は本法の規定若しくは条件に実質的に相当する旧法の規定若しくは条件の参照は，本法の施行後は，本法又は実質的に相当する本法の規定若しくは条件の参照を含むものとして取り扱われる（474条(a)）。但し，かかる取り扱いについて，本法に基づき定められた規則により，所定の適用ある法における所定の参照には適用されない旨を規定することができる（同条(b)）。

⑽　移 行 規 則

①　移行規則の制定

本法に基づき制定される規則（以下「移行規則」という。）は，旧法の規定の適用から本法の規定の適用への移行に関する留保／除外事項又は移行に係る事項を取り扱うことができる。移行規則は，本Ⅱ（第32節〔465条～476条〕）のいかなる規定にもかかわらず効力を有する（同条(a)）。

②　移行規則の適用範囲

前記①（475条(a)）を制限することなく，移行規則において取り扱う事項につき，その全部又は一部につき，以下のいずれの方法にて規定することが

できる（同条(b)）。

(i) 以下のいずれか（変更を加え又は加えることなく）を当該事項に適用する方法
  (A) 本法の施行の直前又はより以前の時点で効力を有していた旧法の規定
  (B) 本法の規定
  (C) 前記(A)又は(B)により参照される規定の組み合わせ
(ii) 当該事項を取り扱うための細則を別途明示することによる場合
(iii) 本法の目的のために，当該事項の特定の結論又は成果を明示することによる場合

　移行規則は，本Ⅱ（第32節〔465条〜476条〕）の特定の規定が移行規則に定めたとおりに変更される旨を規定することができる。移行規則に基づき変更された規定は，そのように変更されたものとして効力を有する（476条(b)）。

⑪　マネージング・エージェントの廃止

　本法の施行後，会社はマネージング・エージェント（managing agent）を選任することはできず，マネージング・エージェントを選任する全ての効力ある取決めは本法の施行により終了したものとみなされ，全てのマネージング・エージェントはそれ以降当該会社の取締役とみなされる（478条(a)）。

　但し，本法の施行時にマネージング・エージェントを有する全ての会社及び全てのマネージング・エージェントは，移行期間の終了までの間マネージング・エージェントの取決めを継続せしめるための，臨時の救済を連邦大臣に申請することができる。なお，当該申請は，本法の施行後28日以内になされなければならない（同条(b)）。かかる申請により，連邦大臣は，連邦大臣が当該会社の利益に最も適うと考える決定を行うことができる（同条(c)）。

　また，本法の適用に関連して，いかなるマネージング・エージェントにも報酬は支払われない。但し，本法の施行時においてマネージング・エージェントに対して支払われ得る既発生の金額はなお支払の対象となり得る（同条(d)）。

第2編　会　社　法　第14章　雑　　　則

⑿　そ　の　他

　前記**第2章Ⅲ3.**(1)に記載のとおり，別途特別決議がなされない限り，会社の目的は移行期間満了日後削除されたものとみなされる（12条(f)）。

　また，本法はミャンマー連邦の大統領が決定する告示の日に施行される（1条(b)）[3]。

---

3)　2018年8月1日が予定されている。

336

第2編
付録I

改正会社法の定義

第2編　会　社　法

　1条(c)(i)～(xlvi)において，本法上，使用される用語の定義がなされている。付録として，本法上の定義語の日本語翻訳を DICA が公表した本法の非公式訳[1] に掲載されている記載の順序のままの英文アルファベット順にて掲載する（なお，以下では，1条(c)(i)～(xlvi)につきそれぞれ(1)～(46)に対応している）。

(1) 「適用ある法」（applicable law）とは，全ての法律，規則，細則，命令，告示，指令又はミャンマー連邦で法律としての効力を有する他の先例若しくは法律的文書であって，関係する事項に影響を及ぼし得るものをいう。

(2) 「関係者」（associate）とは，
　(A) ある会社に関して，特に次のいずれかの者をいう。
　　(I) 当該会社の取締役又は秘書役
　　(II) 関連事業体
　　(III) 関連事業体の取締役又は秘書役
　　(IV) 当該会社を支配する者又は当該会社により支配されている者
　(B) ある者（会社を含む。）に関して，一般的に次のいずれかの者をいう。
　　(I) 関連する事項に関して，当該者と協力して行動する又は行動することを提案する者
　　(II) 関連する事項に関して，何らかの方法により，公式又は非公式を問わず，当該者が関係を有している者又は関係を有することに提案している者
　　(III) 関連する事項に関する所定の者
　(C) 但し，以下の各事由のみを理由として前記(A)又は(B)に基づく関係者と考えられ得る者は，いかなる場合においても関係者に含まれない。
　　(I) 専門家としての資格又はビジネス上の関係に付随する機能の適切な履行として，その者に対して助言を与え，又は，その者のために行動すること

---

1)　2017 年 12 月 15 日に DICA が公表した "Myanmar Companies Law(Unofficial Translation)" 参照。

338

付録Ⅰ　改正会社法の定義

　　　(Ⅱ)　ある会社のメンバー又はあるクラスのメンバーの会議において
　　　　　ある者の代理人又は代表として選任されたこと

(3)　「授権役員」（authorised officer）とは，本法の目的のためにその代表と
して行動するために海外コーポレーションにより選任されたミャンマー
連邦に通常居住する者をいう。

(4)　「取締役会」（board 又は board of directors）とは，ある会社又は他の事
業体に関して，取締役の会議体として共同して行動する会社の取締役を
いう。なお，取締役が 1 名の会社の場合，当該 1 名の取締役をいう。

(5)　「会社」（company）とは，本法に基づき設立及び登記された会社又は既
存会社をいう。

(6)　「清算出資者」（contributory）とは，会社の清算手続中において，会社
の資産に清算出資する責任を有する全ての者をいい，清算出資者として
みなす者を決定する手続又はその決定前における手続において，清算出
資者と主張される者を含む。

(7)　「コーポレーション」（corporation）とは，本法に基づき登記されている
か否かを問わず，ミャンマー連邦以外の法域の法律を含む，本法以外の
法に基づき組成された事業体をいう。

(8)　「裁判所」（Court）とは，本法に基づき管轄権を有する裁判所をいう。

(9)　「社債」（debenture）とは，会社によって発行される金銭を借り入れる
ための有価証券をいい，ディベンチャーストック（debenture stock）を
含む。

(10)　本法における会社又はその他の事業体の「取締役」（director）とは，次

339

第2編　会　社　法

のいずれかの者をいう。

(A) 取締役の地位又は代理取締役（alternate director）の地位に選任され，その能力内で活動する個人

(B) 取締役又は代理取締役の地位に選任されていない場合であっても，次のいずれかの者をいう。

(I) 取締役の地位に選任されたかのように行動する者

(II) 会社又は事業体の取締役が通常従うこととなる指示又は意向を有する者，又は取締役会が行使すべき権限を行使し又は行使を支配する者

(11) 「既存会社」（existing company）とは，廃止された全ての法律に基づき組成又は登記された会社をいう。

(12) 「専門家」（expert）とは，214条の適用において，技術者，価格査定人，会計士，その他自己で作成した書類に対し信用性を付与することができる専門性を有する者をいう。

(13) 「財政的支援」（financial assistance）とは，貸付，保証の提供，担保の提供，義務の免除，債務の免除その他の方法による財務的支援の提供を含むものをいう。

(14) 「外国会社」（foreign company）とは，海外コーポレーション又はその他の外国人（又はそれらの組み合わせ）が，35％を超えた所有持分を，直接的又は間接的に，保有又は支配する，ミャンマー連邦に設立された会社をいう。

(15) 「持株会社」（holding company）とは，ある事業体に関して，当該事業体が子会社である事業体をいう。

(16) 「省庁」（Ministry）とは，本法の運営及び登記官の機能の実施又は監督

付録I　改正会社法の定義

に対して責任を有する，ミャンマー連邦の省庁又は適用ある法に基づき組成された他の主体をいう。

(17)　会社又は事業体の「役員」(officer) とは，以下のいずれかの者をいう。
　(A)　会社又は主体の全部又は実質的な一部に影響を与える決定を行う又は決定に参加する者
　(B)　会社又は主体の財務状況に重要な影響を与える能力を有する者

(18)　「オプション」(option) とは，ある時点において合意した価格にて，株式又は証券を取得し又は処分することができる権利をいう。

(19)　「通常居住する」(ordinarily resident) とは，適用ある法に基づきミャンマー連邦の永住者，又は以下の日から開始する各12か月の期間において，少なくとも183日以上ミャンマー連邦に居住する者をいう。
　(A)　廃止された法律に基づき登記された既存会社又は事業体の場合，本法の施行日
　(B)　本法に基づき登記された会社又は事業体の場合，当該会社又は事業体が登記された日

(20)　「普通決議」(ordinary resolution) とは，普通決議として決議する事項を特定した招集通知が適切に送付された総会において，議決権を有し，且つ現に又は委任状により（許容される場合）総会に出席したメンバーの議決権の単純過半数によって承認された決議をいう。

(21)　「海外コーポレーション」(overseas corporation) とは，ミャンマー連邦外で設立された事業体をいう。

(22)　「所有持分」(ownership interest) とは，ある会社に対する法律上，衡平上又は所定の権益をいい，次のいずれかの手段を通じて生じ得るものを含む。

341

第2編　会　社　法

(A)　当該会社に対する直接的株式保有

(B)　当該会社に対して(1)直接的株式保有又は(2)間接的株式保有をしている他の会社に対する直接的又は間接的株式保有

(C)　当該会社の全ての決議において投票可能な議決権に対して支配を行使する直接的又は間接的な権利をその保有者に与える合意

(23)　「所定の」(prescribed) とは，本法に基づき制定された，細則，規則，附則，告示，命令，指令，図表若しくは様式によって，又はそれらにおいて定められていることをいう。

(24)　「旧法」(previous law) とは，1914 年ミャンマー会社法をいう。

(25)　「非公開会社」(private company) とは，本法又は廃止された全ての法律に基づき設立された会社であって，次の性質を有するものをいう。

(A)　会社と雇用関係にある者を除きそのメンバーの数が 50 名までに限定されていなければならない。

(B)　会社の株式，社債，又はその他の証券を引き受けるための一切の公募が禁止されていなければならない。

(C)　定款によって株式の譲渡に制限を課すことができる。但し，本定義の適用において，1 株以上の会社の株式を共同して 2 名以上の者が保有する場合，それらの者はメンバー 1 名として取り扱われる。

(26)　「発起人」(promoter) とは，214 条の適用において，誤解を招く記載又は虚偽の記載を含む目論見書の全部又は一部を作成した当事者をいい，会社の組成を行う者のために専門家として行動した者を含まない。

(27)　「目論見書」(prospectus) とは，会社のあらゆる株式，社債又はその他の証券の引受け若しくは購入を公衆に対して募集する，あらゆる目論見書，通知，案内状，広告その他の勧誘をいい，正式な目論見書が準備された旨のみが記載されたいかなる商業広告も含まない。

342

付録 I　改正会社法の定義

⒄　「公開会社」(public company) とは，本法又は廃止された全ての法律に基づいて設立された会社であって，非公開会社でないものをいう。

⒆　「登録可能権利証書」(registrable interests) とは，会社が本法 13 節（89 条～105 条）に従い作成保有する登録簿の登録の対象となる全ての証券をいう。

㉚　「登録事務所」(registered office) とは，会社の清算手続を管轄する目的においては，清算の申立てまでの 6 か月の期間において最も長期間登録事務所とされていた場所をいう。

㉛　「登記官」(Registrar) とは，投資企業管理局（Directorate of Investment and Company Administration)，その承継機関，又は本法に基づき会社登記の任務の執行及びその他の権限の行使並びに本法若しくは他の適用ある法に基づき登記官に与えられたその他の機能及び任務を履行する，連邦レベルの主体又は局長（Director General）レベルの者をいう。

㉜　ある事業体の「関連事業体」(related body corporate) とは，次のいずれかの事業体（会社を含む。）をいう。
　(A)　当該事業体の持株会社
　(B)　当該事業体の子会社
　(C)　当該事業体の持株会社の子会社

㉝　「関連当事者」(related party) とは，次の者をいう。
　(A)　ある事業体（会社を含む。）に関して，当該事業体を支配する者
　(B)　ある人（事業体を含む。）に関して，
　　(I)　（当該人の関連事業体以外の）当該人の関係者
　　(II)　当該人の関係者の配偶者，親又は子
　　(III)　前記(A)又は本(B)(I)及び(II)に該当する全ての者により支配されている事業体

343

第 2 編　会　社　法

⑷　「指定銀行」（scheduled bank）とは，金融機関法[2]又は他の適用ある法
　　に基づき，関連する行為又は機能を実施することを授権又は許可された
　　銀行をいう。

㉟　「担保権」（security interest）とは，チャージ，リーエン，譲渡抵当，質
　　権又は本法若しくは他の適用ある法に基づき定められ若しくは認められ
　　ているその他の形態の担保権をいう。

㊱　「株式」（share）とは，会社の株式資本における割合的持分をいう。

㊲　「署名」（signature）とは，登記官に対して提出される又は登記官によっ
　　て作成された書類に関して，当該書面に記載された同意したことを示す
　　有形の表示をいう。但し，紙面にインクにて記載されたひとつのオリジ
　　ナルの署名であることは必要とはされず，登記官によって受入可能とみ
　　なされた方式により電子的な様式に署名者の名前が入力されたものも含
　　まれ得る。また，本法において，登記官に対して提出される又は登記官
　　によって作成された書類で署名がなされるものの参照は，当該方式によ
　　る署名の参照を含む。

㊳　「小会社」（small company）とは，公開会社又は公開会社の子会社以外
　　の会社であって，次の条件を満たすものをいう。
　　㈎　当該会社及びその子会社が 30 名（又は本法に基づき定められるその
　　　　他の数）以下の従業員を有すること。
　　㈏　当該会社及びその子会社の前会計年度における年間収益が合計
　　　　5000 万チャット（又は本法に基づき定められるその他の額）未満であ
　　　　ること。

㊴　「支払能力テスト」（solvency test）とは，次の基準をいう。

---

2)　Financial Institutions Law, 2016.

344

(A) 通常の事業運営において，支払期限が到来した債務を会社が支払うことができること。

(B) 会社の資産が負債を超えていること。

(40) 「特別決議」（special resolution）とは，特別決議として決議する事項を特定した招集通知が適切に送付された総会において，議決権を有し，且つ現に又は委任状により（許容される場合）総会に出席したメンバーの4分の3以上の多数によって承認された決議をいう。

(41) 「子会社」（subsidiary）とは，次の会社をいう。
(A) ある会社（会社A）に関して，他の会社（会社B）が次の関係を有する場合における，会社A
   (I) 会社Aの取締役会の構成を支配すること
   (II) 会社Aの会議において行使可能な議決権の最大数の過半数について，行使する地位にあること，又は行使を支配すること。
   (III) 会社Aにより発行された株式（但し，利益又は資本のいずれかの分配において特定の額を超えて参加する権利がない株式を除く。）の過半数を保有すること
   (IV) 会社Aにより発行された株式（但し，利益又は資本のいずれかの分配において特定の額を超えて参加する権利がない株式を除く。）につき支払われた配当の半分超を受領する権利を有すること。
(B) 会社Bにとって，会社Aの子会社

(42) 「移行期間」（transition period）とは，本法の施行日から12か月の期間をいう。

(43) 「究極的持株会社」（ultimate holding company）とは，ある事業体に関して，当該事業体の持株会社であって，他の事業体の子会社ではない事業体をいう。

第2編　会　社　法

⑷　「ミャンマー連邦」（Union）とは，ミャンマー連邦共和国をいう。

⑸　「連邦大臣」（Union Minister）とは，連邦大臣（又はそれと同等の職位を有する他の者）であって，本法の運営及び登記官の監督を含む責任を有する者をいう。

⑹　「売主」（vendor）とは，205条の適用において，次のいずれかの場合に，会社によって買収された財産に関して，売買にかかる契約又は買取オプションにかかる契約を締結した全ての者をいう。
　　(A)　目論見書の発行日において売買代金が完全に支払われていない場合
　　(B)　売買代金の全部又は一部が目論見書によって募集された引受けの対価から支払われた場合
　　(C)　契約の有効性又は要件充足が目論見書によって募集された引受けの結果に依拠する場合

346

第2編
付録 Ⅱ

特別決議事項,
少数株主権等

第2編　会　社　法

　特別決議事項，少数株主権など株式の保有割合によってメンバーが有する
権利等の主なものは以下のとおりである。合弁会社の組成にあたり，株式の
保有割合に応じていかなる権利を有するかを適切に把握することは，合弁会
社に対して意図する権限を行使するためにも有益であろう。

1. 特別決議事項について

12条(f)	旧法下における基本定款（Memorandum of Association）上の会社の目的に関して，本法上の定款（constitution）においても効力を残すこと
17条	定款の変更
25条(d)	商号の変更
57条(a)	会社形態の変更
73条	優先株式の発行
112条(a)	普通株式から優先株式への変更 優先株式から普通株式への変更
116条(b)	選択的減資
116条(c)	株式の消却を伴う減資
121条(b)	自己株式の選択的買戻し
126条(b)	株主権の内容の変更
133条(a)	株式取得に係る会社による財政的援助
133条(b)	公開企業による子会社に対する財政的援助
133条(c)	持株会社（非上場会社）による子会社に対する財政的援助
177条	取締役，その他役員によるその地位の移譲
262条(c)	取締役以外の役員の報酬の損益計算書への記載
298条(a)	裁判所による強制清算
345条(b)(c)	任意清算
354条(a)	任意清算手続中における事業譲渡等に係る清算人の権限
354条(d)	清算人がメンバーの権益を購入する場合における，清算人による資金調達方法の決定
375条(a)(i)	任意清算の際の，321条(d)(e)(f)及び(h)に規定する清算人の権限の行使
378条(a)	清算予定及び清算中の会社と債権者との間のアレンジメント
396条(a)	あるクラスの債権者への支払，債権者との和議・アレンジメント等に関する清算人への授権
405条(a)	清算会社の会社書類の取扱方法の決定

348

付録Ⅱ　特別決議事項，少数株主権等

2. 少数株主権について

126 条(e)	権利内容が変更される株式の 10% 以上を保有するメンバーによる，裁判所に対する権利内容変更の取消しの申立て及び差止請求
151 条(a)(ix)	1/10 以上の議決権を有するメンバーの賛成による総会の招集
151 条(b)	1/10 以上の議決権を有するメンバー又は 100 人以上の議決権を有するメンバーの賛成に基づく，取締役による主総会の招集
151 条(g)	1/10 以上の議決権を有する株主又は 100 人以上の議決権を有するメンバーによる議題提案権
152 条(b)(iv)	10% 以上の議決権を有するメンバーによる総会における投票（poll）の請求権
271 条(a)	1/10 以上の議決権を有するメンバーによる検査役の申請

3. 特別な決議要件が定められている事項

126 条(b)	特別決議に加えて，株主権の権利内容が変更又は取消しの対象となる種類の 75% 以上の議決権を有する株主の合意又は当該種類の株式における特別決議による株主権の内容の変更及び取消し
291 条(a)	公開会社のある種類の株式の買収に関して，買収会社による申込後 4 か月以内に対象となる株式の 4 分の 3 以上の保有者によって承認された場合における，買収会社による反対株主からの株式買取

4. メンバー全員の合意又は同意を必要とする事項

116 条(b)	株主全員の合意に基づく決議による株式資本の選択的減少（特別決議によっても可）
121 条(b)	株主全員の合意に基づく決議による選択的な自己株式の取得（特別決議によっても可）
133 条(a)	株主全員の合意に基づく決議による会社による財政的支援の提供（特別決議によっても可）
152 条(a)(i)	株主全員の同意による総会招集通知の期間短縮及びその方法

第2編
付録Ⅲ

備置書類，
商号等の表示義務

第2編 会 社 法

　非公開会社（有限責任株式会社）に関して、本法上定められている書類等の備置義務及び商号等の表示義務の主なものは以下のとおりである。ミャンマーにおいて事業運営を行うにあたって、本法上の義務の把握に利用されたい。

1. 備置すべき主要な書類

6条(e)	・設立登記申請書の原本（予備）及び添付書類 ・取締役の就任承諾書 ・株主の同意書（株主の地位及び株式引受に関するもの）の原本
64条(c)	現物出資による株式発行の引受けに関する締結済み契約書
90条(c)(d), 95条(a)及び 97条(c)	以下の事項等を記載した株主名簿 ・株主の詳細（名前・名称，住所，国籍，名簿記載日等） ・株式の詳細（割当日・割当数，各株主の保有株式数，株式の種類，株券番号，払込金額等） ・所定の年次報告記載事項
141条(b)	登録事務所の占有者からの同意書（登録事務所にて事業を行わない場合）
156条(a)〜 (d)，157条 (a)(d)	・株主総会議事録（書面決議を含む） ・取締役会議事録（書面決議を含む）
189条(a)(d)	以下の事項等を記載した取締役，秘書役等の名簿 ・取締役，秘書役等の詳細（名前，住所，国籍，職業等） ・取締役が取締役会に開示した利益相反関係 ・取締役が受領する給与等
239条，247 条	・担保等の設定証書（登記が必要とされるもの）の写し ・担保登録簿（会社の資産に特に影響を与える担保等の詳細を記載）
258条(a)(b)	会計帳簿
260条(a)〜 (c)	監査済み貸借対照表及び損益計算書等（小会社の場合を除く）

付録Ⅲ　備置書類，商号等の表示義務

2. 商号等を表示すべき対象

27 条(a)(b)，143 条(c)	・会社によって又は会社のために発信される書面による連絡通信 ・会社によって又は会社のために発行され又は署名される書面で，会社の法的義務の証する又は義務を創出するもの
89 条(c)(ⅰ)(ⅱ)	株券（商号のほか，登録事務所，株式数等を記載）
143 条(a)	登録事務所，事業所等（よく見える位置，読みやすい文字にて）
143 条(b)	会社印（会社印を有している場合，判読可能な文字にて）

353

事 項 索 引

【ア 行】

移行期間	133, 331, 345
インデックス	162
インベスターアシスタンスコミッティー（IAC）	
	41
売　主	346
営業許可	124
英国型譲渡抵当（English mortgage）	248
エンドースメント	4, 45, 53, 70
──申請	39, 43, 44, 53
──手続	45, 55
──の発行	54
オフショアローン	67, 90
オプション	163, 341

【カ 行】

海外コーポレーション	107, 113, 236, 341
会計報告	256
外国会社	1, 108, 340
──と外資規制	109
──の定義	108
外国為替管理法（Foreign Exchange Management Law）	68, 69
外国人	56, 63
外国人保有会社	2
外国人保有企業	56
外国投資	16
外国投資家	12, 16
──には禁止されている投資事業	23
外国投資法	1, 12, 96
会　社	339
──形態	105, 119
──の商号	121, 137
──の設立	121
──の能力	112
──の名称の提示義務	190

外国──	1, 108, 340
外国人保有──	2
既存──	340
究極的持株──	345
休眠──	303
子──	345
公開──	107, 236, 261, 343
小──	106, 192, 256, 344
非公開──	106, 342
無限責任──	105, 107
持株──	260, 340
有限責任株式──	105
有限責任保証──	105, 107
会社業務における抑圧的行為	228
開発済地域	71
開発中地域	71
開発途上地域	71
確認判決	313
株　式	150, 344
──等の譲渡	168
──等の割当て	240
──の公募	236
──の発行	154
種類──	151
償還優先──	153, 174
優先──	152, 262, 348
株主権の変更	182
株主代表訴訟	235
借り入れにかかる送金	67
環境・社会影響要件	36
環境影響評価	87
関係者	338
監　査	256
監査人	207
──候補者の指名	215
──の権限及び職務	216
──の資格要件	214

355

——の選任 ················· 214	雇用契約書 ···················· 64, 65
——の総会への出席 ········· 217	
——の退任の際の陳述権 ······· 217	【サ 行】
——の報酬 ················· 216	債権者・メンバー等会議 ·········· 268
監査報告 ··············· 216, 258	財産移転法 ···················· 247
換算レート ···················· 99	財産保全管理人 ················· 253
関連事業体 ··················· 343	財政的支援 ················ 184, 340
関連する省の承認を得た場合に	最低投資金額 ··················· 70
認められる投資事業 ········· 26	裁判所 ······················ 339
関連当事者 ··················· 343	財務諸表 ·········· 115, 216, 257
議決権 ················· 196, 211	差止請求 ····················· 183
——の行使 ················· 196	差止命令 ····················· 317
——の制限等 ··············· 212	サブリース ·················· 58, 88
挙手又は投票による——の行使 ··· 197	産業分類コード ·················· 19
規則等の制定権限 ·············· 330	事業報告書 ···················· 90
既存会社 ····················· 340	事業を営む ··················· 113
キャスティングボート ······· 196, 211	資金の送金 ···················· 66
究極的持株会社 ················· 345	自己株式取得 ·················· 187
旧 法 ······················ 342	自己株式の買戻し ·········· 174, 178
——の廃止 ················· 331	指定銀行 ····················· 344
——の廃止の例外 ············· 332	支 店 ······················ 113
休眠会社 ····················· 303	——の設置 ················· 121
挙 手 ······················ 197	——の名称 ················· 140
禁止される投資 ············ 18, 21, 49	支配権の移転 ··················· 89
禁止命令 ····················· 315	支払能力テスト ················· 344
グラント ··················· 37, 62	資本金 ······················ 173
経営判断の原則 ················· 227	——の変更 ················· 173
経済特区法 ···················· 15	社 債 ············· 157, 253, 339
契約の調印 ··················· 142	社債権者 ········· 158, 163, 248, 253
検査官による調査 ·············· 264	州・管区委員会 ········ 14, 39, 42, 53
減 資 ······················ 175	——事務局 ·············· 46, 53
選択的—— ·············· 175, 348	授権役員 ········· 111, 123, 128, 339
平等—— ················· 175	種類株式 ····················· 151
現物出資 ····················· 155	小会社 ·········· 106, 192, 256, 344
権利証預託型譲渡抵当（mortgage by deposit of	償還優先株式 ·············· 153, 174
title-deeds) ················· 248	条件付売買型譲渡抵当（mortgage by conditional
コーポレーション ·········· 107, 339	sale) ···················· 248
海外—— ·········· 107, 113, 236, 341	証券取引法 ··················· 236
公開会社 ········ 107, 236, 261, 343	商 号
合弁強制事業 ··················· 24	——の変更 ·············· 138, 348
合弁のみで認められる投資事業 ······ 24	——の明示 ················· 139
子会社 ······················ 345	会社の—— ·············· 121, 137

356

事 項 索 引

使用収益権譲渡抵当（usufructuary mortgage）
……………………………………… 248
招集権限に関する少数株主権 ……… 194
招集通知
　　――の記載事項 …………………… 196
　　――の発送時期 …………………… 195
証書登録事務所（Office of Registry of Deeds）
……………………………………… 61
少数株主権 …………………… 195, 349
省　庁 …………………………………… 340
譲渡抵当（mortgage）………… 246, 298
　　英国型――（English mortgage）………… 248
　　権利証預託型――（mortgage by deposit of
　　　title-deeds）…………………… 248
　　条件付売買型――（mortgage by conditional
　　　sale）…………………………… 248
　　使用収益権――（usufructuary mortgage）
……………………………………… 248
　　単純――（simple mortgage）…… 248
　　変則型――（anomalous mortgage）……… 248
所定の …………………………………… 342
署　名 …………………………………… 344
　　――者 ……………………………… 146
所有持分 ………………………… 108, 341
進出形態 ………………………………… 117
新投資法 …………………………… 1, 12, 44
　　――の適用範囲 …………………… 15
　　――の目的 ………………………… 15
スキーム・オブ・アレンジメント ……… 270
制限される投資 ………………… 18, 21, 49
制限事業告示 …………………………… 6
制限事業リスト ………………… 14, 18
清　算 …………………………………… 273
　　任意――手続 ……………………… 274
清算会社における取締役等の責任等 ……… 288
清算会社の株式の譲渡 ………………… 287
清算出資義務 …………………………… 280
清算出資者 ……… 134, 269, 279, 339
清算人
　　――の権限 ………………………… 282
　　――の責任 ………………………… 284
　　――の選任 ………………… 275, 281

政府保有会社 …………………… 218, 259
政府保有不動産利用要件 ……………… 37
税務恩典 …………………… 2, 70, 98
　　――申請 ………………………… 44, 79
責任の免除 ……………………… 132, 220
設立証明 ………………………………… 295
　　――書 ………………… 125, 138, 306
設立前契約 ……………………………… 146
選択的買戻し …………………… 179, 348
選択的減資 ……………………… 175, 348
専門家 …………………………………… 340
戦略性要件 ……………………………… 35
ゾーニング告示 ………………………… 14
総　会 …………………………………… 191
　　――及び書面決議の議事録 ……… 199
　　――に出席する代理人 …………… 198
　　――の招集及び開催 ……………… 193
　　――の書面決議 …………………… 199
　　創立―― …………………………… 192
　　特別―― …………………………… 192
　　年次―― …………………………… 191
創立総会 ………………………………… 192
組織再編 ………………………………… 268
訴追支援 ………………………………… 312

【タ 行】

代替命令 ………………………………… 232
代表訴訟 ………………………………… 230
　　株主―― …………………………… 235
多額資本要件 …………………………… 36
単純譲渡抵当（simple mortgage）……… 248
担保権 …………………………… 245, 344
チャージ（charge）…………………… 247
調印方法 ………………………………… 143
帳簿の証拠能力 ………………………… 320
帳簿の複製の証拠価値 ………………… 321
直接投資 …………………………… 16, 83
通常居住する …………………… 110, 341
定　款 …………………………………… 131
　　――の意義 ………………………… 131
　　――の変更 ………………………… 135
定足数 …………………… 40, 193, 211

357

適用ある法 ……………………… 338	登録法（Registration Act）……… 61
撤退の方法 ……………………… 118, 273	特別経済区域（SEZ）…………… 98
テレビ会議 …………… 132, 195, 211	特別決議 ……………… 198, 345, 348
電子登記 ………………… 294, 332	特別総会 ……………………… 192
電話会議 ……………… 195, 211	土地の保有権 ………………… 62
登　記	土地利用権 ………………… 45, 57
――事項の訂正 ……………… 299	――取得の効果 ……………… 61
――事項の補正 ……………… 297	――申請 ……………………… 59
――の効力 …………… 125, 249	取締役 ………………… 200, 339
――の抹消 ………… 118, 127, 303	――等の登録 ……………… 209
――簿の閲覧 ………… 210, 295	――の解任 …………………… 202
電子―― ……………… 294, 332	――の義務 …………………… 204
登記官 …………………… 293, 343	――の権限 …………………… 203
――の権限 …………… 299, 310	――の権限の制限 …………… 204
倒産法制の見直し ……………… 274	――の資格 …………………… 200
投　資 ……………………… 16	――の指名 …………………… 201
――促進セクター ……………… 17	――の退任 …………………… 202
――の意義 …………………… 16	――の帳簿閲覧権 …………… 204
――の規制 …………………… 18	――の報酬 …………………… 224
外国―― ……………………… 16	取締役会 ……………… 211, 339
外国投資家には禁止されている――事業 … 20	――の権限 …………………… 211
関連する省の承認を得た場合に	――の招集及び開催 ………… 211
認められる――事業 ……………… 26	――の書面決議 ……………… 212
禁止される―― ………… 18, 21, 49	取引保護 ……………………… 143
合弁のみで認められる――事業 ……… 24	
制限される―― ………… 18, 21, 49	**【ナ 行】**
直接―― ………………… 16, 83	任意清算手続 ………………… 274
連邦政府のみが遂行可能な――事業 …… 18, 22	ネガティブリスト ……………… 19
投資・企業管理局 ………… 1, 13, 103	年次総会 ……………………… 191
投資家	年次報告 …………… 89, 115, 166
ミャンマー国民―― ………… 18, 24	年次報告書 …………………… 89
投資規則 ……………………… 14	――の不提出 ………………… 302
投資建設期間 ………………… 73	
投資準備期間 ………………… 73	**【ハ 行】**
投資スクリーニング …………… 44, 48	賠償命令 ……………………… 315
投資促進セクター告示 ……… 14, 17, 71	配　当 …………… 69, 107, 151, 171
投資促進分野 ………………… 72	罰　金
投資モニタリング局（IMD）……… 42	――警告 ……………………… 309
登録可能権利証書 …………… 160, 343	――命令 ……………………… 314
登録事務所 …………… 110, 121, 343	反対株主からの株式買取 ……… 271
――の住所の通知義務 ………… 189	非公開会社 …………………… 106, 342
――の占有 …………………… 189	非国有化・非収用 ……………… 84

358

事項索引

秘書役 ··· 110, 219
　——の資格要件 ····································· 219
　——の指名 ·· 219
　——の登録義務 ····································· 220
一人株主会社 ··· 193
平等買戻し ·· 179
平等減資 ··· 175
普通決議 ··· 198, 341
（1987 年）不動産移転制限法
　··································· 2, 6, 56, 109, 245
浮動担保（floating charge）··················· 246
プロポーザル ····································· 35, 50
プロポーザルアセスメントチーム（PAT）···· 41
変則型譲渡抵当（anomalous mortgage）····· 248
保　険 ··· 91, 222
補　償 ··· 221
発起人 ··· 342

【マ　行】

マネージング・ディレクター ················· 203
ミャンマー国民投資家 ························ 18, 24
ミャンマー国民投資法 ························ 12, 96
ミャンマー投資委員会 ·························· 3, 12
ミャンマー投資法 ··································· 12
ミャンマー連邦 ····································· 346
無限責任会社 ································· 105, 107
メンバー名簿 ································· 159, 161
目論見書 ··· 236, 342
持株会社 ··· 260, 340
モデル定款 ······································ 122, 132

【ヤ　行】

役　員 ··· 341
　——等の責任 ······································· 220

授権—— ······························· 111, 123, 128, 339
有限責任株式会社 ····································· 105
有限責任保証会社 ······························· 105, 107
優先株式 ··································· 152, 262, 348

【ラ　行】

利益供与等に関するメンバーによる承認
　··· 223, 226
利益相反 ··· 208, 352
　——取引 ··· 222
利益の資本組入れ ····································· 173
利害関係簿 ·· 224
連邦議会による承認 ··································· 38
連邦政府のみが遂行可能な投資事業 ········· 18, 22
連邦大臣 ··· 346

【ワ　行】

和解・和議 ·· 269
ワラント ··· 159
ワンストップサービス ································· 41

【数字，英語】

183 日居住要件 ······································· 111
DICA ······································· 13, 103, 293
lien ·· 246
MIC ··· 3, 12, 40
MIC 告示 ·· 43
MIC 投資許可 ····························· 3, 35, 39, 49
　——申請 ··· 49
　——に係るプロポーザル ························· 50
　——の発行 ··· 51
pledge ·· 246
Trading 事業規制 ······························ 20, 109

359

ミャンマー新投資法・改正会社法
―――最新実務を踏まえて
Myanmar Investment Law and Myanmar Companies Law :
Latest Practices

2018年5月10日　初版第1刷発行

編著者	西村あさひ法律事務所 湯　川　雄　介 原　田　充　浩 伴　　真　範
発行者	江　草　貞　治
発行所	株式 会社　有　斐　閣

郵便番号 101-0051
東京都千代田区神田神保町 2-17
電話　(03) 3264-1314〔編集〕
　　　(03) 3265-6811〔営業〕
http://www.yuhikaku.co.jp/

組版・株式会社明昌堂／印刷・萩原印刷株式会社／製本・大口製本印刷株式会社
© 2018, 西村あさひ法律事務所. Printed in Japan
落丁・乱丁本はお取替えいたします。

★定価はカバーに表示してあります。

ISBN 978-4-641-04820-1

[JCOPY] 本書の無断複写(コピー)は、著作権法上での例外を除き、禁じられています。複写される場合は、そのつど事前に、(社)出版者著作権管理機構（電話03-3513-6969, FAX03-3513-6979, e-mail：info@jcopy.or.jp）の許諾を得てください。

本書のコピー，スキャン，デジタル化等の無断複製は著作権法上での例外を除き禁じられています。本書を代行業者等の第三者に依頼してスキャンやデジタル化することは，たとえ個人や家庭内での利用でも著作権法違反です。